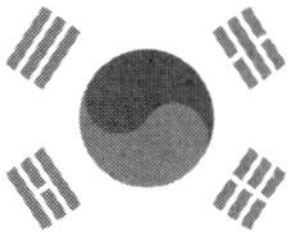

韓国現代史
切手でたどる60年

内藤陽介 著
Yosuke Naito

福村出版

目次

第1章　アメリカ軍政時代　1945～1948

第2章　李承晩時代　1948～1960

第8章　金大中時代　1997～2002

第9章　盧武鉉時代　2002～2007

朝鮮半島略図

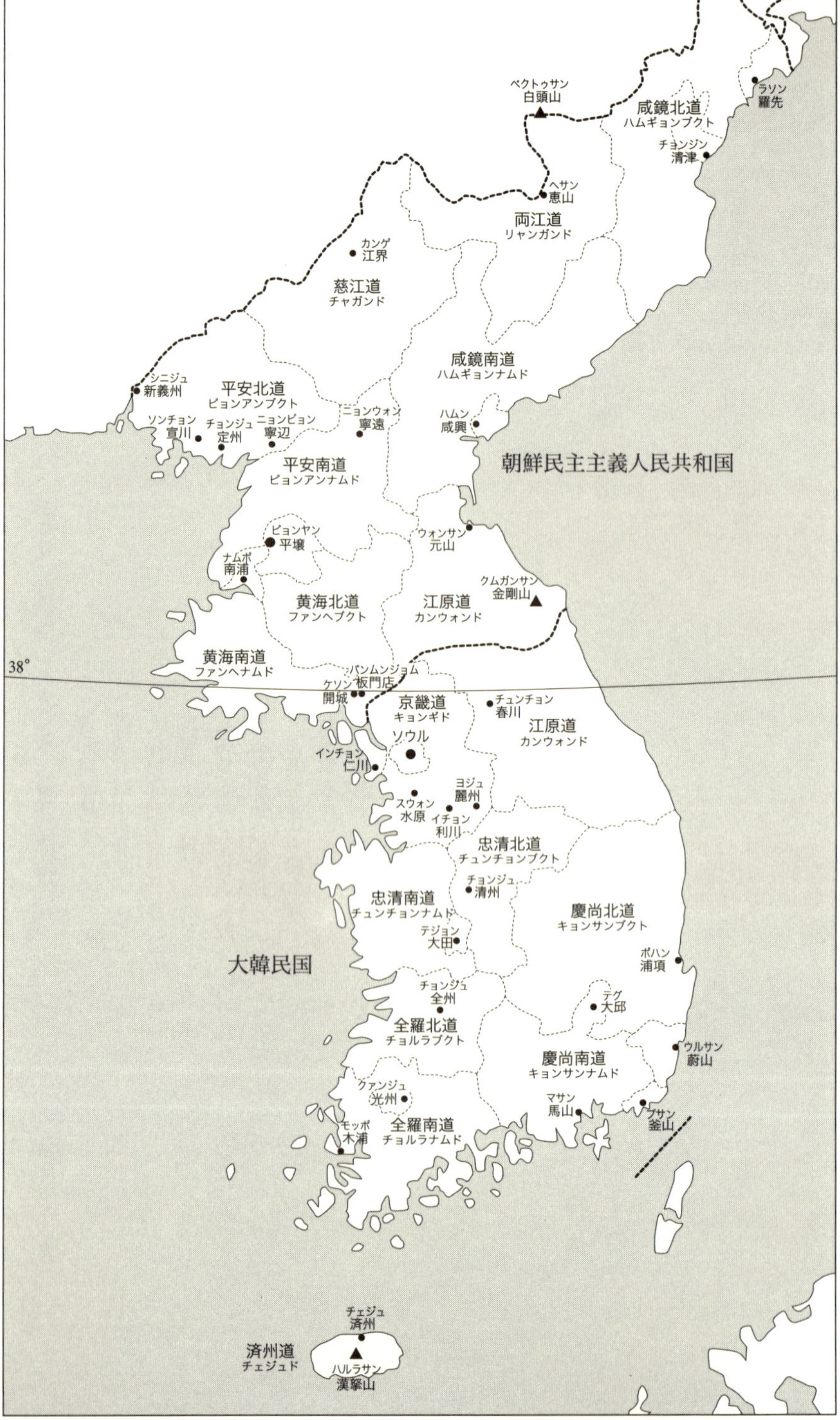

白頭山《ペクトゥサン》
羅先《ラソン》
咸鏡北道
ハムギョンブクト
清津《チョンジン》
恵山《ヘサン》
両江道
リャンガンド
江界《カンゲ》
慈江道
チャガンド
咸鏡南道
ハムギョンナムド
新義州《シニジュ》
平安北道
ピョンアンブクト
宣川《ソンチョン》
定州《チョンジュ》
寧辺《ニョンビョン》
寧遠《ニョンウォン》
咸興《ハムン》
朝鮮民主主義人民共和国
平安南道
ピョンアンナムド
元山《ウォンサン》
平壌《ピョンヤン》
南浦《ナムポ》
金剛山《クムガンサン》
黄海北道
ファンヘブクト
江原道
カンウォンド
黄海南道
ファンヘナムド
38°
板門店《パンムンジョム》
開城《ケソン》
京畿道
キョンギド
春川《チュンチョン》
江原道
カンウォンド
ソウル
仁川《インチョン》
麗州《ヨジュ》
水原《スウォン》
利川《イチョン》
忠清北道
チュンチョンブクト
清州《チョンジュ》
忠清南道
チュンチョンナムド
慶尚北道
キョンサンブクト
大田《テジョン》
浦項《ポハン》
大韓民国
全州《チョンジュ》
大邱《テグ》
全羅北道
チョルラブクト
蔚山《ウルサン》
慶尚南道
キョンサンナムド
光州《クァンジュ》
馬山《マサン》
釜山《プサン》
木浦《モッポ》
全羅南道
チョルラナムド
済州《チェジュ》
済州道
チェジュド
漢拏山《ハルラサン》

第1章 アメリカ軍政時代 1945~1948

1945年
太平洋戦争終結
1946年
北朝鮮臨時人民委員会樹立
1947年
トルーマン・ドクトリン発表、冷戦時代の幕開け
1948年
北朝鮮で南北連席会議開催
済州島4・3事件
南朝鮮で単独選挙実施、憲法公布

▲1946年の"解放切手"のうち、太極文様を描いた1ウォン切手

韓国の現行憲法は、その前文で、現在の大韓民国が「3・1運動により建てられた大韓民国臨時政府の法統」を継承すると規定している。そして、この臨時政府が大韓民国23年（西暦の1941年に相当）12月10日付で大韓民国臨時政府主席の金九《キムグ》ならびに同外交部長の趙素昂《チョソアン》の名義で「大韓民国臨時政府対日宣戦声明書」を発したことを根拠に、韓国は連合国の一員であり、対日戦勝国であるということになっている。

　大韓民国臨時政府というのは、1919年の3・1独立運動の後、朝鮮の独立運動家が上海で組織した一種の〝亡命政府〟のようなもので、初代の〝大統領〟には後に大韓民国の初代大

【前史】
“解放”以前の朝鮮

◀太平洋戦争中、アメリカから朝鮮宛に差し出されたものの“敵国宛”ということで差出人に返送された郵便物

統領となる李承晩《イスンマン》が就任した。しかし、思想的ないしは路線上の対立から内紛が絶えず、1927年以降、金九の指導の下、東京での昭和天皇の暗殺未遂事件や上海で日本軍の上海派遣軍司令官（白川義則）暗殺事件などを行うテロ組織となっていた。日中戦争後は、1940年に重慶に脱出し、中国政府から公然と財政支援を受け、この地で件《くだん》の対日宣戦声明を発している。余談だが、この関係は、後に北朝鮮の〝首領〟となる金日成《キムイルソン》らが中国共産党の指導下の東北抗日聯軍の主要メンバーであったことと結果的にパラレルになっていて興味深い。

　第2次大戦以前、アジア・アフリカ地域の大半は植民地支配

下にあったから、大韓民国臨時政府も、名称はどうあれ、その他地域の独立運動組織と同様の存在と考えられていた。彼らを国際的に正規の〝亡命政府〟として承認した国は中国、フランス、ポーランドぐらいしかない。ちなみに、実質的に日本の属国とみなされていた満州国でさえ、ドイツ、イタリア、スペイン、バチカンなど23ヵ国から国家承認を受けていたから、臨時政府のプレゼンスはかなりお寒い状況だったといってよい。

当然のことながら、第2次大戦中、ロンドンに拠点を構えていたポーランドやフランス、オランダの亡命政権にくらべるとはるかに格下の存在というのが国際的な理解だった。このため、日本の敗戦後、朝鮮半島の38度線以南に進駐した米軍は（そもそも、国際社会が朝鮮を戦勝国と認知しているなら、朝鮮半島を米ソ両軍が分割占領することはありえない）、臨時政府の正統性を否定することを宣言しているし、1948年の大韓民国成立後、大統領の李承晩が出した対日講和条約に戦勝国として参加したいという要求も米英によって一蹴されている。

こうしたことから、日本との戦争が始まった時点での連合諸国の間では、朝鮮が日本の支配下にある地域であることに疑念をさしはさむ者は現実には皆無であった。

右ページの図の郵便物は、1942年、ニューヨークから朝鮮北東部の咸興《ハムン》宛に差し出されたものだが、取扱停止で差出人に返送されたもので、事情を説明した付箋には〝この郵便物は敵国または敵国地域宛てのものなので差出人に返送いたします〟という趣旨の英文がしっかり印刷されている。これを見ても、〝朝鮮は日本の一部〟というのが当時の国際的な常識であったことがうかがえる。

▲朝鮮を日本の領土として描いた1930年の“第2回国勢調査”の記念切手

【前史】
“抑圧された国”としての韓国

第2次大戦中の1943年11月に発せられたカイロ宣言（その実態は一種のプレス・リリースで、法的拘束力はない）では、中国の要望を容れるかたちで〝隷属状態に置かれている朝鮮の独立〟が盛り込まれ、ともかくも日本降伏後の朝鮮の独立ということが連合諸国の基本方針として確定した。

　そのことを反映するかのように、1944年11月、アメリカは太極旗（旧大韓帝国の国旗で、現在の大韓民国旗）を大きく描いた切手（下図）を発行した。

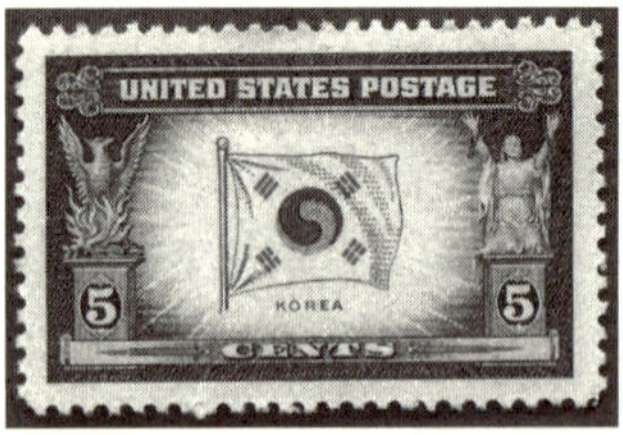

◀1944年11月に“抑圧されている国々”シリーズの1枚に取り上げられた韓国

　1943年から1944年にかけて、アメリカは〝枢軸国に抑圧されている国々〟をテーマとした17種類のシリーズ切手を発行した。切手はいずれも、中央に抑圧された国の国旗を描き、左側にはアメリカを象徴するワシを、右側には解放を象徴する女神を描くという形式に統一されている。韓国を取り上げた切手は最後の1枚として登場した。

　たしかに韓国も、枢軸国の日本によって〝抑圧されている国〟といえなくもないのだが、韓国が日本の植民地になったのは1910年のことで、これを第2次世界大戦と結びつけるのは無茶というものだ。そもそもアメリカは1905年に、日本の首相・桂太郎と、特使のタフト（当時、陸軍長官。後に大統領）との秘密協定により、自らのフィリピン支配を日本に認めさせる代償として、韓国における日本の優越権を認めており、日本が朝鮮半島を植民地化することに〝お墨付き〟を与えていたという経緯もある。

それにもかかわらず、アメリカがあえて韓国を切手に取り上げたのは、日本に〝抑圧されている国〟の実例として挙げられるのが、他になかったためと考えられる。

太平洋戦争中の日本軍占領地域の大半は、開戦以前、連合諸国が植民地支配を行っていた。それゆえ、ビルマやフィリピンなどを〝日本によって抑圧されている国〟と非難するなら、戦前、これらの地域を支配していたイギリスやアメリカも〝抑圧者〟ではないのか、という疑問が投げかけられることになる。これは、ファシズムに対して自由と民主主義を守るための〝正義の戦争〟を標榜する連合国にとって天に唾する結果になりかねない。

そこで、アメリカとしては「日本はアジアの解放を唱えながら朝鮮や台湾を植民地化し抑圧しているではないか」と言い出したわけである。

ただし、アメリカが韓国のことを理解し、その解放を真剣に考えていたかというと、その点は甚だ疑問である。

たとえば、この切手に描かれている太極旗の中央の太極文様は、本来の太極旗の文様（左図）とは微妙に異なっており、当時のアメリカの韓国理解がかなりいい加減であることが良くわかる。ちなみに、アメリカは旧大韓帝国時代の１８９５年に、旧大韓帝国の切手製造を請け負っているが、そのときの太極旗の文様もこの切手と大同小異で正確とは言いがたい。このことは、〝韓国〟に対するアメリカの理解が、50年たっても一向に深化しなかったことを物語っている。

もっとも、アメリカが〝抑圧されている国々〟の一つとして韓国を取り上げたのは、あくまでも目の前の敵日本を非難するためで、太極旗の文様が多少違っていようと、そんなことは些事でしかないと考えられていたのかもしれない。

▲1982年発行の“太極旗100年”の記念切手に描かれた正規の太極旗

1945年
8月15日

玉音放送のあった1945年8月15日、日本の支配地域にも終戦が公表された。

すでに、日本政府は8月10日の時点で連合諸国に対してポツダム宣言受諾の方針を打電しており、一部の国や地域では12日の段階でそのことが報じられていた。しかし、朝鮮半島では、8月15日以前にそうした事情を知っている者はほとんどいなかった。

たとえば、下の葉書を見ていただこう。これは、〝終戦の日〟にあたる1945年8月15日、朝鮮半島西南端の木浦《モッポ》にいた朝鮮人兵士が差し出したものである。

朝鮮では、1938年2月に公布された陸軍特別志願兵令に基づき、同年から志願兵制度が実施されていた。応募資格は、①年齢17歳以上、②小学校卒業もしくは同等以上の学力を有する者、③思想堅固かつ身体強健、④軍隊に入っても一家の生計に支障のない者、というもので、初年度は400名の募集に対して約2900名が応募した。その後、1944年に導入された徴兵制によって兵役に就いた者も含めると、約21万人の朝鮮人が大日本帝国の陸海軍人として動員され、そのうち約6400人が死亡している。

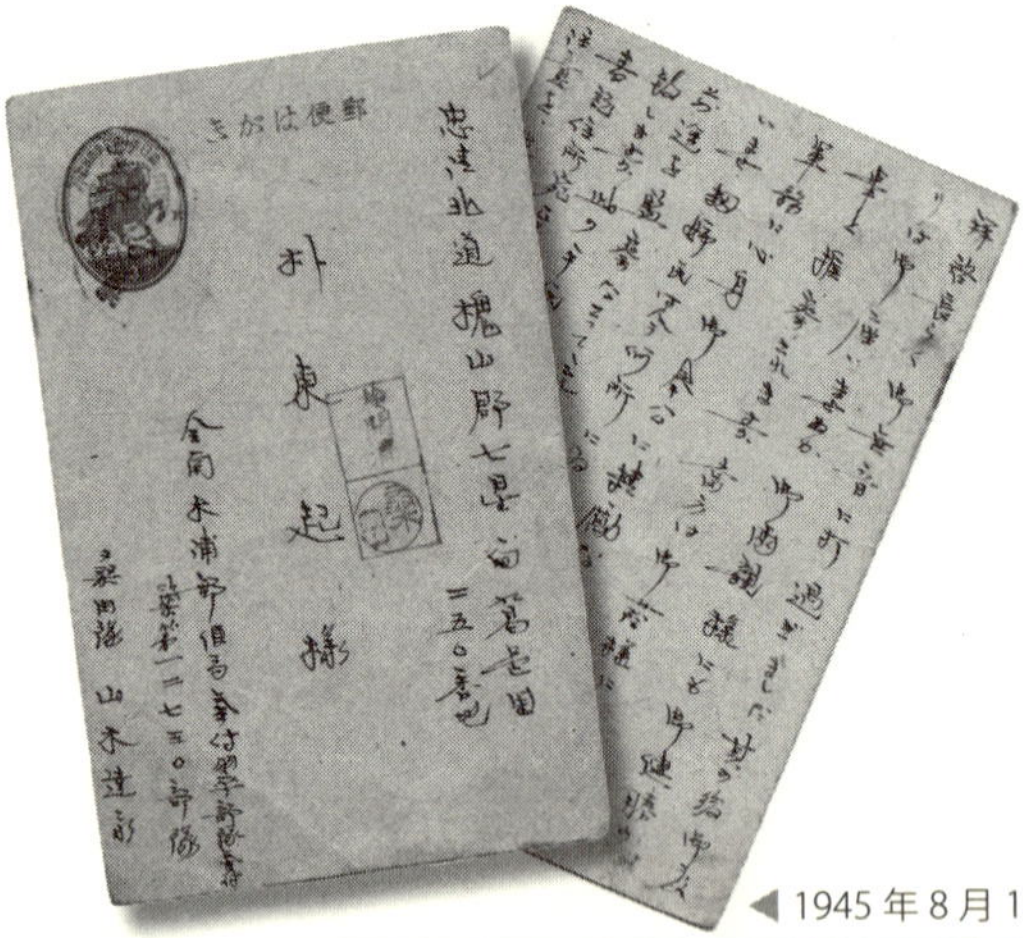

◀1945年8月15日に木浦から差し出された葉書

さて、この葉書は山木達郎から父親の朴東起《パクトンギ》宛に差し出されている。両者が親子関係にあることは、裏側の文面に「御両親様にも御健勝の事と握察されます」との文面があることからわかる。

ときどき、「日本の支配下で朝鮮人は創氏改名によって強制的に日本風に名前を改めさせられた」という類の記述や発言などを見聞することがあるが、これは正確ではない。たしかに、郡とか面、里といった地域の行政の末端では、管轄地域の朝鮮人に対して日本名を名乗るよう、さまざまな圧力をかける官吏もいたが、日本風の名前への〝改名〟は、制度上は、あくまでも本人の自由意志に基づくもので、その手続きには手数料さえ徴収された。これに対して〝創氏〟は、夫婦別姓の朝鮮でも日本同様の家族単位の戸籍を作るため、氏を作成したことで、こちらは強制であった。

ただ、創氏によっても改名を強要されるわけではないが、本貫や族譜を命の次に重んじるとされる朝鮮人にとっては、日本風の〝氏〟を強要されることは、やはり気分の良いものではなかったであろう。

いずれにせよ、日本統治下の朝鮮に在住していた朝鮮人で改名した者は全体の9・6％、日本内地在住の朝鮮人でさえ、14・2％でしかなく、どちらにしても、日本風の名前を名乗っていた朝鮮人が多数派とはいえない。したがって、この葉書のように、〝日本兵〟として日本名を名乗る息子が、今までどおり朝鮮名を名乗ったままの父親に葉書を書くということも決して珍しいことではなかった。

ところで、葉書には「軍務に心身御奉公に精励なる故御放念下さい」との文面も見える。これを読む限り、差出人は、終戦などまだ先のことで、自分の軍隊生活も当分続きそうだと考えていたのではないかと推測される。

この差出人が志願兵の条件に当てはまる〝思想堅固〟な人物であったかどうかはわからない。ただ、1945年8月15日の午前中まで、ほとんどの朝鮮人は、自分たちは当面〝日本人〟として米英と戦い続けなければならないと考えていたわけで、この葉書もそうした彼らの生活の一段面を切り取ったものといってよい。

マッカーサーの一般命令第一号

第2次大戦中の1943年11月、ルーズヴェルト、チャーチル、蒋介石の3国首脳は「朝鮮人民の奴隷状態に留意し、しかるべき順序を経て朝鮮を自由かつ独立のものとする」ことをうたったカイロ宣言を発表。のちに、ソ連もこれを承認したことから、朝鮮の独立が連合国側の究極的な目標の一つとして策定されることになった。

しかし、日本の降伏は1946年以降にずれ込むものと考えていたアメリカは、実際に日本が降伏した1945年8月の段階では、カイロ宣言にうたわれた「しかるべき順序」について朝鮮を信託統治下に置くという以外、なんら具体的なプランを持っておらず、沖縄を最前線として来るべき九州上陸作戦の準備を進めていた。

これに対して、8月9日、満州（中国東北部）の関東軍に宣戦布告して攻撃を開始していたソ連軍は、13日、朝鮮北部の清《チョン》津《ジン》港攻撃作戦を開始し、16日には同港を占領する。

このような状況であったから、アメリカが朝鮮に進駐する以前に、ソ連が朝鮮全土を占領する可能性は十分に考えられた。そこで、アメリカは、朝鮮を米ソの共同管理に持ち込むためには、ソウルを含むできるだけ広い範囲を占領することが必要と考え、ソ連に対して、日本全土をアメリカが単独占領する代わりに、朝鮮については北緯38度のラインで両国が分割占領することを

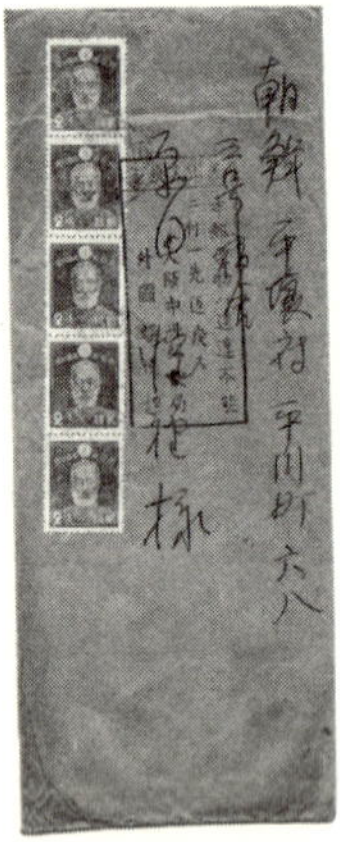

◀ソ連占領下の平壌宛に差し出されたものの、配達不能で差出人戻しとなった郵便物

提案。ソ連は千島を占領することを条件にアメリカの提案を受け入れる。

こうして、同年9月2日、東京湾停泊中のアメリカ軍艦ミズーリ号上で日本の降伏文書が調印されると、連合国軍最高司令官のマッカーサーは、各地の日本軍の降伏を受理する担当国を指定するために、連合国（軍）最高司令官総司令部一般命令第一号（一般命令第一号）を発し、朝鮮半島に関しては、北緯38度以北はソ連極東軍司令官が、同以南は合衆国太平洋陸軍部隊最高司令官が、それぞれ、駐留日本軍の降伏受理を命じた。

当初、占領の境界線となった北緯38度線は、朝鮮を自立させるまでの暫定的なものとされていたが、ソ連はこれを封鎖し、北朝鮮における衛星国の建設を開始する。

実際、ソ連による38度線の封鎖は極めて厳格で、ヒトやモノのみならず、郵便物の交換も厳しく制限されていた。

すなわち、戦争終結と同時に、敗戦国・日本から海外宛郵便物の取り扱いは停止され、日本と朝鮮半島との間の郵便網も寸断された。これに対して、１９４５年11月16日、私信の場合には個人の安否消息に関する葉書に限るなどの制約はあったものの、日本から海外宛郵便物の取り扱いが再開された。しかし、ソ連占領地域宛の郵便物はその対象外とされ、北朝鮮に関しては１９４６年８月まで、日本から郵便物を送ることができなかった。

右ページの封筒は、終戦直前の１９４５年８月９日、愛知県・大高から平壌宛に差し出されたものの、上記のような事情から、平壌に届けられることなく「本郵便物ハ送達不能ニ付一先返戻ス」との事情説明の印が押されて返送されている。

このように、郵便交換もままならないほどの閉鎖的な状況の中で、北緯38度線以北では親ソ衛星国の建設が急ピッチで進められ、朝鮮半島分断の現代史がスタートするのである。

日本の無条件降伏に伴い、当時の朝鮮総督であった阿部信行と朝鮮軍司令官の上月良夫は、朝鮮総督府から日章旗を下ろし、太極旗を掲揚させたという。

長らく異民族の支配下にあった朝鮮人は、日本の敗戦が直ちに植民地支配からの解放を意味するものと考えたが、国際社会はそうは考えなかった。なぜなら、終戦までの朝鮮は紛れもなく〝日本〟の一部であり、その処分は連合国の自由な裁量に委ねられるべきだというのが彼らのコンセンサスだったからである。極論すれば、一般命令第一号によって、〝南朝鮮〟（1948年8月の大韓民国発足までは、これがこの地域の正式名称である）に進駐してきた米軍にとって、南朝鮮と沖縄は、彼らが直接軍政を施行する占領地という点で本質的になんら変わりはない。

アメリカ軍政の開幕

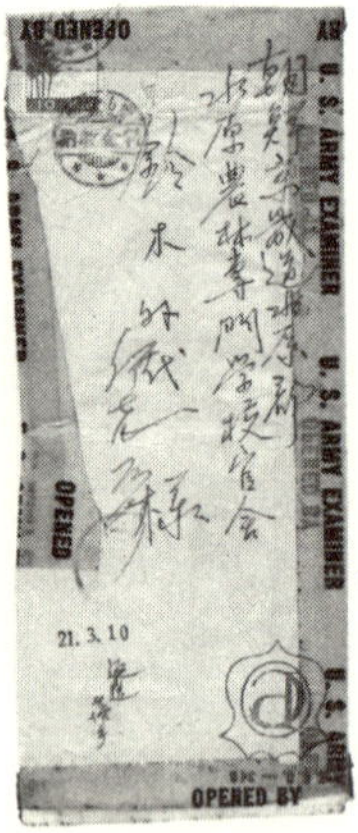

◀終戦直後の1945年9月28日に富山県から水原宛に差し出されたものの、返送された郵便物

そのことを象徴的に示しているのが上図である。

この郵便物は、終戦直後の1945年9月28日、富山県の出町（現・砺波市）から米軍政下の水原《スウォン》（ソウルの南約46キロの地点にある都市）宛に差し出された。

日本から旧植民地を含む海外宛の郵便は、終戦とともにいったん停止され、1945年11月16日に再開されたが、その間、該当する郵便物は日本国内の郵便局で留め置かれていた。この郵便物もそうした扱いを受け、海外宛郵便の再開後、水原まで届けられている。図版では見にくいが、封筒の左下には、この郵便物が水原に到着した際に郵便局で押された１９４６年2月14日の印も薄く読める。

しかし、郵便物が水原に到着したときには、おそらく名宛人は日本に帰国していたため、差出人へと返送されてしまった。

この郵便物は、出町と水原を往復する間、朝鮮に到着した際と朝鮮から差し戻される際の2度にわたって米軍により開封・検閲された。

封筒の四隅が開封されているのは、朝鮮到着時にいったん開封・検閲されたものをセロハンテープで封をしたうえ、後に朝鮮を出るときにも再度、開封・検閲して封緘されたためであろう。左辺の封緘用のテープは、水原到着時に押された消印の上から貼られており、この部分は朝鮮から出るときに検閲を受けた痕跡であることが確認できる。

さて、封緘用のテープには、“OPENED BY U.S. ARMY EXAMINER”（合衆国陸軍の検閲官が開封した）との文字が入っているが、このテープは、本来、米国陸軍内部の検閲用であったものが郵便用に転用されたものである。ちなみに、おなじくアメリカの占領下にあった日本国内でも郵便物に対する開封・検閲は日常的に行われていたが、その際、用いられたテープには、“OPENED BY MIL. CEN-CIVIL MAILS”（民間の郵便物を軍事検閲官が開封した）との表示がなされるのが一般的であった。

これは、日本に対する占領が、日本政府を通じて行われる間接統治の形態をとっていたことの反映といわれている。

占領の形式をめぐる日本と南朝鮮との相違はその後の日本と韓国の歴史に大きな影響を与えることになるのだが、その一端は郵便物の上にも痕跡を残していたのである。

ソウルに入城したアメリカ第24軍（司令官はジョン・R・ホッジ中将）が、軍政開始後の第一声として、阿部信行総督を含む全ての日本人・朝鮮人は現職に留まったまま、従来どおり、朝鮮総督府の機能を継続させるとのプランを発表したのは1945年9月9日のことであった。占領政策について具体的プランを持っていなかったホッジには、おそらく、占領当局が日本政府を通じて占領政策を遂行するという、日本型の間接統治の例にとりあえず倣《なら》っておけば問題なかろうとの意識があったものと思われる。また、朝鮮人民共和国の樹立宣言（9月6日）に見られるような独立へ向けた各種の動きは共産主義

日本植民地時代との連続性

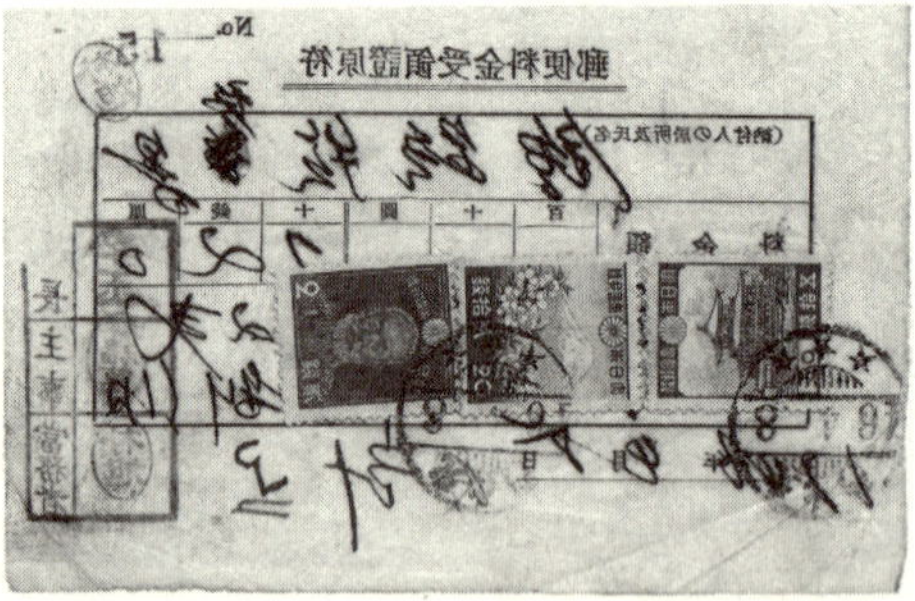

◀1946年4月、ソウルの光化門郵便局で受理された郵便料金の受領証原符には、日本植民地時代の切手がそのまま使われている

者の煽動によるものと理解していた彼が、社会秩序の維持という占領の大原則を守るためにも、とりあえず、米軍の進駐に協力的であった日本人の支配機構を活用しておくのが便利だと考えたとしても不思議はない。

しかし、こうしたホッジの対応は、即時独立を求めていた朝鮮の人々の感情を逆なでし、米軍に対する彼らの信頼感は大きく損なわれることになった。このため、本国国務省やマッカーサーの指示もあり、9月12日、ホッジは計画を変更。朝鮮総督府を廃止して阿部総督以下の日本人官吏を解任。占領行政のための新たな機関として、アーノルド少将を長官とする軍政庁を設置した。

もっとも、軍政庁の基本的なシステムは旧総督府をそのまま継承したもので、日本人の元植民地官僚の中には、追放後も、軍政庁の非公式な顧問的存在となっていた者も少なからずいた。また、日本人官吏追放後、軍政庁において部長職に就任したのは、多くの場合、旧総督府の官吏であった。

　このように、アメリカによる軍政は、基本的には、植民地時代の統治機構を継承するものとしてスタートしたが、こうした状況は、郵政面からも明瞭に観察される。

　すなわち、1945年8月15日以降も、日本植民地時代の郵便制度はそのまま維持され、郵便局では、従来どおり、日本植民地時代の切手が発売・使用されていた。

　たとえば、右ページの図は、解放後の1946年4月、ソウルの光化門《クァンファムン》郵便局で受理された郵便料金の受領証原符である。表面には、1通2銭の葉書を36通まとめて差し出した料金として、72銭徴収されたことが記載されており、その分の切手（日本植民地時代の加刷［すでにある切手の上に、文字などを印刷すること］のないもの）が裏面に貼られて消印されている。使用されている用紙は、日本語表記があり、植民地時代のものと特定できる。また消印は、年号こそ西暦に改められているが、それ以外は植民地時代のものがそのまま使用されている。

▲解放後の1946年3月、統営（慶尚南道）からソウル宛に差し出された郵便物にも日本切手が貼られている

　〝解放〟から8ヵ月を経過してもなお、日本植民地時代の切手や用紙、消印などがそのまま使用されているということは、韓国の現代史が日本植民地時代を大きく引きずったままスタートしたこと、すなわち、曲がりなりにも〝戦前〟を否定するところからはじまった戦後の日本に対して、植民地時代を否定しきれずにスタートせざるを得なかった韓国現代史の一面を象徴的に示しているといってもよいかもしれない。

モスクワ協定

日本の降伏から約4ヵ月が過ぎた1945年12月27日、米・英・ソ3国の外相が戦後処理を協議するためにモスクワで会談。いわゆるモスクワ協定がまとめられ、翌日、3国の首都で同時に発表された。

このうち、朝鮮に関する部分（第3部）の内容は以下のようなものであった。

①朝鮮の独立国として再建することを前提として、民主主義臨時朝鮮政府を樹立する

②同政府の樹立を支援し、必要な諸方策を作成するため、米ソ両軍の代表による共同委員会（米ソ共同委員会）を設置する。同委員会は、各種提案の作成にあたって、朝鮮の民主的諸政党および諸団体と協議する。同委員会の勧告は、米ソ両国の最終決定に先立ち、米・英・中・ソの4国政府に考慮を求める

③5年間を限度として4ヵ国による信託統治を行う。共同委員会は民主主義臨時朝鮮政府と協議して信託統治に関する諸方策を作成する

④在朝鮮米ソ両軍の代表者会議を2週間以内に招集する

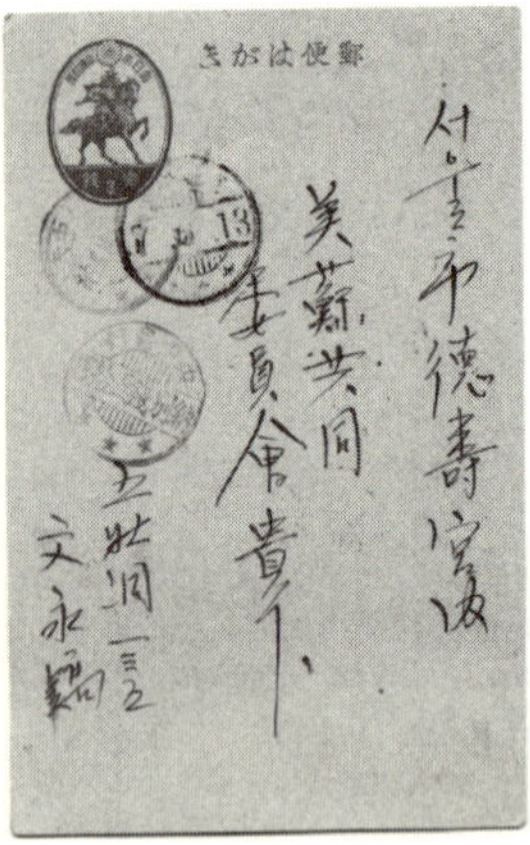

◀米ソ共同委員会宛に信託統治反対を嘆願した葉書

このうち、朝鮮の信託統治を定めた③は、即時独立を期待していた朝鮮の人々に大きな衝撃を与えた。そして、協定の内容が発表された12月28日には、早くもソウルで信託統治反対国民総動員委員会が結成されるなど、

米軍占領下の南朝鮮では大規模な反託（信託統治反対）運動が起こった。

これに対して、ソ連軍占領下にあった北朝鮮では、ソ連が信託統治の実施を通じて朝鮮の衛星国化をもくろんでいることを察知した金日成が、信託統治をソ連による「後見」としてこれを支持。これに引きずられるかたちで、南朝鮮の左翼陣営も信託統治賛成にまわり、南北間ならびに左右両派の激しい対立が引き起こされた。

騒然とした状況の下、１９４６年1月から始まった米ソ両軍の代表者による予備会談は何ら成果を見ぬまま2月5日に終了。このため、ソ連は、アメリカとの話し合いによる南北統一政府の樹立は無理と判断し、３日後の2月8日、事実上の北朝鮮単独政府として北朝鮮臨時人民委員会を樹立して衛星国としての北朝鮮国家建設に着手する。

同年3月20日、ようやく、米ソ共同委員会の第1回会合が開催されたが、委員会は協定の定める「民主的諸政党および諸団体」の範囲をめぐって当初から紛糾し、５月8日には無期休会が宣言された。委員会は、翌１９４7年5月21日に再開されたものの、やはり臨時政府への参加問題をめぐって調整は難航し、同年10月21日には第2回会議も最終的に決裂。このため、朝鮮問題はアメリカにより国連に持ち込まれることになる。

さて、ここで紹介している葉書は、米ソ共同委員会宛に信託統治に反対し自主独立を要求した嘆願書である。当時、反託運動が盛んであった南朝鮮では、このような共同委員会宛嘆願の葉書が大量に差し出されており、当時の様子を伝える資料の一つとなっている。

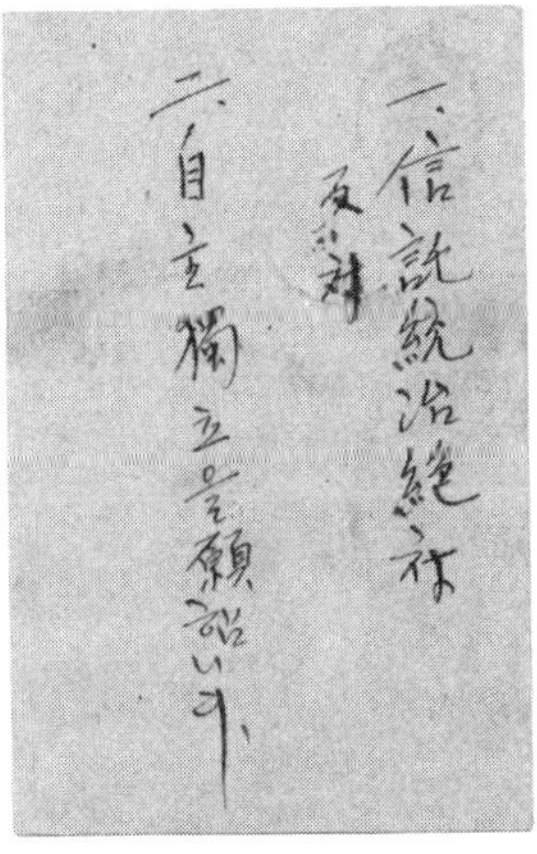
▲右ページ葉書の裏面

南朝鮮最初の切手と葉書

反託闘争（信託統治反対闘争）の嵐が吹き荒れ、世情が騒然としていた1946年2月1日、南朝鮮ではようやく解放後最初の切手（下図）が発行された。ただし、このとき発行された切手は、日本植民地時代の切手にハングルで「朝鮮／郵票」の文字と額面を加刷した暫定的なものであった。

　その後、1946年5月になって、ようやく〝解放記念〟の名目でオリジナル・デザインの切手（左ページ図上および9ページ。〝解放切手〟と呼ばれている）6種類が発行された。これに伴い、公衆手持ちの日本切手も、同年6月30日限りでようやく使用禁止となった。

▲南朝鮮で発行された暫定加刷切手

　解放切手は、名目上は記念切手であったが、実質的には通常切手として用いられる計画であったから、6種あわせて1億枚弱を準備する計画になっていた。しかし、これだけの量の切手を、短期間に確実に製造しうる印刷所は、当時の南朝鮮内には存在しない。このため、デザイナーの金重鉉《キムジュンヒョン》がソウルで作成した原画をもとに、日本の印刷局で原版を作成し、印刷するという方式で切手が調製された。南朝鮮で作られた最初の切手は、解放切手の発行から五ヵ月ほど経った後の1946年10月に発行の、京和《キョンファ》印刷所の製造した通常切手である。

　一方、葉書に関しても、解放切手と同時に、同じデザインの葉書（下段図下。〝解放葉書〟

と呼ばれる）の製造が日本の印刷局に発注されている。

　ところが、当時の南朝鮮内の葉書料金は5チョンだったが、日本側では用紙の確保に手間取り、葉書の製造には予想以上の時間がかかってしまった。その間に、南朝鮮内ではインフレが急速に進行し、1946年8月には葉書料金が25チョンに値上げされる。このため、料金改定に間に合わなかった額面5チョンの解放葉書は実質的にお蔵入りとなり、南朝鮮郵政は、22ページの図版ののように日本植民地時代の葉書の印面をそのまま有効として料金改定のたびに収納印（差額分の料金を徴収したことを示す印）を押して販売するなどして急場をしのいでいた。

　しかし、南朝鮮内のインフレは留まるところを知らず、1947年4月には葉書料金がさらに50チョンになり、それまで流用していた日本植民地時代の葉書の在庫も不足しはじめた。このため、南朝鮮郵政は、急遽、倉庫に眠っていた解放葉書に収納印を押して発行・使用することを決定。これに伴い、1947年7月31日で日本植民地時代の葉書もようやく使用禁止となった。

　以後、解放葉書は、あいつぐ料金改定のたびに新たな収納印を押すなどして、1948年8月の大韓民国成立、1950年6月～53年7月の朝鮮戦争を経て、1953年末に2羽の雁が飛ぶデザインの印面の葉書（もちろん、韓国製）が発行されるまで、6年余りにわたって使用されつづけている。

解放切手▶

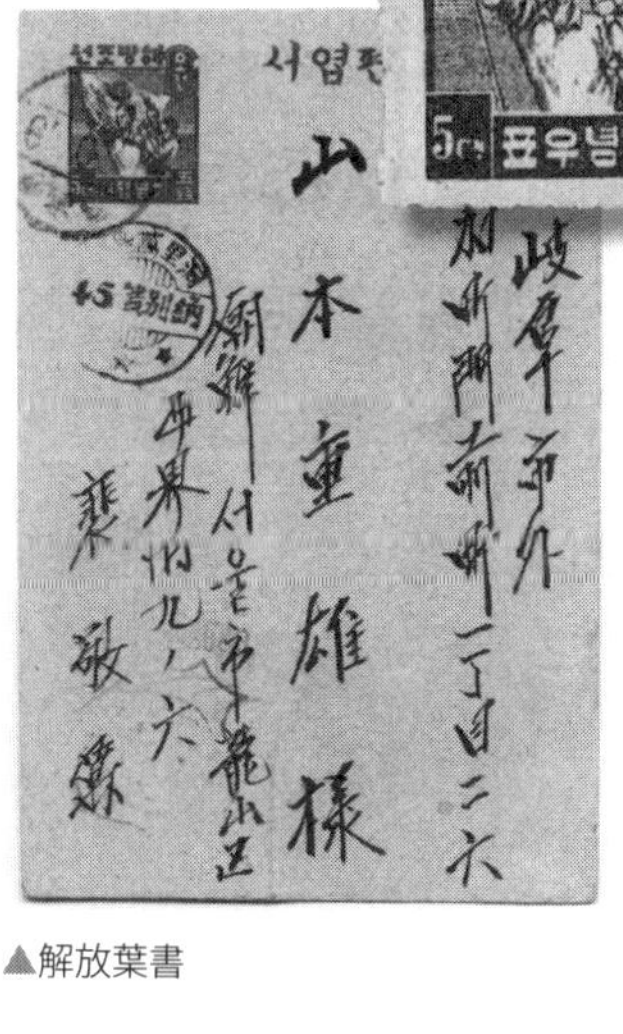
▲解放葉書

モスクワ協定（1945年12月発表）の結果もたらされた信託統治問題は、その賛否をめぐって南北間ならびに左右両派の激しい対立が引き起こした。そして、アメリカとの話し合いで統一臨時政府を樹立することは不可能と判断したソ連は、朝鮮全体が無理なら、せめて自らの占領下にある北半部だけでも衛星国化しようとして、1946年2月8日、事実上の単独政府として北朝鮮臨時人民委員会を樹立した。

この結果、1945年8月の「解放」からわずか半年で、朝鮮半島は南北の分断に向けて大きく一歩を踏み出していくことになる。

もっとも、この段階では、その後、南北の分断が固定化されていくとの見通しを持っていたのは、少数派であったように思われる。たとえば、解放1周年にあわせて発行された記念切手には、小枝をくわえたハトと朝鮮半島の地図が描かれており、（南北を問わず）朝鮮半島の全域が解放されたことを示すと同時に、統一朝鮮の独立という理想が表現されている。

解放1周年

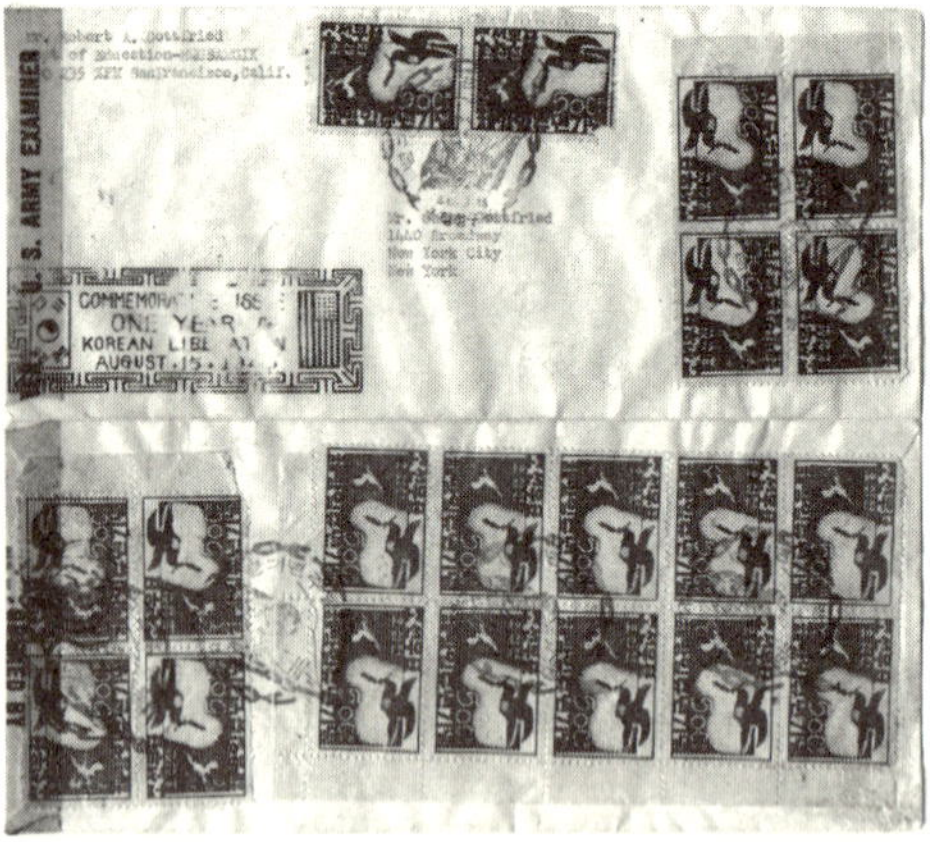

◀解放１周年の記念切手が多数貼られた封筒（左）とその部分拡大（下）

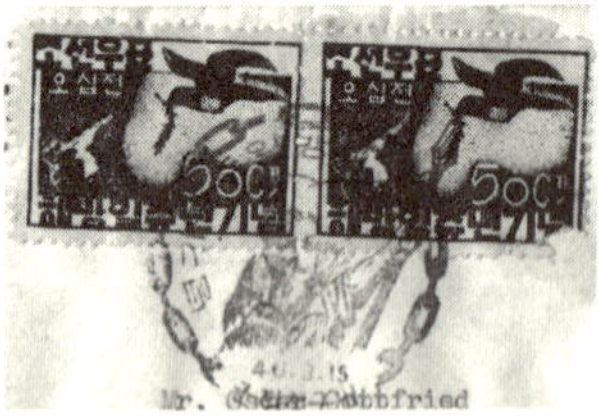

上図は、その解放1周年の記念切手を20枚貼り、アメリカ宛に差し出した封書である。

押されている消印は解放1周年の記念スタンプで、断ち切られた鎖（植民地支配からの解放を示す）を背景に、太極旗（韓国国旗）を掲げる青年が描かれている。

前述のように、終戦と同時に、連合軍の占領下に置かれた旧「大日本帝国」の支配地域では、域外との郵便物の交換が停止されていた。米軍占領下の南朝鮮も例外ではなく、南朝鮮から外国宛の郵便物が全面的に解禁されるのは１９４７年８月のことである。ただし、アメリカ宛の郵便物に関しては、これに先立ち、１９４６年９月に再開されている。したがって、この封書が差し出された１９４６年８月15日の段階では、まだ、アメリカとの郵便交換は再開されていないはずなのだが、この封書の場合、差出人が米軍関係者であったため例外的に受けつけられたものと考えられる。なお、当時のアメリカ宛の書状基本料金は10ウォンであった。

また、解放１周年には、記念切手と並行して、記念の官製絵葉書（下図）も発行された。

こちらの絵面には民族衣装を身に着け、太極旗を掲げて行進する人々の姿が描かれている。彼らの足元には、植民地支配からの解放を象徴するものとして断ち切られた鎖が転がっているほか、植民地支配のシンボルである日章旗は踏みつけられている。さらに、印面（葉書の額面が印刷されている部分）のデザインは、豊臣秀吉の朝鮮出兵の際、日本側の撃退に活躍した亀甲船である。

当時の彼らの反日感情がストレートに表現されている葉書だが、植民地支配の終焉イコール朝鮮の解放・独立とするデザインには、モスクワ協定の信託統治案に対する強烈な異議申し立ての表現という面があることも見逃してはなるまい。

▲解放１周年の記念絵葉書

金日成と太極旗

ここで、少し、ソ連占領下の北朝鮮の状況についても簡単に触れておこう。

ナチス・ドイツとの血みどろの戦争を体験したソ連は、第2次大戦後、周辺を藩屏《はんぺい》となる衛星国や友好国で固めることで自国の防衛を図るという世界戦略を立てていた。当然、彼らの北朝鮮政策もこの方針に沿って進められ、ソヴィエト体制化による衛星国の建設が占領の最大の目標となっていた。

1945年12月のモスクワ協定で朝鮮の信託統治案が提案されると、南朝鮮では大規模な反託闘争が起こったが、これを見て、ソ連はアメリカとの話し合いによる南北統一政府の樹立は無理と判断。自らの占領下にある北朝鮮に〝民主基地〟としての単独政権を作る方向へと政策を転換し、1946年2月8日、当面の改革を推進するため、〝統一政府〟樹立までの暫定的な中央権力機構を樹立すると称して、北朝鮮臨時人民委員会を樹立した。これは、事実上の北朝鮮単独政府であり、南北分断固定化の端緒となる。

北朝鮮臨時人民委員会の成立に伴い、その郵政機関として、北朝鮮臨時人民委員会逓信局（局長は趙永烈《チョヨンリョル》）が発足。1946年3月には、北朝鮮最初の切手としてムクゲを描く20チョン切手ならびに金剛山《クムガンサン》を描く50チョン切手が発行され（上図）、切手の面でも南北は分断の道を歩み始めることになる。

◀北朝鮮最初の切手

さて、同年5月、朝鮮に関する米ソ共同委員会が決裂すると、北朝鮮側は、米国の南朝鮮占領を〝帝国主義的植民地政策〟であるとして公然と非難。同年8月の北朝鮮労働党創党大会では、北朝鮮での単独政権樹立ならびに南朝鮮の〝民主化〟とその革命が基本方針として採択された。

ただし、この時点では、北朝鮮側は単独政府の樹立という本音は隠して、建前上は南北統一政府の樹立を目指すという姿勢を崩していなかった。

そのことを示すかのように、１９４６年8月15日に北朝鮮で発行された解放1周年の記念切手（下図）には、太極旗を背景にした金日成とムクゲ（韓国の国花）が描かれている。

いうまでもなく、この切手に描かれている国旗と国花はともに、旧大韓帝国以来の流れを汲むもので、韓国では現在でも国旗・国花として採用されている。南北統一政府の樹立をめざすという建前を維持する以上、彼らも国旗・国花に関して、南朝鮮と共同歩調を取らざるを得なかったのである。

しかし、南北の分断が確定していくにつれ、１９４７年11月、南朝鮮との相違を鮮明にするため、北朝鮮はひそかに太極旗とは別の国旗の制作を開始する。そして、翌１９４８年には、藍紅色旗と呼ばれる独自の国旗を掲げる朝鮮民主主義人民共和国が誕生し、朝鮮半島の分断は決定的なものとなってしまうのである。

▲北朝鮮の発行した解放１周年の記念切手

南朝鮮に進駐した米軍の占領行政は混乱を極めていた。

日本植民地時代の官吏の留任を打ち出して猛反発にあい、すぐさま方針の撤回をせまられた占領当局は、日本植民地時代の供出・配給制度を廃止して自由市場を導入したが、この結果、ハイパー・インフレが発生する。あわてた軍政庁は、1946年2月、供出・配給制度を復活させたものの、火のついたインフレを収束させることはできなかった。さらに、日本や旧満州などからの帰国者、共産主義支配を嫌って北朝鮮から逃れてきた人々などが南朝鮮に大挙して流入。失業者は100万人を超え、各地でストライキが頻発した。

10月人民抗争

◀ホッジ宛に差し出された朴憲永の逮捕取消を求める嘆願書

その一方で、〝通訳政治〟の通弊として、軍政庁とむすびついた一部朝鮮人による不正・腐敗が蔓延。アメリカの占領行政に対する住民の不満は高まっていった。そして、それを吸収するかたちで左翼勢力の社会的な影響力が増大する。

こうした環境の中で、1946年8月、軍政庁が鉄道・運輸部門の従業員25%の解雇と、月給制から日給制への変更を発表すると、多くの労働者が憤激。9月23日、朴憲永《パクホニョン》をはじめとする共産主義者の指導による鉄道労働者のストライキを機に、これに同調する労働者・市民が続出し、南朝鮮全域はゼネスト状態に突入した。

軍政庁はゼネストを武力で制

圧しようとしたが、10月1日に大邱《テグ》駅前で警官隊の発砲でデモ隊に死者が出ると、アメリカに対する一般住民の不満が爆発。ゼネストは南朝鮮全域で暴動化し、以後、10月人民抗争と呼ばれるようになる。

結局、人民抗争は、非常戒厳令を施行した米軍により、11月中旬までにほぼ鎮圧され、以後、左翼陣営は非合法活動を余儀なくされた。反面、占領行政の失敗は誰の目にも明らかとなり、南朝鮮における反米感情は鬱屈したかたちで蓄積されていくことになる。

図は、人民抗争の興奮さめやらぬ１９４７年1月末に、朴憲永の逮捕令取消を求めて、ホッジ宛に差し出された陳情書である。

朴憲永は、戦前からの朝鮮土着の共産主義者で、解放後、ソウルに再建された朝鮮共産党の指導者として、当時、朝鮮の左翼陣営の間で絶大な影響力を持っていた。解放当初、彼は米軍を〝解放者〟と規定していたが、１９４６年６月末、これを撤回し、アメリカ帝国主義を〝敵〟と規定し、〝正当防衛の逆攻撃〟をとなえて反米活動を展開。ゼネスト直前の９月６日、軍政庁から指名手配されていた。このため、９月ゼネストと10月人民抗争に際しては、地下から、左翼陣営に対する指示を発していたが、10月下旬、米軍による逮捕が迫ったとして北朝鮮に脱出。以後、〝安全地帯〟の北朝鮮から南朝鮮内の左翼運動を指導した。その後、朴は、１９４８年９月に朝鮮民主主義人民共和国が成立すると、金日成の下で副首相・外相となったが、朝鮮戦争後、〝アメリカのスパイ〟の名目で粛清された。

右ページの嘆願書が差し出されたとき、すでに、朴は軍政庁による逮捕を避けるために北朝鮮へと逃れていたが、この差出人のように、依然として、朴が統一朝鮮の指導者となることを期待していた左翼人士も少なからずいたのである。

しかし、そうした統一朝鮮の夢は、東西冷戦という国際環境の中で無残にも霧消する。

トルーマン・ドクトリンが発表され、東西冷戦の時代が本格的に開幕したのは1947年3月。当時の国際状況をたくみに利用して、米軍政下の南朝鮮で政治的な影響力を急速に拡大していったのが、後に韓国の初代大統領となる李承晩（彼のキャリアの詳細は後述する）であった。

　李は解放以前、アメリカで独立運動の闘士として活動していたことから、南朝鮮代表民主議院（米軍政庁の諮問機関）の議長に就いていたものの、長年の亡命生活の故に、朝鮮内での政治的基盤はきわめて脆弱であった。このため、彼は、アメリカに対しては自らを強硬な反共主義者として売り込むと同時に、

南北連席会議

▲北朝鮮が発行した連席会議50周年の記念切手

国内ではアメリカ本国が最も支持している政治家との印象を植えつけることに腐心した。

　その一環として、1946年12月に渡米した李は、国務省に対してソウルの軍政庁は〝親共〟であると非難。そのうえで、早急に総選挙を行い、南半部だけでも独自の政府を樹立すべきと訴えた。

　1946年5月以降無期休会となっていた米ソ共同委員会は、1947年5月に再開されたものの決裂する。問題解決の目途を失ったアメリカは、1947年9月17日、朝鮮問題を第2回国連総会に上程。国連臨時朝鮮委員会を設置し、1948年3月末までに同委員会の監視下に総選挙を実施するとの決議を採

択させた。しかし、すでに北朝鮮のソヴィエト化をほぼ完成させていたソ連は、朝鮮半島からの米ソ両軍の同時撤兵を主張。選挙監視のために国連委員会が北緯38度線以北に立ち入ることを拒絶する。

このため、１９４８年2月、国連総会中間委員会は〝選挙の可能な地域〟での選挙実施を決議。この結果、同年5月、南朝鮮のみでの単独選挙が実施されることになった。

これに対して、北朝鮮側は、南朝鮮での単独選挙が行われる直前の１９４８年4月、全朝鮮の代表者による会議として「全朝鮮政党・社会団体代表者連席会議（以下、連席会議）」を招集。同会議には、南北の政党・社会団体56の代表者６９５名が参加したが、このうち、38度線を越えて南朝鮮からは金九をはじめ３９５名が参加した。

しかし、会議はなんら具体的な成果をもたらすことはなく、4月30日に発表された共同声明は、外国軍隊の即時・同時撤退、全朝鮮政治会議の招集による臨時政府の樹立、南北統一の総選挙の実施と憲法の制定、南朝鮮単独選挙の正統性の否定等、当時のソ連の主張を追認するだけのものでしかなく、南北統一政府樹立のための最後の機会とも期待された連席会議は不調に終わった。こうして、南北分断の確定は秒読み段階に突入する。

なお、現在の北朝鮮政府は〝１９４８年8月の最高人民会議代議員選挙で誕生した最高人民会議（代議員選挙は、形式的に南朝鮮代表も含まれていたため、全朝鮮の代表から構成されていることになっている）に直接的な正統性の根拠を置いているが、最高人民会議代議員選挙の実施は、連席会議の共同声明に基づいて、同年6月に南朝鮮の単独選挙の無効を宣言した結果、行われたものである。それゆえ、連席会議は、北朝鮮政府にとって、韓国の存在を非合法とするうえで、重要な歴史的意義をもつものとされ、１９９８年には会議開催の50周年を記念する切手（右ページ）も発行されている。

南の単独選挙と済州島4・3事件

1948年5月10日、アメリカ軍政下の南朝鮮で第1回総選挙が実施された。

1947年9月に設置された国連の臨時朝鮮委員会は、1948年3月末までに朝鮮で総選挙を実施することを決定したが、ソ連が北緯38度線以北への選挙監視団の立ち入りを拒絶したため、〝選挙の可能な地域〟、すなわち南朝鮮のみでの実施となったものである。このため、第1回の総選挙は〝単独選挙〟と呼ばれることもある。

総選挙が行われた当時、南朝鮮の人口は2000万人で、選挙前日の5月9日までに選挙登録を行ったのは、全有権者の8割弱にあたる783万7504名であった。選挙は1区1人の単純小選挙区制で総定数200である。

日本の植民地支配下では、ながらく、朝鮮を含む〝外地〟に関しては選挙区が設定されておらず、その結果、住民の選挙権もなかった。終戦直前の1945年4月になってようやく、朝鮮・樺太・台湾で男子住民に対する選挙権が与えられたものの、選挙が行われる前に終戦となってしまう。

したがって、1948年の総選挙は朝鮮史上初の本格的選挙というべきもので、それを記念し、あわせて周知するための切手（上図）が投票日当日の1948年5月10日に発行されている。なお、切手のデザインは2種類あるが、このうちの20ウォ

◀1948年総選挙の記念切手のアメリカ宛初日カバー*

ンおよび50ウォンの切手には投票する男女の姿が描かれており、植民地時代には認められていなかった婦人参政権も認められるようになったことがアピールされている。

しかし、あくまでも南北統一政府の樹立を主張する金九や金奎植《キムギュシク》は、単独選挙が南北分断を固定化するとの理由から選挙をボイコットするなど、総選挙をめぐる国内情勢は非常に不安定であった。

また、済州島《チェジュド》では大規模な武装蜂起が起こったため選挙は実施されていない。

李氏朝鮮の時代に政治犯の流刑地であったことから、済州島とその住民は、日本植民地時代を経てアメリカ軍政下でも、朝鮮本土から差別され続けてきた。こうした背景の下、1947年3月1日、3・1独立運動28周年の記念式典の後のデモに対して軍政庁の警官隊が発砲して6名が死亡すると、3月10日から島内では抗議のゼネストが行われた。これを〝アカの蠢動〟とみなした軍政庁と李承晩ら本土の保守派はゼネストを武力で粉砕する。彼らに対する島民の不満を背景に、1948年4月3日、左翼勢力の南朝鮮労働党済州島委員会は警察支署や右派人士に対する一斉襲撃を開始した。いわゆる済州島4・3事件である。

事件は一般島民や本土から派遣された警官隊の家族らも巻き込んでエスカレートし、次第に、当時の南北朝鮮での左右対立の最大の争点であった5月10日の単独選挙阻止を主張するものへと変質していった。結局、蜂起の指導部は、朝鮮国防警備隊（後の韓国軍）や警察、西北青年団（北朝鮮から南朝鮮へ逃れてきた反共・右翼青年の組織）などの治安部隊によって短期間で鎮圧されたが、残存勢力は1957年まで山間部でゲリラ戦を展開して抵抗。最終的に、8万名の島民が犠牲になったといわれている。

＊初日カバー　切手を封筒に等に貼り、その切手が発行された日の消印を押して作った記念品

▲選挙をボイコットした金九の切手

国会開院

南朝鮮での単独選挙となった1948年5月10日の総選挙の投票率は90・8%で、済州島の2選挙区を除き、198名が当選した。

このうち、53議席を獲得して第1党となったのは、大韓独立促成国民会（1946年2月に米軍政庁の支援を受けて組織された李承晩系の組織）で、29議席を獲得した韓国民主党（韓民党）がこれに続いた。

韓民党は、解放後あいついで結成された、朝鮮民族党・韓国国民党・朝鮮国民党・大韓民国臨時政府還国歓迎準備委員会の各団体が統合して成立したもので、政治的には地主・資産家の利益を代弁していたが、李承晩とはつかず離れずの距離を保っていた。

◀国会開院の記念切手

選挙が終了すると、国連の臨時朝鮮委員会は選挙の成功を発表。これを受けて、5月31日、国会が開院した。

この国会は、大韓民国の正式成立に先立ち、憲法を制定することを最大の目的としていたため、制憲国会と呼ばれている。

国会はまず、李承晩を議長に選出したうえで、6月10日、国会の組織・運営方法等を正式に定めた南朝鮮国会法を制定した。この国会法の成立を受け、国連の臨時朝鮮委員会が正式に南朝鮮国会の成立を認定したのが、6月25日のことである。

国会の開院に際して、南朝鮮郵政は記念切手（図）を発行した。

切手は、太極マークの下に国会議事堂を描くもので、印面下部には国会の開院日にあたる〝1948年5月31日〟との日付が入れられている。

ただし、この切手が実際に発行されたのは、印面上の日付ではなく、7月1日である。おそらく、5月31日に実際に国会が開院したことを確認してから（当時の混乱の中では選挙が延期される可能性も十分にあった）切手の制作作業が開始されたため、このようなズレが生じたのであろう。

さて、切手に取り上げられた議事堂の建物は旧朝鮮総督府庁舎である。

旧朝鮮総督府庁舎は、李氏朝鮮の王宮、景福宮《キョンボックン》の一部を破壊し、正門の光化門と正殿の勤政殿《クンジョンジョン》の間に建てられた。竣工は1926年、設計は日本で事務所を開いていたドイツ人建築家、ゲオルグ・デ・ラランデである。

建物は、米軍の進駐とともにアメリカ軍政庁のオフィスとして接収され、制憲国会の議事堂として用いられた。その後、1948年8月、大韓民国政府が発足すると中央庁（政府庁舎）となり、国会議事堂の機能は旧京城府民館（現ソウル特別市議会議事堂）に移転。1972年以降は国立中央博物館の建物として利用されていたが、解放50年にあたる1995年、屈辱の植民地時代の遺構として、尖塔部分を除いて解体された。

もっとも、1948年の時点では、旧総督府の庁舎を凌駕する建造物は存在しなかったから、これを取り壊そうという議論も起こらず、国会ないしは政府庁舎として活用することはすんなりと決まったようだ。

ちなみに、旧総督府庁舎が切手に取り上げられたのは、日本植民地時代も含めて、これが最初のことで、以後、この建物は、ソウルの象徴として、1948年8月以降、韓国の切手にもしばしば登場することになる。

ロンドン五輪

戦後最初の夏季五輪となったロンドン五輪は1948年7月29日に開幕したが、南朝鮮は同大会に代表チームを派遣している。これは、〝朝鮮〟として最初の五輪参加であった。

朝鮮系アスリートが国際大会に本格的に参戦したのは、植民地時代の1932年に行われたロサンゼルス大会が最初のこととされている。このとき、〝日本代表〟としてマラソンに初出場した金恩培《キムウンベ》は6位に入賞した。

ついで、朝鮮系アスリートが世界的に注目を集めたのは、1936年のベルリン大会である。この大会では、マラソン競技に出場した孫基禎《ソンギジョン》が2時間29分29秒2のタイムで金メダルを獲得したほか、南昇龍《ナムスンニョン》も銅メダルを獲得するなどの好成績を収めた。

▲南朝鮮で発行されたロンドン五輪の記念切手

なお、孫の金メダル獲得は朝鮮の民族感情を大いに鼓舞することになり、『東亜日報』紙は彼の胸の日の丸を塗りつぶした写真を掲載して、無期停刊処分を受けている。また、ベルリン大会では、サッカーの日本代表チームのメンバーに少なからぬ朝鮮系の選手が含まれていたことも見逃せない。

1945年の解放により、国際スポーツの世界においても〝朝鮮〟は独立した存在として認知されたが、南北の分断が固定化されていく中で、全朝鮮の統一的なスポーツ組織の結成は、事実上、不可能となっていった。

戦後最初の五輪大会となったロンドン五輪は、まさに、こうした状況の中で開催された。このため、〝朝鮮〟の五輪代表をめぐっても、当然、さまざまな混乱が生じたが、結局、アメリカ軍政下の南朝鮮が〝KOREA〟チームを構成し、〝朝鮮〟代表を派遣した。

当時、李承晩は、国連決議に基づいて、南朝鮮での単独選挙を実施するなど、ソ連軍占領下の北朝鮮地域を除く大韓民国の樹立に向けて準備を進めていた。ロンドンへの代表チーム派遣も、そうした政治的な文脈の下、南朝鮮から大韓民国につながるラインこそが朝鮮の正統政府であることを内外にアピールする意図をもってなされたものと考えられる。

なお、ロンドン大会に関して、南朝鮮郵政は、7月29日の大会開会よりも2ヵ月近くも早い6月1日に記念切手（右ページ）を発行している。この6月1日という発行日は、上述の国連決議では単独選挙の実施期日が5月中とされていたことに基づいて設定されたものと考えるのが妥当であろう。彼らの主張によれば、（単独）選挙の結果、朝鮮を代表する正統議会が誕生し、それゆえ、そうした議会を有する地域こそが五輪の代表チームを派遣しうるからである。

一方、１９４６年2月に北朝鮮臨時人民委員会を発足させて以来、北半部での単独政権樹立を着々と進めていた北朝鮮にとっても、南朝鮮の一連の動きは、南北分断に向けた自分たちの過去の行動をカムフラージュするとともに、「南側が先に分断を仕掛けたために〝やむをえず〟自分たちも独自の政府を樹立するにいたった」と主張するアリバイ作りの役割を果たすことになった。このため、北朝鮮は、南側のこうした動きに抗議していたものの、それを妨害する直接行動には出ていない。

▲ロンドン五輪の記念切手（イギリス発行）

憲法公布

大韓民国の樹立を間近に控えた1948年7月17日、政府組織法とともに前文と103条の条文からなる憲法が公布された。いわゆる制憲憲法（第1共和国憲法ともいう）である。すでに、同月10日には、制憲国会は軍政終了後の国号を「大韓民国」とすることを正式に決定しており、大韓民国は事実上ここに誕生したといってよい。

当初、憲法の草案では、大韓民国の政体は、国務総理を置く議院内閣制とされていた。これに対して、制憲国会議長の李承晩は、米国式の大統領制を強硬に主張し、調整は難航した。このため、8月15日に予定されていた新国家発足に間に合わせるべく、大統領の下に国務総理を置き、大統領は国会議員の間接選挙で選ぶとする妥協案が出され、ようやく決着した。

◀憲法公布の記念切手（4ウォン）

ちなみに、憲法の前文には以下のように、建国の理念が謳われている。

悠久の歴史及び伝統に光輝く我が大韓国民は、己未3・1運動で大韓民国を建立して世界に宣布した偉大な独立精神を継承し、これから民主独立国家を再建するに際し、正義人道及び同胞愛により民族の団結を鞏固にし、すべての社会的弊習を打破し、民主主義諸制度を樹立して政治、経済、社会、文化のすべての領域において各人の機会を均等にし、能力を最高度に発揮させて各人の責任と義務を完遂させ、内には国民生活の均等な向上を期し、外には、恒久的な国際平和の維持に努力してわれわれ及びわれわれの子孫の安全と自由と幸福を永遠に確保することを決議し、われわれの正当かつ自由に選挙された代表により構成された国会で檀紀4281年7月12日この憲法を制定する。

＊以下、本書における法律・法令の条文の日本語訳は、原則として「韓国Web六法」ならびに同旧憲法バージョンによる。

さて、国会の開院に続き、憲法公布に際しても、南朝鮮郵政はここで紹介するような記念切手を発行している。こちらの場合も、国会開院のときと同様、切手上の日付は7月17日（憲法公布の日）となっているが、実際の発行日は8月1日までずれ込んでいる。

ところで、国会開院の記念切手では、切手上の日付は西暦年号で記されていたが、憲法公布の記念切手の場合は、憲法の文面にあわせて〝檀紀4281年〟との表記が見られる。檀紀は朝鮮神話の初代王、檀君王倹《タングンワンゴム》の即位を紀元とする暦で、西暦に2333年をプラスする。その根拠は『三国遺事』や『東國通鑑』などの歴史書である。一般に、大韓民国が檀紀の使用に法的根拠を与え、公的に使用したのは、政府成立後の1948年9月以降とされているが、今回の切手はその先駆的なケースといってもいいかもしれない。

いずれにせよ、檀紀の使用は〝悠久の歴史及び伝統に光輝く我が大韓国民〟としては、アメリカ軍政の終了に合わせて西暦を廃し、自国の伝統とナショナリズムをより前面に押し出すことが必要と判断された結果といえるだろう。

▲憲法公布の記念切手（10ウォン）

憲法が制定されれば、いよいよ、初代大統領の選出である。

制憲国会では、李承晩系の大韓独立促成国民会が53議席で第1党となっていたが、これは全198議席のうちの4分の1に過ぎない。このため、李は多数派工作を開始し、第2党の韓国民主党（韓民党）と連携。7月20日、念願の初代大統領に選出された。

李承晩は、1875年3月、現在は北朝鮮（朝鮮民主主義人民共和国）領となっている黄海道平山《ピョンサン》郡の李朝の王室ともつながる名家に生まれた。戦前は、主として、ハワイ、アメリカで独立運動家として活動し、日中戦争期のアメリカの対中支援政策と絡めて、朝鮮独立に対する支援を訴えた。特に、1941年3月に発表された著書『私の日本観（原題はJapan inside out: the challenge of today)』は、1941年末に太平洋戦争が勃発したことでいちやく脚光を浴び、李は自称「大韓民国臨時政府・大統領」の肩書をもって、日本の〝極悪非道ぶり〟を宣伝しながら朝鮮の独立を訴える積極的なロビー活動を展開する。

初代大統領 李承晩

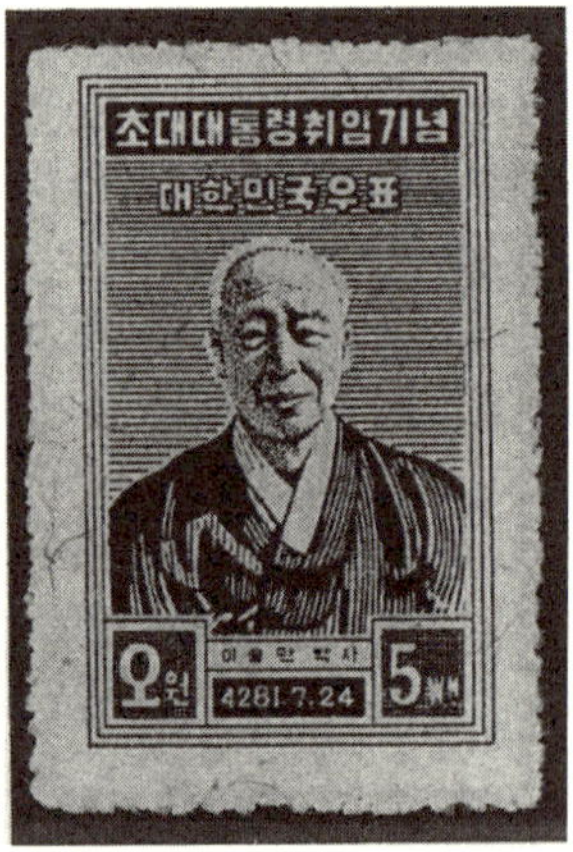

◀李承晩を描く、初代大統領就任の記念切手

解放後の1945年10月、李はアメリカ軍政下の南朝鮮に帰国。1946年5月に米ソ共同委員会が無期休会となった時点では、南朝鮮代表民主議院（米軍政庁の諮問機関）の議長として、東西冷戦という国際環境を睨みつつ、アメリカとのパイプ

を最大限に活用し、政治権力を拡大していった。

ところで、初代大統領の就任にあわせて、1948年8月5日に南朝鮮で発行された記念切手（右ページ）では、李の肖像が韓服姿となっている点は興味深い。

上述のように、長年にわたって李承晩はアメリカを拠点に独立運動を展開していた。そして、そのキャリアゆえに国際的な知名度を獲得し、国内では米本国が最も支持する政治家との印象を植えつけることで権力を掌握した。こうした経緯からして、現在残されている李の写真は、韓服姿ではなく、背広姿のものが圧倒的多数を占めている。

しかし、彼の権力基盤であった米国との関係は、民族独立を果した新国家の長としては、「事大（韓国・朝鮮の政治的文脈では大国追従の意味を持つ）主義」とのマイナス・イメージとも重なり合う危険性をはらんでいる。このため、李は、切手上の肖像を伝統的な韓服姿とすることによって、李朝の王室とも血縁関係にある名家出身の民族主義者という自己演出を企図したのであろう。

ところで、この切手は8月5日に発行された。李の大統領就任式は7月24日であったから、切手の発行はそれからわずか12日後ということになる。仮に国会での間接選挙が行われた7月20日から数えたとしてもわずか半月後であり、いずれにせよ、政治日程どおりに考えると、切手制作の期間はきわめて短い。おそらく、デザインの大半を事前に準備しておき、実際に大統領に選出されるのを確認してから、日付のみを加えて印刷に回すという方式を採ったのだろう。

しかし、いかなる理由があろうとも、事前に大統領就任の記念切手を準備させていたとしたら、公正な選挙で選ばれた大統領としての正統性にも大きな疑問符がつけられるのはいうまでもない。その意味で、後年はげしくなる李政権の独裁的な性格は、このときすでに、国民の前に露呈されていたといってもよいのかもしれない。

韓国郵政のルーツ

ながらく鎖国体制にあった朝鮮は、1875年9月に起きた日朝間の武力衝突、江華島事件によって開国を迫られ、1876年2月、日本側の治外法権等を認めさせた大日本朝鮮修好条規を締結する。

この結果、日本は釜山に居留地を獲得。翌1877年には、居留地内に日本の郵便局を開設し、日本切手を持ち込んで使用した。この日本局の活動が、朝鮮において近代郵便が実施された最初の事例である。

一方、開国後の朝鮮では近代化改革がスタートするが、その一環として、1884年3月、日本にならった近代郵便制度の創設を目指して郵征局が創設され、その総責任者である郵征局総弁に洪英植《ホンヨンシク》が任命された。なお、ここで用いられている郵征の"征"は「税を受け取る」の意味で、郵征とは「料金を受け取って郵便サービスを行う」ことを意味するために洪が創作した訳語である。

洪の努力により、同年11月18日、漢城（ソウル）に総局、仁川に分局が開局され、日本で製造された朝鮮最初の切手も2種類発行された。

しかし、12月4日、郵征局の開業式典にあわせて開化派がクーデター（いわゆる甲申事変）を敢行。クーデターは清朝の介入により失敗し、洪も殺されてしまう。この結果、朝鮮の郵便事業は、逆賊の行った開化事業として、12月8日には廃業に追い込まれた。

その後、朝鮮の郵便事業は1895年7月22日に再開されるが、1904～05年の日露戦争を通じて日本による韓国（1897年、李氏朝鮮は国号を大韓帝国に改称）の植民地化が進められていく過程で1905年7月1日に日本によって接収され、以後、1945年の解放まで、韓国独自の郵政は姿を消すことになる。

▲1884年に発行された朝鮮最初の切手

第2章

李承晩時代

1948～1960

1948年
大韓民国政府樹立〈第1共和国〉
朝鮮民主主義人民共和国成立
1949年
中華人民共和国成立
1950年
朝鮮戦争勃発
1951年
サンフランシスコ講和条約
1952年
四捨五入改憲
1953年
朝鮮戦争休戦
1956年
韓米友好通商航海条約
1960年
4・19学生革命

▲1949年7月1日発行のソウル・南大門を描く50ウォン通常切手

大韓民国の発足

解放3周年にあわせて、1948年8月15日、大韓民国（以下、韓国）政府が樹立され、翌16日午前零時をもってアメリカ軍による南朝鮮の軍政は解消された。新たに発足した韓国政府の主要メンバーは以下の通りである。

大統領　李承晩
副大統領　李始栄《イシヨン》
国務総理　李範奭《イボムソク》
内務部長官　尹致暎《ユンチヨン》
外務部長官　張沢相《チャンテクサン》

8月15日にソウルの政府庁舎（旧総督府庁舎）前で行われた政府樹立式典には、来賓として、東京から訪れたダグラス・マッカーサー連合国最高司令官も出席。式典の席上、すでに大韓民国初代大統領に就任していた李承晩は、大韓民国政府の樹立を宣言した後、「いかに強大な国といえども…（中略）…その弱い隣国の領土を占領することは許されない」として、北朝鮮地域での衛星国建設を進めていたソ連を非難した。

新政府の樹立にあわせて、韓国逓信部（郵政）は、2種類の記念切手（上図）を発行している。

そのデザインは、4ウォン切手が「ハト（洋の東西を問わず通信のシンボルとされている）と瑞雲（慶事をあらわす雲）」、5ウォン切手が「ムクゲの花（韓国の国花）」であった。

ところで、新政府樹立記念切

◀大韓民国政府樹立記念の切手

手の発行に際して逓信部が作成した贈呈用の切手シート（下図）に印刷されている記念切手発行の日付は、憲法公布や初代大統領就任の記念切手のように檀紀ではなく、〝大韓民国三十年〟となっている。これは、日本統治時代の1919年、上海で大韓民国臨時政府が樹立されたことから起算した年数である。

　すでに述べたように、大韓民国臨時政府は国際社会からは正統な韓国亡命政権としては認知されなかったが、植民地時代に民族闘争を展開し続けた臨時政府の関係者が、解放間もない韓国社会で尊敬を集めていたことも事実であり、彼らの中には政治的な有力者となったものも少なくない。当時の韓国逓信部が、記念切手の発行に際して〝大韓民国暦〟の日付を用いているのも、そうした事情を踏まえたものといってよい。

　もっとも、韓国の新政府は、内部にさまざまな矛盾や対立を抱えており、そのことが韓国政界に多大なる混乱を巻き起こすことになる。この点でも、新政府は、内紛が絶えず〝大統領〟の李承晩さえ弾劾・罷免されたという過去を持つ臨時政府の系譜を継ぐものであったといったら、いささかいいすぎであろうか。

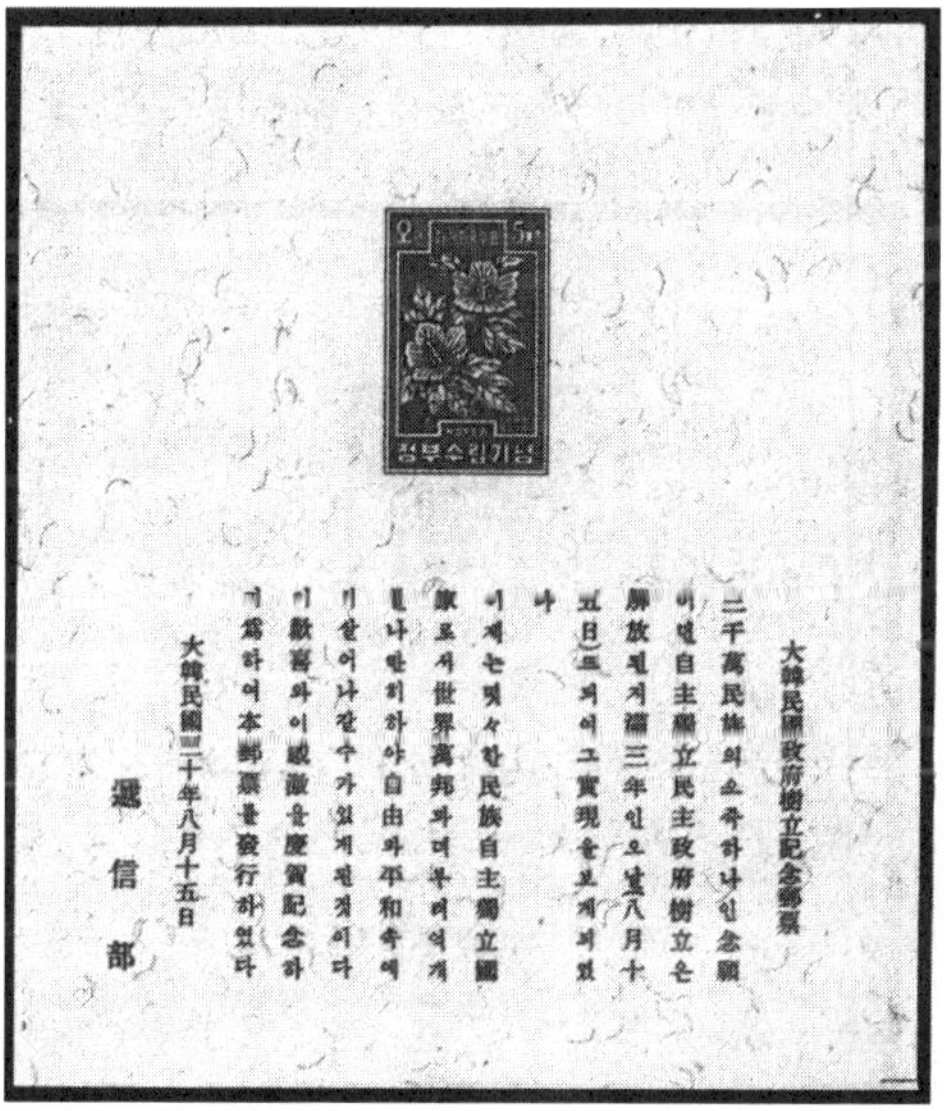

大韓民國政府樹立記念郵票
三千萬民族의오직하나인念願
이던自主獨立民主政府樹立은
解放된지滿三年인오날八月十
五日로되어그實現을보게되였
나
이제는떳々한民族自主獨立國
家로서世界萬邦과더부러어깨
를나란히하야自由와平和속에
살어나갈수가있게된것이다
이歡喜와이感激을慶賀記念하
기爲하여本郵票를發行하였다
大韓民國三十年八月十五日
遞信部

▲贈呈用シート

朝鮮民主主義人民共和国の成立

朝鮮民主主義人民共和国政府樹立の記念切手▶

南朝鮮で大韓民国が１９４８年8月15日に正式に発足したのを受けて、ソ連軍占領下の北朝鮮では、8月25日に総選挙が実施され、9月8日の朝鮮民主主義人民共和国（以下、北朝鮮）の成立宣言を経て、翌9日には金日成が首相に就任。朝鮮半島の南北分断が確定した。

１９４８年5月の南朝鮮単独選挙から南北両政府の成立までの経緯を、歴史的な事件のみを追ってみた場合、南北分断のイニシアティブを取ったのは南側であるかのような印象を受ける人は少なくないだろう。しかし、南北の分断と両政府の成立に関して、最初にアクションを起こしたのは、１９４６年2月に北朝鮮臨時人民委員会を樹立した北側のほうであるという点は確認しておく必要がある。

その後、同年5月、朝鮮に関する米ソ共同委員会が決裂すると、北朝鮮側は、米国の南朝鮮占領を帝国主義的植民地政策であるとして公然と非難。同年8月の北朝鮮労働党創党大会では、北朝鮮での単独政権樹立ならびに南朝鮮の「民主化」とその革命が基本方針とされるにいたっている。

こうした北朝鮮側の基本方針は、やがて民主基地路線（朝鮮半島が米ソの分割占領下に置かれている状況の下で、まず、北朝鮮を政治的・経済的・軍事的に強化し、その影響力によって北朝鮮主導の統一を実現することを目指す革命路線）として整理されていく。

　たとえば、北朝鮮の１９４８年憲法には「いまだ土地改革が実施されない朝鮮内の地域においては、最高人民会議が規定する期日にこれを実施する（第7条）」との規定があるが、これは、「いまだ土地改革が行われていない朝鮮内の地域」すなわち韓国を北朝鮮がいずれ吸収することを宣言したものとみなしうる。

　そして、こうした民主基地路線の最終的な帰結が、１９５０年6月、北朝鮮の南侵による朝鮮戦争勃発となったことはあらためていうまでもないだろう。

　ちなみに、１９４８年9月、北朝鮮郵政が政府樹立を記念して発行した切手（右ページ。ただし、切手上の表記は9月9日となっているが、実際の切手発行は10日後の19日）では、地図中の韓国領に相当する部分が国旗などでさりげなく隠されているほか、星の光も北朝鮮領内にしか届いていない。

　このことは、北朝鮮国家が、上記のような民主基地路線の上に成立したものであることを、結果的に、北朝鮮みずからが切手上で告白してしまったものとみなすことができる。

　なお、切手に取り上げられている北朝鮮国旗についても説明しておこう。

　南北統一政府の樹立が困難になると、１９４７年11月、金日成は北朝鮮人民委員会第3次会議で太極旗に代わる新国旗の制定を指示。これを受けて、平壌美術大学の初代学長を務めた金周経《キムジュギョン》がデザインを作成した。１９４８年憲法の規定によると、「朝鮮民主主義人民共和国の国旗は、横に、真中が赤く、その上下に白、青と3色の帯があり、旗横側の赤い帯の中の白い円の中に赤い5角の星がある」（第１０２条）とされており、この色彩から〝藍紅色旗〟と呼ばれることもある。

　当初、国旗には星ではなく、社会主義のシンボルとして犂を入れる予定であったが、金日成の指示で星が入るようになったということだ。

1948年の8月から9月にかけて、韓国ならびに北朝鮮の両政府があいついで成立し、朝鮮半島の南北分断は確定的となったが、このことは、当時の国際社会の文脈においてどのように受け止められていたのであろうか。

　韓国政府の成立に先立つ1948年5月10日、南朝鮮で単独選挙が行われると、選挙監視のために派遣されていた国連の臨時朝鮮委員会は、選挙が成功裏に終了したと宣言。同年6月25日、選挙により成立した南朝鮮国会を正統議会として認定した。

　これを受けて、両政府成立後の1948年9月24日に開催された国連総会本会議では、朝鮮問題の審議は第一委員会（軍縮・安全保障）に付託されることになった。

国連韓国委員会歓迎の記念切手▶

国連、韓国を唯一の正統政府と認定

　第一委員会では、①臨時朝鮮委員会の報告を承認する、②新しい朝鮮委員会を設置する、③総会では大韓民国を朝鮮の正統政府とする、④新たに設置される朝鮮委員会は朝鮮の統一を援助する、ことを、アメリカ、オーストラリア、中国（中華人民共和国ではなく、中華民国・国民党政府）の3ヵ国が共同決議案として提出した。

　これに対して、ソ連は、臨時朝鮮委員会の監視下で行われた南朝鮮の単独選挙は、政治的拘束と抑圧の中で実施された不当なものであるとしたうえで、①そもそも朝鮮問題はモスクワ協定で処理すべきものであり、国連総会は朝鮮に関して行動を起こす権利はない、②大韓民国は元対日協力者と米軍により構成された傀儡政権である、③（彼らの主張では）南北双方の代表からなる朝鮮民主主義人民共和国こそが朝鮮人民の意思を代表している、④朝鮮人民の代表こそが国連に招請されるべきである、などとする決議案を提出して対抗した。

結局、１９４８年12月8日、国連総会はソ連決議案を否決して共同決議案を採択。これを受けて、12月12日、①臨時朝鮮委員会の報告を承認する、②大韓民国政府は、臨時朝鮮委員会が観察した選挙で樹立された、朝鮮にある唯一の合法的な政府である、③臨時朝鮮委員会の任務を継承する組織として朝鮮委員会を設置する、ことを骨子とする総会決議１９５（Ⅲ）が採択された。こうして、国連の場では韓国が朝鮮半島の正統政府として認知され、１９４９年2月12日、新たな朝鮮委員会がソウルで活動を開始した。

韓国逓信部は、国連の朝鮮委員会が活動を開始するのにあわせて、国連のマークとハトを描く「国連韓国委員会歓迎」と題する記念切手（右ページ）を発行し、切手上において、自らの主張に沿った内容の総会決議を採択した「国際社会」に対する謝意を表現している。

一方、当然のことながら、北朝鮮側は国連の対応を激しく非難したものの、後に北朝鮮郵政が発行するような毒々しいプロパガンダ切手を発行して反国連キャンペーンを展開することはしていない。

さすがの北朝鮮郵政も、建国早々、国家のメディアである切手上において、曲がりなりにも国際社会の多数を代表するとされている国連を罵倒する切手を発行することには、ためらいがあったということなのだろうか。

▲国連韓国承認15年の記念切手

第3章
第4章
第5章
第6章
第7章
第8章
第9章

うやむやに終わった“親日派”の処罰

大韓民国が成立後まもない、9月7日、国会は、米軍政時代にはタブー視されていた〝親日派〟の処罰を求めて、反民族行為者処罰法（以下、反民法）を制定した。同法は、国会が中心となって、日帝支配下での悪質な反民族的行為者を調査し、公民権停止などの処罰を下すことを目的としたもので、10月22日には、その執行機関として、国会議員10人で構成される「反民族的行為特別調査委員会（反民特委）」も発足した。

　反民特委は、〝親日派〟559名を検察に送致。うち、221名が起訴されている。

　しかし、こうした反民特委の活動に対して、李承晩政権は消極的であった。

鉄道50年の記念切手▶

　そもそも、強硬な反共主義を掲げていた李承晩からすれば、体制に脅威をもたらすのは、〝親日派〟ではなく、共産主義者であり、その摘発こそ優先されるべきであった。

　また、李承晩政権の内部やその支持者の中で、〝親日派〟の官僚や地主は重要な位置を占めていた。特に、実務経験のある官吏・官僚たちは、ほぼ例外なく、日本の植民地支配下で職業訓練を積んだ者であったから、〝親日派〟を例外なく一掃してしまうことは、ただでさえ遅滞しがちな行政実務をさらに混乱させる結果になりかねなかった。

　このため、一部の国民世論や反民特委の意気込みとは裏腹に、〝親日派〟への追及は次第に尻すぼみになっていく。

実際、地域の有力者の意を汲んだ警察が反民特委の活動を妨害する事件が頻発したほか、1949年5～6月の国会フラクション事件（韓国からの米軍の撤退や南北協商などを唱えて李承晩に批判的だった金若水《キムヤクス》ら〝少壮派〟議員14名が逮捕・投獄された事件）や、同年6月6日の6・6事件（反民特委内に共産主義者がいるとの理由で、警察が委員会を襲撃し、逮捕者が出た事件）が起こり、反民特委の活動は大きな打撃を受けた。

結局、6・6事件以降、反民法の公訴時効は、1949年8月末までとされ、同法で有罪判決を受けたのは7名のみ（うち5名は執行猶予付）という結果に終った。

反民法問題が「泰山鳴動してネズミ一匹」という結果に落ち着きつつあった1949年9月18日、韓国郵政は、〝鉄道50年〟の記念切手（右ページ）を発行する。

韓国において最初の鉄道である京仁《キョンイン》鉄道（ソウル＝仁《イン》川《チョン》間）が開通したのは、1899年のことであった。しかし、この鉄道は、朝鮮人の手によるものではなく、三井・三菱・渋沢など日本の大資本が設立した京仁鉄道合資会社が多額の国家資金の援助を得て開通させたもので、日本の植民地化の尖兵となったものである。〝親日派〟の糾弾が徹底して行われていたのであれば、こうした日本人の〝業績〟を顕彰する切手は決して、発行されえなかったであろう。

それゆえ（それが日本人の手になるものであることを表向きは伏せていたとしても）、韓国が1949年9月に〝鉄道50年〟の記念切手を発行したということは、植民地時代の清算を求めつつも、日本植民地時代の遺産の上に成り立たざるをえないという、韓国のジレンマを象徴的に表しているような気がしてならない。

▲右ページの切手から50年後に発行の鉄道100年の記念切手

土地改革

1949年に韓国で発行された農民を描く切手▶

解放当時、南朝鮮では人口の7割を農民が占め、耕地面積は207万町歩あった。このうち、自作農は60％で、小作農は28％、日本人の所有が13％である。

第2次大戦後、土地改革が世界的な潮流となる中で、アメリカ軍政庁は、1945年9月、日本植民地時代に土地の買収と地主経営を行っていた日本の国策会社・東拓（東洋拓殖株式会社）を新韓公社に改編。旧日本人所有の土地を接収し、これを管理した。その後、1948年3月、新韓公社の土地を農民に払い下げるために中央土地行政処が設置され、旧日本人所有の土地は、年平均生産高の三倍の価格で韓国人に払い下げられた。

これに対して、戦前からの韓国人地主の土地の分配は、政治問題となり、進まなかった。

しかし、日本でもGHQによる農地改革の結果、不在地主が一掃されていたことにくわえ、ソ連占領下の北朝鮮では、1946年3月の土地改革で、日本人や親日派の所有地と、5町歩以上の朝鮮人地主の所有地、さらに全ての継続小作地が無償で没収され、土地なき農民に無償で分配されていたこともあり、韓国政府も、なんらかのかたちで土地改革（農地改革）を行い、自作農を創設する必要に迫られるようになった。

結局、李承晩政権は、1949年9月、有償没収・有償分配を原則とする農地改革法を制定。

自作農の創設と土地資本の産業資本への転化を期待して、年収穫量の１５０％を補償価格とする地価證券を地主に交付するという農地改革が実施された。しかし、翌年に勃発した朝鮮戦争により、結局、補償はうやむやにされ、戦争による耕地の荒廃という外的な要因も加わって、農地改革は地主層を没落させただけで、所期の目標はほとんど達せられないままに終ってしまった。

右ページの切手は、そうした韓国の農地改革が始まろうとしていた１９４９年7月1日に発行された5ウォンの通常切手で、収穫に励む農民の姿が描かれている。おそらく、農地改革によって、新生韓国の経済建設を担う自作農が創設されるという意図を込めて、このようなデザインが採用されたのであろう。

一方、農地改革によって土地を得た農民というモチーフは、北朝鮮の切手（下図）にも取り上げられているが、韓国の切手と比べると印刷物としてきわめて粗末である。

農地改革に限らず、建国初期の韓国と北朝鮮の経済改革は、北朝鮮では成功を収めたものの、韓国では失敗に終ったとの評価が一般的で、その結果、経済的に、北朝鮮は韓国をはるかに凌駕していたと考えられている。たしかに、国家のマクロレベルでいえば、そうした観測は正しいのかもしれないが、極端に軍事経済に偏っていた北朝鮮において、一般国民の生活向上に対しても相応の関心が払われていたか否かは甚だ疑わしい。

このことは、結果として失敗に終った李承晩政権の農地改革を擁護することにはならないが、農地改革の成果を大々的に喧伝していた北朝鮮の農民が、農地改革に失敗した韓国の農民よりもはるかに粗末な切手しか使えなかったという事実は、両国のその後の状況をはからずも暗示しているようで興味深い。

▲同時期に北朝鮮で発行された農民を描く切手

第2回総選挙

1948年8月の大韓民国成立から1950年6月の朝鮮戦争までの間、新生韓国は、政治・社会・経済のあらゆる面で混乱の極にあった。

すなわち、政権発足以前の1948年4月から、済州島では左翼暴動が起こっていたことにくわえ、同年10月には、暴動鎮圧の出撃命令を受けた国軍部隊が麗水《ヨス》・順天《スンチョン》で反乱を起こしていた。これらの反乱は、基本的には1948年中に鎮圧されたものの、その後も一部は各地でゲリラ闘争を展開していた。

李承晩政権は、こうした混乱を力ずくで押さえ込むことで乗り切ろうとした。

◀第2回総選挙の記念切手

たとえば、成立間もない国軍内には、旧日本軍系・旧満州軍系・中国軍系・独立軍系などの派閥が乱立していたが、李承晩政権は〝共産分子一掃〟の名目で国軍の1割を超える8000名を粛清することで軍部のコントロールを握った。また、政府に対して批判的だった大物政治家・金九は、1949年、李承晩派の陸軍将校により暗殺されている。

このような強権的な政治姿勢に加えて、経済失政も惨憺たるものであった。

すなわち、独立翌年の1949年度の国家予算は、歳出額の6割が赤字歳出であった。このため、韓国銀行の紙幣が増発され、物価は米軍政時代末期の2倍にまで跳ね上がった。

これに対して、工業生産は電

力難・原料難で１９４４年の18・6％にまで落ち込んだ。

さらに、アメリカの経済支援も、独立以前には1億７０００万ドル以上あったものが、独立後は1億１６００万ドルに減額された。韓国内の政治・経済状況に危機感を抱いていたアメリカ国務省は、１９５０年度下期に韓国に対する６０００万ドルの追加援助案を議会に提出したものの、これは野党・共和党の反対で否決されている。結局、１９５０年4月、アメリカ国務省は、韓国政府が財政政策を改め、インフレの抑制に真剣に取り組まないかぎり、軍事経済援助を再検討すると警告せざるを得なくなっていた。

こうした状況の下で、１９５０年5月、韓国国会は任期満了を迎え、総選挙が行われた。

選挙を乗り切る自信のなかった李政権は、国内の治安悪化を名目に選挙の実施を延期しようとした。しかし、アメリカは、憲法の規定どおり5月中に選挙を行わない場合には援助の中止もありうると圧力をかけ、投票は予定通り、5月30日に行われた。

なお、今回の選挙に際しても、第1回総選挙（いわゆる「単独選挙」）同様、記念切手（右ページ）が発行されている。切手の下部には〝４２８３〟（＝西暦１９５０年）との年号が大書され、中央庁の下には〝５・30〟との投票日の日付がしっかり入っている。軍政時代の切手には切手上の日付と切手の発行日が異なる例がいくつかあったが、切手上の日付と切手に取り上げられた出来事の日付が異なる例はない。アメリカから強いプレッシャーを受けていた李政権は、〝５・30〟という日付を入れて、当日、切手を発行することで何があっても、予定どおり選挙を実施する姿勢を示さざるを得なかった。

さて、選挙の結果、与党李承晩派は定数２１０議席中30議席しか獲得できないという惨敗を喫した。代わって、前回の総選挙を分断固定化につながるとしてボイコットした中間派が１３０議席を獲得して躍進。こうして、国民の不満を前に李承晩政権が退場に追い込まれるかに見えた、まさにその瞬間、運命の１９５０年6月25日がやってくる。

朝鮮戦争勃発

1950年6月25日、朝鮮戦争（韓国では〝韓国戦争〟と呼ばれているが、本書では日本の慣例に従ってこう表記する）が勃発した。

朝鮮戦争が朝鮮人民軍（北朝鮮軍）の武力南侵によってはじめられたことは、現在では日本でも常識として定着しているが、かつては、必ずしもそうではなかった。日本国内では、いわゆる進歩的知識人や旧社会党の影響もあり、北朝鮮イコール正義の社会主義国、韓国イコール軍事独裁国家と決めつける論調が一定の影響力を持っていたためである。

しかし、北朝鮮の切手を注意深く観察してみると、北朝鮮が事前に周到な準備を重ねたうえ

◀北朝鮮の〝解放5周年〟の記念切手のうち、朝ソ国旗と解放塔を描くもの

で南侵に踏み切ったことをうかがわせる材料は少なくない。

たとえば、上の切手を見ていただこう。

これは、1950年に4種セットで発行された「解放5周年」の記念切手の1枚で、〝ソ連による北朝鮮の解放に感謝する〟として建てられた解放塔と、両国の国旗が描かれている。このデザインが、朝鮮（の北部）はソ連軍によって日本の植民地支配から解放されたとする、当時の北朝鮮当局の歴史認識を反映したものであることは、あらためていうまでもない。

さて、日本の植民地支配からの解放は、（それが誰によってもたらされたものであるかという議論はさておき）韓国・北朝

鮮ともに、自らの国家の原点としてきわめて重要な意味を持っている。それゆえ、毎年8月15日にはこれを祝う記念イベントが両国で盛大に行われている。

したがって、5周年という節目の年にあたる1950年の8月15日には、本来であれば、南北ともに大規模な記念行事が行われていたことであろう。

しかし、この年は6月25日に朝鮮戦争が勃発したため、8月15日に解放5周年の記念行事を行うことは事実上不可能となってしまった。実際、韓国では解放5周年の記念切手は発行されていない。

これに対して、北朝鮮は、実際の解放記念日より2ヵ月近くも前の6月20日に早々と解放5周年の記念切手を発行している。

北朝鮮当局が、解放5周年の記念切手を、本来の解放記念日よりも2ヵ月も前倒しして発行したのは、実際の解放記念日にあたる8月15日に記念切手を発行することが困難であることを、彼ら自身が事前に認識していたためと考えるのが妥当であろう。

そして、彼らのこうした〝予想〟は、切手の発行からわずか5日後の6月25日に朝鮮戦争が勃発することで実現することになる。

このように、北朝鮮が発行した解放5周年の切手は、北朝鮮が周到な用意の上で武力南進を開始したことをうかがわせる状況証拠ともいえよう。

北朝鮮当局は、自らの切手により、朝鮮戦争は韓国側から仕掛けられたものというみずからの主張に信憑性がないことを、結果的に告白してしまったのである。

▲同じく北朝鮮解放5周年記念切手より、トラクターによる農業近代化を表現した1枚

北朝鮮の朝鮮人民軍が北緯38度線全域にわたって南侵を開始した1950年6月25日の時点で、韓国側には、これを迎え撃つだけの準備はなかった。

まず、韓国軍の組織だが、同年4月と6月に高級幹部の人事異動が行われていたことに加え、6月中旬には部隊の改編も行われるなど、各種の変更に伴う混乱が収拾されるにはしばらく時間が必要とされていた。また、6月18日には、修理のため、韓国軍の各部隊の約3分の1にあたる武器や車両が仁川市内の富《プ》平《ピョン》武器補給処に集められており、38度線地域の韓国軍の装備は手薄になっていた。

さらに、6月11日から発せられていた北朝鮮の南侵に対する非常警戒令は、北朝鮮側の侵攻がないことを理由に、6月24日（北朝鮮南侵の前日である）午前0時に解除されていた。このため、ほとんどの韓国軍部隊では、将兵たちに外出や休暇が許可されており、38度線沿いでも少数の部隊が警備を行っているだけであった。首都ソウルでも、6月24日の夜には陸軍会館落成記念のパーティーが深夜まで行われ、韓国軍の高級幹部や米軍の顧問なども酔眼朦朧とした状態の中で北朝鮮南侵の第一報に接することになる。

こうした状況であったから、当初、不意打ちを食らった韓国側の対応は混乱をきわめていた。すなわち、韓国陸軍本部が全

開戦時の韓国

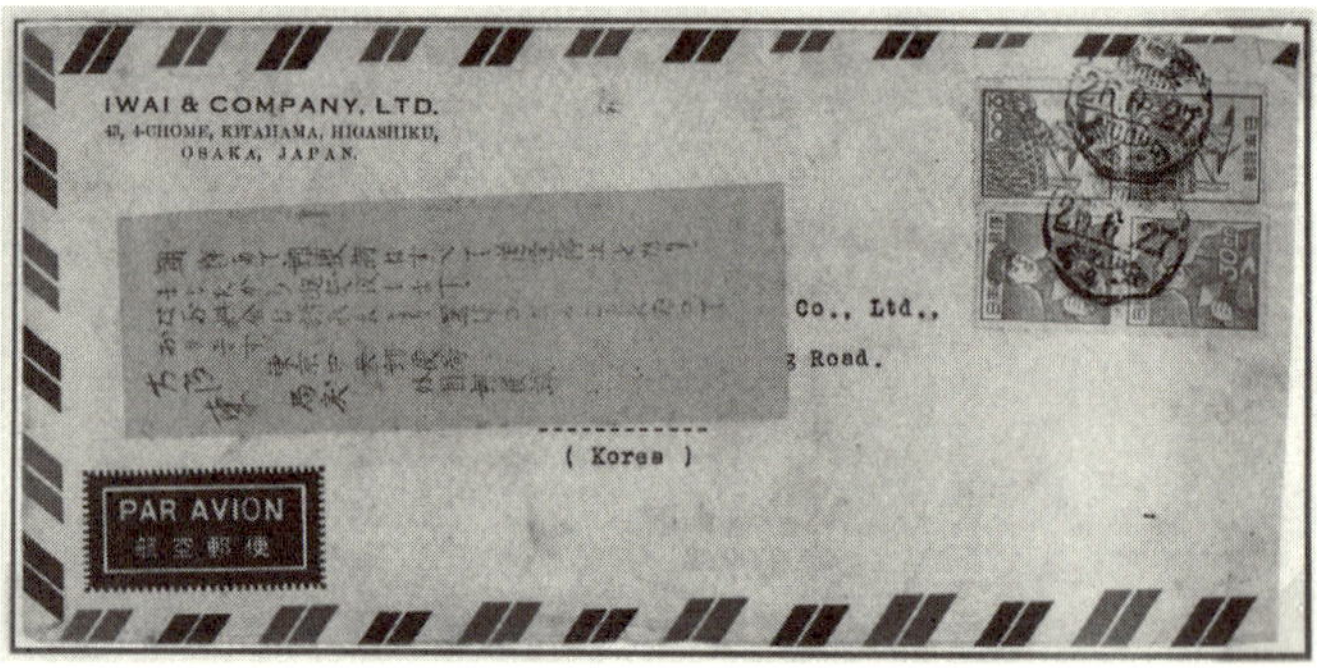

◀朝鮮戦争の勃発により配達不能で差出人に返送された郵便物

軍に非常呼集を発令したのは、朝鮮人民軍の南侵から約2時間後の午前6時30分のことであったが、前夜の宴会のせいもあってか、幹部らの集合は遅れ（居所不明の者も少なくなかったといわれている）、陸軍作戦局長の張《チャン》昌国《チャングク》が陸軍本部に登庁してきたのは9時30分を過ぎてからのことであった。

さらに、大統領・李承晩に北朝鮮南侵が正式に報告されたのは午前10時のことで、戦争に対処するための最初の国務会議が開かれたときには、すでに午後2時になっていた。

一方、国民に対しては午前7時にはラジオで北朝鮮南侵の第一報が伝えられたが、国防部の正式談話が発表されたのは午後1時になってからのことである。

しかも、その内容は、朝鮮人民軍が順調に南侵を続け、ソウルに迫りつつあったにもかかわらず、国民に不安を与えないようにとの配慮から、韓国軍が朝鮮人民軍を「撃退して追撃中」というもので、結果として多くの国民の情勢判断を誤らせるものとなった。

さて、こうした朝鮮戦争初期の混乱した状況を示すものとして、一通の封筒（右ページ）を紹介したい。

この郵便物は、朝鮮戦争の勃発から2日後の1950年6月27日、大阪からソウル宛に差し出されたものだが、戦争の混乱により、韓国と諸外国との郵便交換は不可能となったため、「朝鮮あて郵便物はすべて送達停止となりましたから返戻致します」との事情を説明した付箋が貼られて、差出人戻しとなったものである。

朝鮮戦争に際して、日本は米軍を主力とする国連軍の後方基地となることで、韓国の犠牲の上に、特需景気の恩恵で戦後の経済復興を達成することになる。

その意味では、大阪発のこの封筒には、朝鮮戦争の勃発と同時に、日本の戦後復興の出発点も刻印されているとみなす事もできるかもしれない。

ソウル陥落

南侵を開始した朝鮮人民軍は、奇襲攻撃の利を活かして進撃を進め、3日後の1950年6月28日、ついにソウル市街の一角に突入した。

当時、朝鮮人民軍の首都侵攻に対して、韓国軍の蔡秉徳《チェピョンドク》参謀総長は、漢江《ハンガン》に架かっていた漢江大橋と広壮橋、それに複線2本・単線1本の鉄道橋の爆破を命令。朝鮮人民軍の進撃を少しでも遅延させようとした。

しかし、このプランには、ソウル以北の韓国軍部隊の撤退やソウル市民の避難をどうするのかという視点が欠落していた。このため、蔡は、いったん、爆破の延期を決定したものの、混乱の中で司令部と現場との連絡が不首尾に終わり、漢江大橋と

◀北朝鮮の発行したソウル解放の記念切手

2本の鉄道橋が予定通り爆破されてしまう。この爆破により、橋の上にいた数百人の将兵・市民等が犠牲になったほか、ソウルの外郭を防衛していた韓国軍主力も士気を失い、なだれをうって崩壊。韓国側の極度の混乱状況の中で、開戦からわずか3日で、ソウルは朝鮮人民軍の前に陥落する。

当時、大方の予想では、ソウル陥落後、朝鮮人民軍はただちに漢江を渡河し、一挙に南下するものと見られていた。

しかし、朝鮮人民軍は6月28～30日の3日間、政治犯の逮捕や囚人の解放、ソウル政庁での戦勝祝賀会などを開催して時間を空費。さらに、7月1・2日の両日は漢江鉄橋の修復・確保

に時間を取られたこともあり、5日間の時間的な猶予を韓国側に与えることになった。それゆえ、北朝鮮が進軍を停止したこの3日間は、〝謎の3日間〟とよばれ、その理由をめぐっては、専門家の間でも意見が分かれている。

　すなわち、南朝鮮労働党の呼応蜂起（北朝鮮側は、開戦にあたって、南側の人民が南侵に呼応して反李承晩の一斉蜂起に立ち上がるだろうと喧伝していた）を待っていたという説や、韓国側には漢江南岸での迎撃準備が整っていたと北朝鮮側が誤解したという説、またソウル占領があまりにも順調に進み、他の作戦との足並みをそろえるため、時間調整が行われたとする説、などがその主なものである。

　もっとも、作戦上の判断は別にして、当時の朝鮮人民軍の間には、ソウルの占領によって戦争は実質的に終結するとの楽観的な空気が強かったことも事実で、北朝鮮の首脳部はソウル占領後すぐさま戦勝祝賀会を開催している。

　このように、ソウルの解放イコール〝祖国解放戦争〟（朝鮮戦争の北朝鮮での呼称）の勝利との認識から、彼らは右ページのような記念切手を発行した。

　この切手は、ソウル陥落からわずか12日後の7月10日に発行されたもので、北朝鮮国旗の翻るソウル政庁が描かれている。オリジナル・デザインの切手の制作には、通常、最低でも1ヵ月以上はかかるから、この切手は、1950年6月28日というソウル陥落の日付部分を除き、開戦前から制作作業が始められていたものと考えてよいだろう。

　開戦以前から準備されていたと思しきこの切手には、ソウルでの戦勝祝賀会の開催と同様に、ソウルの陥落で戦争が実質的に終わったとする北朝鮮側の楽観的な空気が流れているように筆者には思われてならない。

ソウルの人民軍

開戦からわずか3日後の、1950年6月28日、北朝鮮は首都・ソウル（当時の北朝鮮憲法では、形式的に、ソウルが首都であると規定されていた）を陥落させた。

占領下の首都の行政責任者であるソウル市人民委員会委員長には、北朝鮮の司法相で南朝鮮労働党（南労党）系の李承燁《イスンヨプ》が就任した。南労党というのは、米軍占領下の1946年11月、ソウルで、朝鮮共産党・新民党・人民党の3者が合同して結成された左翼政党（委員長は、朝鮮共産党の委員長であった朴《パク》憲永《ホニョン》）である。その後、米軍政庁と李承晩政権の厳しい弾圧のため、指導部は北朝鮮に移り、1949年6月、金日成の北朝鮮労働党と合同し、現在の朝鮮労働党が誕生する。

▲〝朝鮮民主主義人民共和国〟と加刷された韓国切手

こうした経緯から、ソウル市人民委員会の委員長には、南労党系の人物が任命されたわけだが、副委員長には、平壌市人民委員会副委員長であった朴昌植《パクチャンシク》（ソ連系）が任命されており、実質的には、ソウルの平壌化が志向されていたことがうかがえる。

彼らは、占領後まもない6月30日には、政党・社会団体に登録を求め、構成員や役員の名簿の提出を義務づけた。また、韓国政府関係者には〝自首〟が呼びかけられ、ソウル市民には〝反動分子〟の摘発が義務として課せられた。さらに、午後9時から午前4時までの外出禁止令や、反北朝鮮宣伝は厳罰に処せられることなどが布告された。新聞・雑誌も、南朝鮮労働党機関紙の『解放日報』と『朝鮮人民報』、朝鮮労働党中央委員会（平壌）機関紙の『労働新聞』を除いて、すべて発行停止となった。

このうち、7月2日に発行された『解放日報』の第1号には、「反逆者たちを処断し、人民の政権機関である人民委員会を復活」させようと呼びかける金日成の演説と、彼のソウル解放の祝賀メッセージが掲載された。

さらに、『解放日報』は、翌3日の紙面で朝鮮民主主義人民共和国憲法の全文を掲載したほか、続く4日には、元南労党委員長・朴憲永（ただし、このとき、朴は北朝鮮の副首相兼外相であったが、『解放日報』はこの点を秘匿している）の演説を掲載し、南の人民に対して北朝鮮側に立って李承晩政権に対する武装蜂起に立ち上がるよう呼びかけている。

さて、ソウルを占領した北朝鮮側は、現地での郵便に使用するため、韓国切手を接収し、〝朝鮮民主主義人民共和国〟との文字を加刷した切手（右ページ）を発行した。これらの切手は、韓国領内の北朝鮮占領地域で使用されたが、朝鮮人民軍の占領が短期間で終わったため、現在残されているのは大半が未使用のものである。北朝鮮側が占領地域でこのような切手を発行したのは、韓国の主権を否定し、自らの支配を目に見えるかたちで人民に知らしめるためであったことはいうまでもない。

しかし、北朝鮮側が、どれほど自分たちは〝解放軍〟であると強調しても、ソウル市民にとっては、朝鮮人民軍は招かれざる侵入者でしかなかった。朴憲永らによる武装蜂起の呼びかけに応じる動きがほとんど起こらなかったのは、その何よりの証といえよう。

こうして、9月28日に国連軍がソウルを奪還するまでの3ヵ月弱、ソウル市民は朝鮮人民軍の占領下で面従《めんじゅう》腹背《ふくはい》の生活を余儀なくされることになる。

国連軍の派遣

朝鮮人民軍の奇襲攻撃により はじまった朝鮮戦争は、朝鮮半島という東西冷戦の最前線の出来事であったがゆえに、国際社会は、これを内戦として放置することはできなかった。

すなわち、国連安全保障理事会は、開戦翌日の1950年6月25日午後2時(国連本部のあるニューヨーク時間。韓国時間では26日午前2時)、北朝鮮の南侵を侵略行為と規定し、北朝鮮に対して38度線以北への撤兵を要求する。しかし、朝鮮人民軍はこの安保理決議を無視してさらに南侵を続け、6月28日にはソウルを占領した。

このため、アメリカ大統領・トルーマンは、極東海・空軍に対して、38度線以南の朝鮮人民

▲国連軍に感謝して韓国が発行した切手のうち、アメリカを取り上げたもの

軍への攻撃を指令。国連安保理も、「北朝鮮の侵攻を撃退するため、加盟国は韓国が必要とする軍事援助を与える」との決議を採択して、アメリカの軍事介入を追認した。

もっとも、この時点では、トルーマンは、地上軍を本格的に投入して、朝鮮戦争に全面的に介入することには慎重であった。というのも、北朝鮮の侵略行為は阻止しなければならないが、さりとて、ソ連の介入を招き、〝第3次世界大戦〟を引き起こすことはなんとしても避けねばならなかったためである。

これに対して、日本占領の総司令官として東京にいたマッカーサーは、6月29日、陥落直後のソウルを漢江南岸から視察。

本国政府に地上軍の本格的な投入を主張した。そして、このマッカーサー報告を受けて、翌30日、トルーマンも地上軍の投入を決断する。

もっとも、急遽、朝鮮半島に派遣されたアメリカ軍第24師団（開戦当時は九州に駐留していた）は準備不足のためもあって、7月5日に行われた烏山《オサン》の戦闘で北朝鮮側にまさかの敗北を喫してしまう。

こうした状況の中で、7月7日、国連安保理は国連軍の創設を決議し、その司令官の任命をトルーマンに委任。これを受けて、翌8日、マッカーサーが国連軍司令官に就任する。

これら一連の安保理決議は、当時、ソ連が欠席した安保理（ソ連は、前年に成立した中華人民共和国を中国の正統政府として国連への代表権を与えるように主張し、それが否決されたことに抗議して安保理への出席を拒否していた）で採択された。このため、後に、いわゆる進歩的知識人たちなどが、国連軍の創設は国際世論を反映したものではないと批判する余地を残すことになった。

しかし、当時の国連加盟59ヵ国のうち、国連軍の派遣に賛成したのは52ヵ国と圧倒的多数を占めていた。また、アメリカ以外にも、英連邦5ヵ国を含む総計21ヵ国（この中には、病院船のみ派遣のデンマークや当時は国連未加盟で赤十字のみ派遣したイタリアも含まれる）が兵員を派遣していたことを考えると、国連軍の派遣は、一応、当時の国際世論を反映したものとみなすことができよう。

なお、国連軍の派遣に感謝するため、戦況が落ち着きを取り戻した１９５１年9月以降、韓国郵政は国連軍参加各国の国旗と太極旗を並べた切手（右ページ）を発行し、国連軍の兵士等に大量に配布している。ただし、これらの切手の中には、ニュージーランドの国名表記がNEW ZEAIND（正しくはNEW ZEALAND）となっているものや、イタリア国旗を旧王制時代のものと間違えたものがあるなど、戦時の混乱をうかがわせるものも含まれている。

開戦から3日後の1950年6月28日、首都・ソウルを陥落させた朝鮮人民軍は、その後も破竹の勢いで南侵を続け、7月4日には水原を、同20日には大田《テジョン》を、それぞれ占領した。このため、ソウルを撤退した韓国政府は7月17日には釜山《プサン》への移転を余儀なくされた。

8月に入ると最終防衛ラインとされた釜山橋頭堡（朝鮮半島南東部の馬山《マサン》＝洛井里《ナクチョンニ》＝盈徳《ヨンドク》を結ぶ南北153キロ、東西90キロの防御線）の攻防をめぐって、韓国・国連軍は背水の陣に追い込まれた。もっとも、すでに北朝鮮の補給能力は限界を超えており、北朝鮮側は2度にわたる猛攻をかけたものの、釜山橋頭堡を制圧できなかった。

仁川上陸作戦と方虎山

▶方虎山を讃える北朝鮮の切手。現在、北朝鮮当局はこの切手を発行しなかったことにしているが、実際に郵便に使用された例も残されている。

一方、釜山には兵員・物資が続々と陸揚げされ、国連軍は徐々に戦力を回復しつつあったが、こうした状況の中で、国連軍総司令官、ダグラス・マッカーサーは朝鮮人民軍の後背地にあたる仁川への上陸作戦を敢行する。奇襲作戦は見事に成功し、9月15日、アメリカ第1海兵師団の1個大隊が仁川市対岸の月尾島《ウォルミド》に上陸を開始し、国連軍は翌16日までに仁川を奪還してソウルに向けて進撃する。北朝鮮側は上陸部隊の迎撃を試みたが失敗し、17日には国連軍が金浦飛行場を奪還した。

一方、釜山橋頭堡をめぐる洛《ナク》東江《トンガン》戦線では、アメリカ第8軍が仁川上陸に呼応して攻勢に転じ、大邱＝金泉《キムチョン》＝大田＝水原沿いに朝鮮人民軍を撃滅する作戦を開始。9月21日以降、退路を絶たれた朝鮮人民軍は総崩れとなる。当時、洛東江戦線にいた朝鮮人民軍約10万人のうち国連軍の包囲を破って北へ逃れたのは2万5000〜3万5000人。太白山《テベクサン》中などに留まりゲリラ化した兵員も1〜2万人程度いたと推測されるが、朝鮮人民軍兵士のうち約1万人が9月末までに投降して捕虜となったほか、4万人強が逃亡したと考えられている。

こうして、朝鮮人民軍の兵力は半分程度にまで落ち込み、撤収作戦は惨憺たる失敗に終わったが、その中で例外的に成果を収めたのが朝鮮人民軍第6師団長・方虎山《バンホサン》である。

方は、解放以前、中国共産党系の朝鮮義勇軍に参加し、解放後も朝鮮義勇軍第1支隊の政治委員として南満州で中国の国共内戦に参加した。中華人民共和国の成立後、彼は北朝鮮に帰国し、中国から帰国した朝鮮人で編成された朝鮮人民軍第6師団の指揮を執り、朝鮮戦争では開城攻防戦で奇襲攻撃を成功させ、朝鮮人民軍として最初に漢江渡河に成功。晋州《チンジュ》前面の河東《ハドン》では1個大隊規模の韓国軍を壊滅させ、大田の戦闘ではアメリカ第24師団のディーン師団長を捕虜とするなどの赫々《かっかく》たる戦果を挙げた。さらに、1950年9月の撤収作戦で、彼は自らの指揮する第6師団の犠牲を最小限に留めたばかりでなく、撤収に際しては占領行政のために派遣されていた北朝鮮の文官8000名を収容している。

こうした功績により、方は軍団長に抜擢され、北朝鮮最高の栄誉である〝二重英雄〟の称号を獲得。さらに、1952年4月には彼の軍功を讃える切手（右ページ）も発行された。

しかし、朝鮮戦争の休戦後、方は、金日成と延安派（解放以前、中国共産党中央の指導下で抗日闘争を展開していたグループ）との権力闘争に巻き込まれ、1956年、病気療養を名目に中国に脱出せざるをえなくなる。この結果、方虎山の名は北朝鮮の正史からは抹殺され、切手の存在も北朝鮮郵政の公式カタログからは削除されてしまった。

仁川に上陸したアメリカ海兵師団は、ただちにソウルへの進撃を開始し、第5海兵連隊に金浦《キムポ》飛行場を、第1海兵連隊に永登浦《ヨンドゥンポ》（ソウルと南方を結ぶ要衝）を、それぞれ、攻撃するよう命じた。

　このうち、金浦飛行場の占領は1950年9月18日には完了し、第5海兵連隊は翌19日から漢江渡河作戦を開始。20日には渡河に成功する。

　一方、永登浦では北朝鮮側の抵抗が激しく、第1海兵連隊は苦戦を強いられたが、9月22日には同地を完全に占領することに成功した。

　漢江渡河に成功した第5海兵連隊は21日からソウル市内を目指して兵を進めた。しかし、首

韓国・国連軍、ソウルを奪還

▲ソウルの攻防戦を取り上げた北朝鮮の切手

都（1972年までの北朝鮮の憲法では、平壌は暫定首都で、正規の首都はソウルとされていた）の防衛にあたっていた朝鮮人民軍第25旅団には、かつて中国共産党の軍隊である八路軍に参加して日本軍などとも戦った経験をもつ歴戦の勇士が多く、北朝鮮側の抵抗の前に第5海兵連隊は多大な犠牲を強いられた。

　激しい攻防戦の後、25日になって、米軍はようやくソウル西側の高地帯と南山《ナムサン》を占領したが、その後も、北朝鮮側の抵抗は続き、ソウル市内では激しい市街戦が展開された。

　このときの北朝鮮側の抵抗の模様は、1966年に北朝鮮が発行した切手（上図）にも描かれている。切手では、バリケー

ドを築いて抵抗する朝鮮人民軍の兵士のほか、負傷兵の救助にあたる女性や物資を運ぶ少年の姿などが迫力ある筆致で表現されている。北朝鮮としては、ソウルの全人民が米軍に対して抵抗したと表現したいのであろう。また、画面の左側後方、硝煙の向こうにはソウルの中央政庁（日本植民地時代の旧総督府の建物）が配され、この戦争画がソウルを舞台にしたものであることが一目で了解されるよう工夫されている。

　こうした北朝鮮側の抵抗は、ソウルそのものの防衛が困難になった後、主力を撤退させる時間を稼ぐためのものであったが、結局、9月28日、米軍はソウルの奪還に成功。中央政庁には、ふたたび、太極旗が掲げられることになった。

　このとき撮影された有名な写真は、首都奪還から15周年にあたる1965年9月、韓国の記念切手（下図）のもとになっている。

　北朝鮮とは異なり、韓国の場合、朝鮮戦争の直接的な戦闘場面を切手上に取り上げることは少ないが、さすがに、この名場面は別格とみなされたのであろう。

　この切手が発行された1965年といえば、韓国を朝鮮半島の唯一の合法的政府とみなす日韓基本条約が6月に調印された年である。当然、その正統性を国際的に否定される北朝鮮は、同条約を南北の分断を永久に固定化するものとして猛反発している。こうした背景事情を考えてみると、この時期、首都・ソウルの攻防戦を題材にした切手を発行したのは、南北ともに、自分たちこそがソウルの正統な支配者、すなわち、朝鮮の正統政府であることを内外にアピールする意図が背後にあったためと推測できる。

　「歴史」は、過去の出来事に留まらず、現実の政治的な文脈においても、常に相応の意味を持って語られるものなのだ。

▲ソウル奪還15周年の記念切手

国連軍、平壌へ

国連軍（実質的には米軍）が朝鮮戦争に介入したとき、その目的は朝鮮人民軍を北緯38度線以北に撃退することにあった。

1950年9月28日、国連軍がソウルを奪還すると、北朝鮮を撃退した後の方針をめぐって、アメリカ政府の内部では38度線を突破するか否か、意見が分かれていたが、最終的に、この問題は国連軍司令官マッカーサーの判断に委ねられた。その結果、国連軍は、次第に、朝鮮人民軍の撃滅を唱える彼のプランに引きずられていくことになる。

こうした状況の下で、10月1日、韓国第1軍団が東海岸で38度線を突破すると、マッカーサーは北朝鮮に降伏を勧告。翌2日には国連軍に38度線を越えて北進することを命じた。さらに、7日には国連安保理が国連軍の北進を追認。19日、国連軍は平壌を占領する。

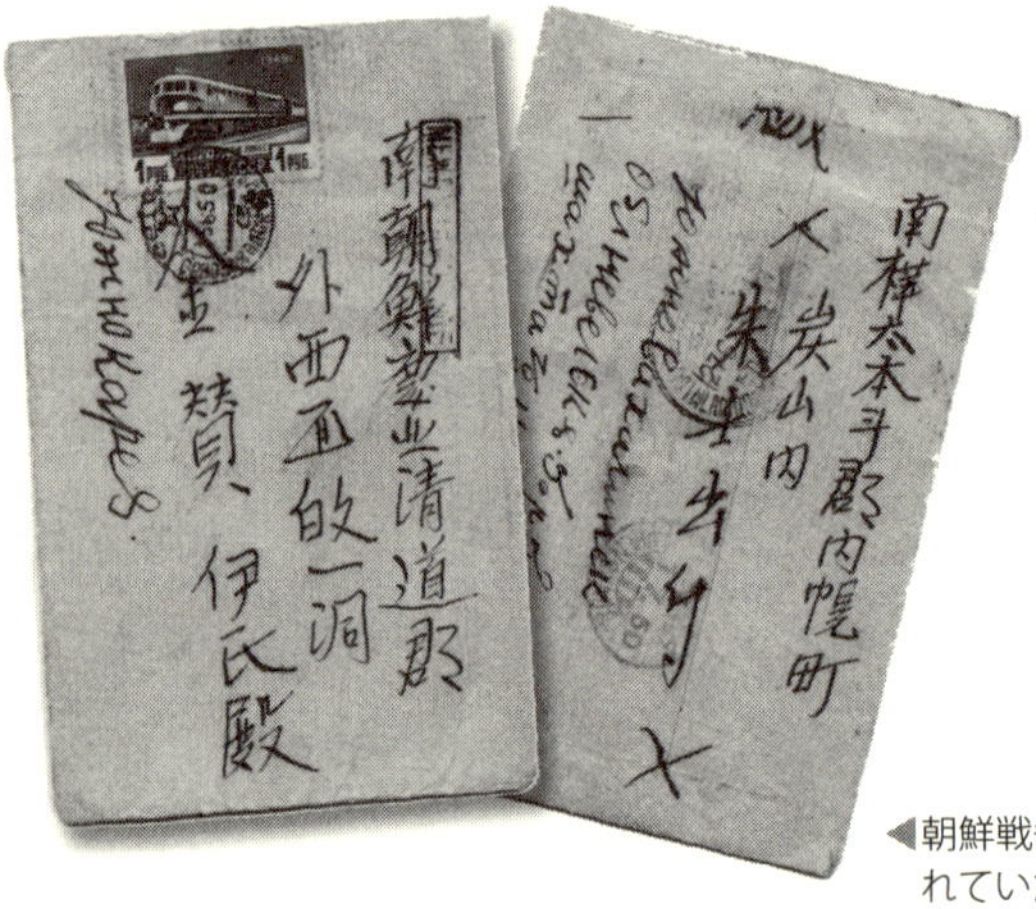

◀朝鮮戦争の勃発により、平壌で留め置かれていた郵便物

ところで、平壌占領に際して米軍は、現地に残されていた北朝鮮側の大量の文書を押収していった。そこには当時の郵便物も少なからず含まれている。上図も米軍関係者が平壌から持ち出したものだが、興味深い歴史の断面が刻み込まれている。

この封筒は、1950年6月15日、サハリン残留の朝鮮人が韓国宛に差し出したもので、差出人の住所は「本斗郡内幌町炭山内」となっている。

1945年以前、日本の植民地だった朝鮮からは多くの人々が炭鉱夫として樺太（現サハリン）に動員された。

終戦に伴い、新たに樺太の支配者となったソ連は、現地に残っていた朝鮮人を貴重な労働力とみなし、アメリカ軍政下の南朝鮮へ帰国させようとはしなかった。一方、日本政府にも、朝鮮人を（元）日本国民として帰還させることへの責任感が希薄で、引揚交渉の際、残留朝鮮人の問題はほとんどとりあげられなかった。

こうして、敗戦以前の樺太に動員された朝鮮人は、引揚を許されることなく、ソ連領サハリンへの残留を余儀なくされる。ここで紹介している封筒も、差出人の住所表示から、そうした〝サハリン棄民〟のひとりであったと考えてほぼ間違いないであろう。

さて、この封筒は、裏面に押されているスタンプから、6月27日、ウラジオストックに到着し、そこから、韓国の名宛人に届けられるはずであった。しかし、この封筒がウラジオストックに到着する2日前の6月25日、朝鮮戦争がはじまってしまった。このため、この封筒は韓国領内への配達が不可能となり、7月1日、平壌まで届けられたところで（裏面には同日付の平壌の消印が押されている）、同地に留め置かれていた。

その後、平壌が国連軍に占領された際、この封筒も他の書類などとともに押収されたが、資料的な重要性が乏しいとして市場に放出され、筆者の手元に収まったのである。

この封筒には、東西冷戦と南北朝鮮の対立、さらには、日本の戦後責任への無自覚といったサハリン残留朝鮮人を苦しめつづけてきたありとあらゆる要素が凝縮されているといっても過言ではない。米軍の平壌占領とそれに伴う大量の文書の押収が、結果として、こうした歴史を物語る郵便物を保存する役割を果すことになったという点は、彼らの行為の是非とは別の次元で、記憶に留めておいてもよいのではないかと思うことがある。

国連軍、鴨緑江へ到達

韓国第1師団によって平壌が攻略された1950年10月19日以降も、国連軍の勢いは衰えることはなかった。

10月1日に38度線を突破した際、国連軍の北進限界ライン（マッカーサー・ライン）は、定州《チョンジュ》＝寧遠《ニョンウォン》＝咸興《ハムン》を結ぶ線とされていたが、平壌陥落という新たな事態を受けて、マッカーサーはこのラインをさらに前進させることを決意。宣川《ソンチョン》＝古仁《コイン》洞《ドン》＝坪員《ピョンウォン》＝豊山《プンサン》＝城津《ソンジン》を結ぶ線を、新たな限界ラインとして進撃を命じた。この新マッカーサー・ラインは、中朝国境の鴨緑《アムノッ》江《カン》まで約60キロに迫るものであった。

国連軍側の北進はなおも続き、平壌陥落からわずか5日後の10月24日には、マッカーサーは鴨緑江への総追撃を発令。さらに、設定したばかりの新マッカーサー・ラインさえも撤廃し、国境線である鴨緑江までの進撃を命じている。これは、鴨緑江まで到達すれば戦争は終わる、そして、その時期はもはや目前である、との情勢判断に基づいていた。

こうして、10月26日、韓国第6師団の第7連隊が、ついに楚山で鴨緑江に到達した。

しかし、既にその前日の10月25日、国連軍は西部戦線で中国軍と本格的に遭遇していた。こうして、朝鮮戦争は、南北朝鮮とアメリカに中国を加えた、新たな局面へと突入していくことになる。

◀国土統一の記念切手

もっとも、韓国軍が鴨緑江に到達した段階では、戦争はこれで終わると考えた人々は少なくなかった。というよりも、むしろ、そのほうが多数派であった。

こうした空気を反映して、11月20日、韓国は〝国土統一〟の記念切手を発行した。発行された切手は１００ウォン2種、２００ウォン1種の計3種である。

デザインについて説明しておくと、１００ウォン切手（右ページ）は、一つは大統領の李承晩を描くもので、もう一つは、白頭山《ペクトゥサン》頂の天池に翻る太極旗を取り上げたものである。

白頭山は朝鮮半島北端の山で、頂上の天池からは東に豆満江《トゥマンガン》、西に鴨緑江という、中朝の国境を分かつ二つの大河が流れている。全朝鮮を意味する言葉として、〝白頭から漢拏《ハルラ》（韓国最南端の済州島・漢拏山のこと）まで〟との表現が用いられることもあるが、その意味でも、切手のデザインは韓国にとっての〝国土統一〟を表現する上で最適なものといえる。

一方、２００ウォン切手（下図）には、朝鮮半島の全図を挟んで、国連旗と太極旗が並べられている。このデザインが、韓国軍と国連軍との協力により国土統一が達せられたことを意味するものであることは改めて指摘するまでもないだろう。

もっとも、これらの切手が実際に発行された１９５０年11月20日の時点では、国連軍と韓国軍は、新たに参戦した中国軍の人海戦術の前に防戦を余儀なくされていた。また、切手の額面である１００ウォンは、同年12月からの郵便料金値上げ（書状の基本料金が、朝鮮戦争の戦時インフレにより、それまでの30ウォンから１００ウォンに値上げされた）を見越して設定されたものである。

このように見てみると、この〝国土統一〟の記念切手は、なんとも間の悪い時期に発行されてしまったといえそうだ。

▲国土統一の記念切手

中国人民志願軍の参戦

中国軍（中国人民志願軍）の参戦によって、以後、朝鮮戦争はアメリカと中国を主役として展開されていくことになる。

　朝鮮戦争の勃発当初、中国には戦争に介入する意志はほとんどなかった。そもそも、開戦にいたるまで、金日成は、ソ連に対しては事前に綿密な計画を打ち明け、支援を要請していたが、中国に対しては、開戦1ヵ月前になってようやく戦争計画を通告するだけであった。また、開戦後も、中国は北朝鮮の作戦上の問題点を指摘しつづけていたが、北朝鮮側はこれを無視し、仁川で大敗北を喫していた。したがって、1950年10月1日、韓国軍が北緯38度線を越えて北

◀朝鮮戦争中、朝鮮人民志願軍が差し出した郵便物

進を開始したとき、北朝鮮の外相・朴憲永が訪中して出兵を要請した際にも、中国側が参戦を即答することはなかった。

　しかし、その後の国連軍の進撃により、北朝鮮国家が潰滅する可能性が浮上するようになると、朝鮮半島情勢は中国自身の安全保障に深く関わる問題へと転化する。そこで、毛沢東は、以下の5点を力説し、参戦に消極的な幹部たちを説得した。その5点とは、

1．朝鮮戦争勃発後の6月27日のトルーマン声明は、朝鮮・台湾・インドシナの3ヵ所での軍事介入を決定したものだが、中国はこれら三つの方向からの包囲網に反撃する必要

がある。

2. 米軍が鴨緑江南岸を制圧し、北朝鮮という緩衝国がなくなれば、中国は東北部（旧満州）の工業施設を守るために大兵力を駐屯させなければならない。しかし、現下の中国の国力では、それは不可能である。

3. アメリカとの交戦が避けられないのなら、日本やドイツが復興しない早い段階の方が良い。また、国家建設が進まないうちの方が、戦争のダメージも少なくて済む。

4. 朝鮮戦争の終結前に参戦しなければ、以後、朝鮮半島へ出兵する大義名分を失う。

5. アメリカの戦略的な重点は欧州にあり、朝鮮半島に振り向けられる兵力は限られている。

こうして、中国は、10月8日、「唇滅べば歯寒し」として、朝鮮戦争への参戦を決定する。

ただし、その毛沢東にしても、アメリカとの全面戦争はなんとしても回避しなければならなかったから、参戦の目的は、あくまでも米軍の鴨緑江進出を阻止することを最優先課題とし、出兵の範囲も国境付近に限定する必要があった。

このため、中国軍は、実際には正規軍でありながら、形式的には民間の義勇軍であるというスタイルが採られることになった。朝鮮戦争に派遣された中国軍の名称が人民義勇軍もしくは人民志願軍となっているのはこのためである。

右ページの図は中国人民志願軍の兵士が差し出した封筒だが、切手が貼られていない点に注目していただきたい。これは、料金無料の軍事郵便物として取り扱われたためなのだが、このことは、志願軍が無料の軍事郵便を行うだけの組織を備えていたこと、すなわち、実質的に国家の後ろ楯のもとに派遣されていたことを何よりも雄弁に物語っているといえよう。

朝鮮戦争に介入した中国人民志願軍と国連軍との戦闘は、1950年10月25日、小規模な遭遇戦としてはじまった。

抗日戦争・国共内戦の経験からゲリラ戦に秀でていた中国側は人海戦術を展開。銅鑼を鳴らし、ラッパを吹いて、歓声を上げながら波状攻撃を繰り返して国連軍を包囲分断していった。

これに対して、11月8日、マッカーサーは、中国側の進入と補給を阻止するため、中朝国境の鴨緑江にかかる橋を爆破。11月24日には、ふたたび鴨緑江へと向かう攻勢（クリスマスまでには終了するとの楽観的な見通しから〝クリスマス攻勢〟と呼ばれた）を開始した。

しかし、中国側の人海戦術によって国連軍は総崩れとなり、〝12月の撤退〟と呼ばれる記録的敗北を喫して38度線まで押し戻されてしまう。

▲北朝鮮が発行した解放6周年の切手

中朝の“血の友誼”

この結果、国連軍の戦争目的として、朝鮮半島の軍事的統一というプランは放棄され、戦争の目的も、開戦当初にかかげた戦前状態の復元へと変更されることになった。

一方、中国の参戦により、国家としての命脈を保つことになった北朝鮮は、以後、中朝関係を〝血の盟約〟、〝血の友誼〟と位置づけ、中国をソ連と同様、最も重要な盟邦と位置づけるようになった。

こうした状況を反映するかのように、戦線が膠着状態となり、後方で若干の余裕が生じるようになった1951年8月、北朝鮮は解放6周年の記念切手（右ページ）に、中・朝・ソ3国の労働者を取り上げ切手上において、中国との友好関係を積極的に謳いあげている。前年の解放5周年の記念切手では、ソ連による朝鮮解放というモチーフが強調され、中国の存在は全く無視されていたから、大きな変化といえよう。

さらに、この切手が発行されてから1953年7月に休戦協定が調印されるまでの間に発行された北朝鮮の切手を通覧してみると、ソ連に関しては、従来の慣例に従って1952年8月の解放7周年の記念切手で取り上げているだけなのに対して、中国に関しては、1951年11月の「最終勝利のために」（中朝両国の国旗と両軍の兵士が描かれている）、1952年4月の「方虎山将軍」（朝鮮戦争の英雄で、中国人民解放軍の朝鮮人部隊が帰国して編成された朝鮮人民軍第六師団の師団長。68ページ）、1952年6月の「中朝友好」（中朝両国の国旗と両軍の兵士が描かれている。下図はこの切手が貼られた東ドイツ宛の郵便物）など、〝血の友誼〟をアピールするような切手が3度も発行されている。

このように、当時の北朝鮮切手を観察してみると、中国との友好関係が強調されていくのとは反対に、金日成政権は、国家潰滅の危機に救いの手を差し伸べなかった〝宗主国〟のソ連とは距離をおき始めているのがわかる。

この、ソ連に〝裏切られた〟経験こそ、現在の北朝鮮国家が〝主体《チュチェ》思想〟を掲げて鎖国体制に閉じこもる、その源流となっているのは、その後の歴史が明らかにしてくれている。

▲1952年発行の〝中朝友好〟の切手が貼られた東ドイツ宛の郵便物

原爆使用をめぐるトルーマン発言

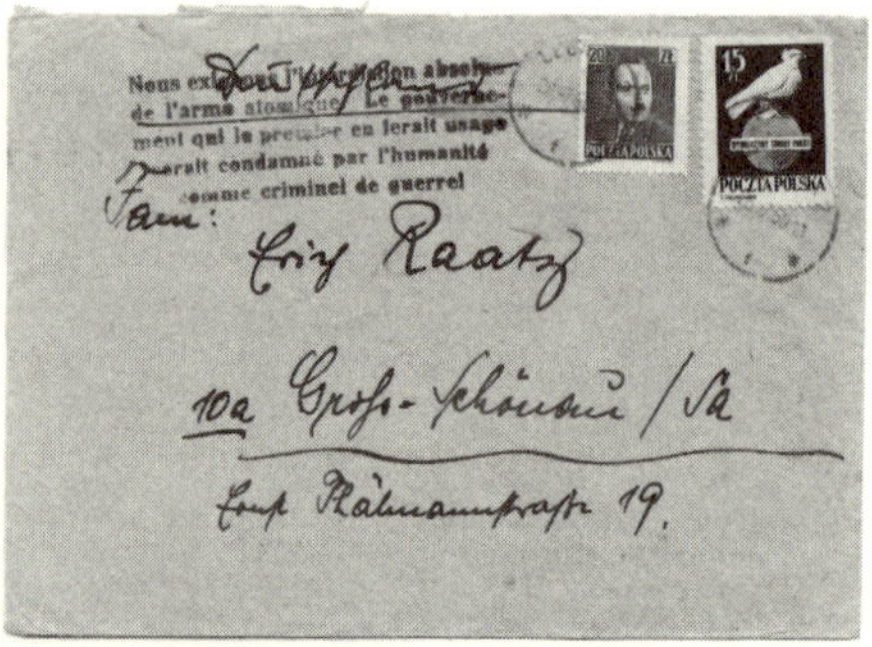

◀アメリカによる核兵器の使用を牽制する印の押された郵便物

中国人民志願軍の参戦と、彼らの人海戦術は韓国・国連軍に大きな打撃を与えた。

こうした中で、1950年11月30日、アメリカ大統領トルーマンは、定例記者会見後の質疑応答で「保有するあらゆる兵器」を使用する用意があり、「原爆の使用についても、常に積極的な考慮が払われている」と発言した。

アメリカが朝鮮で原爆の使用を検討し始めたのは1950年9月頃のことといわれている。当時は、仁川上陸作戦の直前で、国連軍は日本海に追い落とされかねない状況にあった。このため、米軍が最強の兵器である核兵器を使って形成を逆転しようと考えたのも（その是非は別として）自然なことであった。

戦略核爆撃を実際に行うための具体的な作戦レポートを作成したのは、ジョンズ・ホプキンス大学の研究者を中心とするプロジェクト・チームである。彼らの最初のレポート「朝鮮における核爆弾の戦術的使用」は、1950年12月末、極東軍司令部に提出され、以後、1951年3月の最終レポート「核兵器の戦術的使用」にいたるまで、戦況に応じて、さまざまなレポートが作成されている。

先のトルーマン発言は、こうした背景の下でなされたもので、記者会見後、大統領報道官が、核兵器の使用は軽々に決定されることはないとして大統領発言の修正を試みたが、核兵器の使用が現実のものとなりつつあるという印象は拭えなかった。

特に、西欧諸国は、アメリカが朝鮮で核兵器を使えば、ソ連がヨーロッパで報復に出るであろうとの懸念から、トルーマン発言に敏感に反応。イギリス首相アトリーがただちに訪米してトルーマンと会談し、トルーマンから核不使用の言質を取りつけて、事態の収拾が図られた。

もっとも、アメリカがあっさりと核兵器の使用を断念した背景には、先のプロジェクト・チームによる研究の結果、当時の技術では、朝鮮戦争のように、目標が激しく移動する場合の戦略核爆撃はきわめて難しいということが明らかになっていたという事情がある。

一方、東側陣営にとっては、トルーマン発言は格好の攻撃材料となった。

すなわち、アメリカによる朝鮮〝侵略〟を非難していた東側諸国は、アメリカが、当時唯一の核保有国として、その最終兵器を朝鮮でも使用しうるとしたことをもって、野蛮な〝アメリカ帝国主義〟の本性が剥き出しになったと主張。特に、第3次世界大戦の勃発をおそれるヨーロッパにおいて、〝反核〟の名の下に反米感情を煽動するようになった。

こうした文脈の中で、たとえば、ポーランドでは「核兵器を最初に使用した国は人道の名において裁かれるだろう」とのスローガンの入った印（右ページ）が郵便物に押されることもあった。

日本でも、いわゆる進歩的知識人の影響力が強かったこともあり、ながらく、核の力で朝鮮を支配しようとするアメリカとその傀儡・李承晩政権という北朝鮮側のプロパガンダが無批判に受け入れられてきたが、トルーマン発言は、不幸にして、そうした日本人の偏った朝鮮半島イメージを作り上げる上で大きな役割を果すことにもなったといえる。

12月の撤退から マッカーサー 解任へ

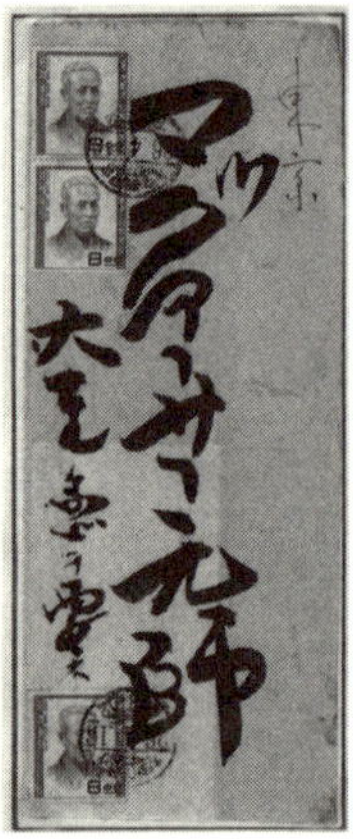

◀離日直前のマッカーサー宛に差し出され、アメリカに転送された封書

1950年12月、韓国・国連軍は中国人民志願軍の攻勢により総崩れとなり、2週間ほどの間に、38度線以南まで後退。計3万6000名もの損害が発生した。いわゆる〝12月の撤退〟(December retreat)である。さらに、12月31日、中国側は正月攻勢を発動。このため、韓国・国連軍は再び後退を余儀なくされ、翌1951年1月4日にはソウルを放棄し、平《ピョン》沢《テク》=丹陽《タニャン》=三陟《サムチョク》を結ぶラインまで撤退した。

これに対して、韓国・国連軍はそれまでの正面対決方式を止め、中国側の攻勢が始まってから1週間は緩やかに後退して中国側の食糧・弾薬が尽きるのを待ち、攻勢が弱まった後、相手に補給と休養の隙を与えず、戦車を集中的に用いて反撃する作戦に変更。1951年2月には中国側の攻勢を撃退し、2月20日からは北進に転じる。勢いを盛り返した韓国・国連軍は、3月7日、ソウルの再奪還に向けて「リッパー作戦」を発動。北進を開始し、同月15日、ソウルの再奪還に成功。月末までに38度線以南の要地を確保した。

ところで、国連軍は〝Korea域に侵入した敵を撃退し、この地域における国際平和と安全を回復する〟ことを目的としていたが、Koreaの範囲については、これを朝鮮半島全域ととらえ、北朝鮮国家を殲滅し、背後の中国にも打撃を与えるべきとする現場のマッカーサーと、基本的には38度線以南の地域に限定し、東西冷戦という文脈の中で戦争の政治的決着を図ろうとするアメリカ政府の対立があった。こうした両者の対立は、国連軍がソウルを再び奪還した後の方針をめぐってついに極点に達する。

すなわち、3月24日、マッカーサーは「国連が国連軍に課している制限事項を撤廃すれば、中国を軍事的に崩壊させうる」との声明を発表し、現状での停戦を考え始めていた本国政府の意向に真っ向から異を唱える。さらに、4月5日、（大統領の意向を無視して）台湾の国民政府軍を朝鮮戦争に参加させるべきとのマッカーサー書簡が、野党・共和党のマーチン議員によって議会で公表された。これは、現場の司令官が野党の政治家と結んで最高指揮官である大統領に反抗しようとするもので、完全な軍律違反である。

かくして、4月11日、トルーマンはマッカーサーを米軍のあらゆる職務から解任し（マッカーサーの離日は16日）、第8軍司令官のリッジウェイがその後任となった。

当時、マッカーサー解任の真相を知らされなかった日本国民の間では、マッカーサーの離日を惜しむ声が圧倒的多数を占め、衆参両院をはじめ、あらゆる団体が感謝決議を採択している。右ページの封書も、帰国するマッカーサー宛に差し出された封書で、内容物は残されていないが、おそらく、長文の感謝状のようなものが入っていたのだろう。しかし、この封書が東京に届いた時、マッカーサーは帰国してしまっていたため、封書はアメリカに転送され、裏面にはそのことを示すアメリカ側の印も押されている。

さて、帰国したマッカーサーに対して、当初、アメリカ国民は非常に同情的であったが、文民統制の原則を根本から踏みにじるような彼の言動と、解任の真相が明らかになるにつれ、しだいに、かつての英雄に対するアメリカ国民の目は冷めたものとなっていく。

そして、それに伴い、朝鮮の戦場でも、休戦に向けての政治的な駆け引きが本格化していくことになる。

朝鮮の戦局は、1951年4月にマッカーサーが国連軍司令官を解任された後も、5月中は北緯38度線前後で激しい攻防が繰り広げられていた。

5月中の韓国・国連軍の損害は3万5770名（うち米軍は1万2293名）、共産軍側は推定8万5000名というものであった。共産軍側が仕掛けた5月攻勢の参加総兵力が約30万名であったから、この8万5000名という数字は、その3分の1にも相当するもので、彼らの打撃は深刻であった。

アメリカは、はやくも5月16日の国家安全保障会議で休戦実現の方針を固め、当時の最前線を維持したうえで、「38度線に沿う線での休戦」にむけて国連加盟諸国への根回しをはじめていた。一方、中国・北朝鮮の後見役でもあったソ連も、アメリカとの全面対立を阻止するためにも、中国に対して交渉のテーブルにつくことを求めていた。また、中国は、上記のような損失を受け、ソ連からの支援が得られない以上、戦争継続は困難な状況に追い込まれていた。

開城での休戦交渉開始

◀朝鮮戦争の休戦後、北朝鮮支配下の開城から差し出されたアメリカ製の絵葉書

こうした関係諸国の事情が絡み合う中で、6月23日、国連安保理でソ連代表のマリクが休戦を提案。中国がこれに同意するかたちで、7月10日から開城《ケソン》で休戦交渉が開始された。

開城は、北朝鮮南西部の都市で、北緯38度線からみるとわずかに南に位置している。1392年に李氏朝鮮が成立し、都がソウルに移るまで、開城は高麗王朝の都であった。その後、旧高麗の遺臣たちは商業に専念したため、開城は朝鮮における物流の拠点となり、日本植民地時代には民族資本家を少なからず輩出した。

　第2次大戦後、米ソ両軍が朝鮮半島を分割占領した際には、米軍の占領下に置かれ、１９４８年の大韓民国発足時には韓国の領内にあった。しかし、朝鮮戦争がはじまると、国連軍が半島のほぼ全域を解放していた時期を除き、おおむね、開城は共産側の占領下に置かれる。そして、休戦会談が始まったときも、両軍の前線の中間にあったとはいえ、共産側の支配下にあった。

　休戦交渉の開始に伴い、開城は中立地帯とされ、休戦後、正式に北朝鮮領内に編入された。開城市民の7割が離散家族といわれているのはこのためである。

　さて、ここで紹介している葉書（右ページ）は、朝鮮戦争の休戦から約1年後余の１９５４年10月に開城からチェコスロバキア宛に差し出された絵葉書で、差出人は、北朝鮮支援のために派遣されていたチェコ人と思われる。

　さて、図版では見にくいのだが、葉書の下部には“PRINTED IN U.S.A.”の文字が印刷されている。絵面にはソウルの北大門が描かれており、その説明文には、（一部、切手が上から貼られているためにやや読みにくいが）「2年間の戦争でソウルは4度はげしい戦闘に見舞われたが、この建物は破壊を免れた」旨が記されている。文面からすると、葉書は朝鮮戦争中の１９５２年後半に作成されたものだろう。

　おそらく、この葉書は、朝鮮戦争中、国連軍が開城を制圧していた時期に持ち込まれたが、共産側の開城占領により、撤退した国連軍将兵の遺留品として押収され、休戦後、使用されたものと考えられる。

　北朝鮮切手が貼られて開城から差し出された米国製の絵葉書は、朝鮮戦争の結果、開城の主権が韓国から北朝鮮へと移ったことを象徴的に示す資料といえよう。

朝鮮戦争の休戦交渉（朝鮮軍事会談）は、１９５１年7月10日、開城ではじまった。

当初、国連軍側は、１ヵ月程度で交渉は妥結するものと楽観視していたが、会談は議題の設定をめぐって最初から難航。①議題の採択、②非武装地帯の設定と軍事境界線の確定、③停戦と休戦のための具体的取り決め、④捕虜に対する取り決め、⑤双方の関係各国政府に対する通告、という5項目を議題とすることが決定されたのは7月26日のことであった。

しかし、その後も、軍事境界線は、現在の勢力圏の北側にすべきとする国連側と、あくまでも38度線にすべきとする共産側との溝は埋まらず、交渉はただちに暗礁に乗り上げた。そして、8月22日、共産側は、国連軍機による開城上空の侵犯を理由に会談の打ち切りを通告。以後、10月25日に板門店《パンムンジョム》に場所を移して会談が再開されるまで、会談は中断された。

日本の再軍備とサンフランシスコ講和条約

◀日本の再軍備に反対するスローガンの印が押された中国の郵便物

この間にも、前線では激しい消耗戦が展開されていたが、それとは別に、極東地域では朝鮮戦争の余波が目に見えるかたちであらわれることになった。すなわち、対日講和条約の調印である。

第2次大戦の終結以来、連合軍（実質的には米軍）の占領下に置かれていた日本では、当初、民主化と非軍事化が進められた。しかし、１９４８年8月に朝鮮半島で南北両政府が成立し、翌

1949年10月に中国大陸が共産化するなど、東西冷戦が東アジアでも本格化すると、アメリカは日本の占領方針を転換。日本を反共の防波堤として育成するため、民主化よりも経済復興を優先させるようになった。

朝鮮戦争はこうした方向性を決定づけ、開戦後、日本は米軍の兵站基地として重要な役割を担うことになる。そして、占領軍が朝鮮へと派遣された軍事的空白を埋めるため、同年8月、警察予備隊が組織され、日本の再軍備が開始された。

講和条約については、朝鮮戦争の勃発直前から日米間で交渉が進められていたが、その際、最大の問題となったのは、講和条約発効に伴って生じる軍事的空白であった。結局、この点については、講和条約と同時に日米安保条約を調印することで、日本側が米軍の駐留継続を認めることで決着した。

これに対して、共産主義諸国は、米軍の日本駐留が継続されることに反発し、1951年9月にサンフランシスコで開催された講和会議の際には、ソ連・チェコスロバキア・ポーランドの3ヵ国が条約の調印を拒否している。

特に、朝鮮で米軍と直接対峙していた中国は、混乱を招くとの理由から講和会議に招待さえされなかった（ただし、台湾も招待されなかった）こともあいまって、日本の再軍備や日米安保条約を激しく非難した。その一環として、中国当局は国民世論を誘導するために、今回紹介している封筒に見られるような「堅決反對美帝　重新武装日本（アメリカが日本を再武装することに断固反対する）」とのスローガンの印を郵便物に押すこともあった（右ページ）。

なお、サンフランシスコ講和会議には、戦争中との理由から、南北朝鮮も招待されなかった。このため、日本と韓国の国交正常化が1965年までずれ込んだことは周知の通りである。

板門店での休戦交渉

1951年8月22日、中国・北朝鮮側は、国連軍機による開城上空の侵犯を理由に、一方的に休戦交渉の打ち切りを通告。開城の会談場を後にした。

中断されていた休戦交渉が板門店に場所を移して再開されたのは、およそ2ヵ月後の10月25日のことである。

中国・北朝鮮側が会談の再開に応じた理由は定かではないが、10月初旬から行われていた国連軍の攻勢に対して、中国・北朝鮮側が時間を稼ぐため、との見方もなされている。

新たに会談場となった板門店は、ソウルと新義州《シニジュ》（朝鮮半島北西部の中朝国境の都市）を結ぶ京義街道の一寒村で、北緯38度線の南方5キロ、北朝鮮・開城市の東方9キロの地点、現在の休戦ライン上の西端に位置している。ちなみに、ソウルからは北西に62キロ、平壌からは南方に215キロ、それぞれ離れている。

▲板門店を取り上げた1959年の北朝鮮切手

休戦会談が行われるようになった当初、この地は、パンムンジョムではなく、ノルムンリ（板門の里の意）と呼ばれていた。当初の会談場所は、現在、テレビなどでおなじみの〝板門店〟と呼ばれている場所から約1キロ北側で、周辺には、草屋4棟の他は、会談場として使われたプレハブ2棟、簡易式の宿舎3棟しかなかったという。

その後、会談場が現在の地点に移された際、この会談に参加する中国の代表の便宜をはかり、会談場近くの雑貨店を漢字で「板門店」と表記したことから、この名が定着したのだそうだ。

さて、10月25日に板門店で再開された休戦会談は、紆余曲折の末、11月27日になって「現在の接触線を基にする」との国連側の主張に沿って、「議題の採択」に次ぐ第2の議題（実質的な第1議題）であった「非武装地帯の設定と軍事境界線の確定」の問題が妥結した。

この間、中国・北朝鮮側は、占領地域で大規模な陣地を構築。全戦線で塹壕を掘り、西海岸と東海岸を結ぶ220キロにもおよぶ巨大な洞窟陣地を作り上げている。

その後も、第3の議題であった「停戦と休戦のための具体的取り決め」や第4の議題であった「捕虜に対する取り決め」などをめぐり、会談は紛糾が続き、1953年7月に休戦協定が調印されるまで、1076回にも及ぶ会談が延々と繰り返された。

板門店は、現在でも、南北間唯一の公式の接点として、南北間の軍事連絡特別委員会や南北赤十字会談所が置かれている。また、北朝鮮側には「板門閣」が、韓国側には「自由の家」が、それぞれ設置され、報道関係者や観光客（団体のみ）が訪れている。

このような板門店は、当然のことながら、南北分断の悲劇を象徴する場所として、南北双方ともに、たびたび切手上に取り上げられている。

このうち、板門店を最初に切手に取り上げたのは、1959年6月25日（朝鮮戦争の開戦記念日）に発行された北朝鮮の「米軍撤退闘争の日」の記念切手（図）である。このとき、この切手と同時に、反米色の濃いデザインの切手が発行されていることからすると、切手上に取り上げられた休戦会談場は、南北分断は米軍とその傀儡政権に責任があるとの北朝鮮の主張を表現するシンボルとされていると考えてよいだろう。

戦時下の大統領選挙

▲1952年の大統領就任の記念切手

朝鮮戦争の直前、李承晩政権の命運は風前の灯というべき状態にあった。

１９４８年８月の建国以来、李承晩政権は、国内の政治的・社会的・経済的混乱をなんら収束させることができず、開戦直前の１９５０年５月30日に行われた総選挙で李承晩派は惨敗していた。それゆえ、大統領の任期は１９５２年８月までとなっていたが、それまで、大統領はとても政権を維持できまいというのが大方の見方であった。

こうした状況の中で１９５０年６月に始まった朝鮮戦争は、結果として、政権維持を図る李承晩にとって〝神風〟となった。戦争という非常時に際して、国民は否応なく大統領の下に団結しなければならなかったからである。

しかし、戦時下では、表立った李承晩批判は影をひそめたものの、政権に対する韓国国民の不満は、けっして解消されたわけではなかった。

そもそも、政府は北朝鮮の奇襲を自力で撃退することができなかった。また、ソウルが陥落する前、国民に対しては首都の死守を訴えていながら、政府首脳はひそかに大田に逃れ、しかも、漢江の橋梁を爆破して市民の避難路を絶ち、多くの犠牲者を出している。

さらに、人海戦術で攻勢をかける中国軍に対抗するために徴集された国民防衛隊では、劣悪な待遇により多くの兵士が餓死・凍死・病死する一方、幹部達による公金横領や汚職が蔓延していた。一方、韓国国内に潜入した共産ゲリラの討伐に際して、無関係の一般住民を軍が虐殺するという事件も起こっている。

　これらは、いずれも、李承晩政権に対する国民の信頼を著しく損ねるもので、憲法の規定どおり、国会議員（その多数は反李承晩派の野党議員であった）による間接選挙で大統領が決まるということになれば、李承晩の再選は絶望的なものであった。

　しかし、政権への飽くなき執着を示す李承晩は、戦時下という状況を利用して着々と再選へ向けて布石を打っていく。

　まず、選挙前年の１９５１年12月、李承晩は自ら総裁となって自由党を創設。再選実現のため、大統領の直接選挙を可能とするよう、憲法の改正を主張し始める。これに対して、野党側は、李承晩政権打倒のため、内閣責任制を明確にするための憲法改正を主張。両者は激しく対立した。

　結局、大統領側は１９５２年5月、〝共産分子が治安を撹乱するのを防ぐため〟との名目で戒厳令を発令し、野党議員を憲兵隊に連行するなどの強引な手法で強行突破。同年7月、大統領選挙を国民による直接選挙とする憲法の改正案を可決。この新憲法に基づく大統領選挙が、李承晩派の露骨な選挙干渉の下におこなわれ、彼は再選を果すことになる。

　こうした李承晩の強引なやり方をアメリカは苦々しく見ており、一時は大統領の監禁と軍政の施行も検討されたといわれている。しかし、戦時下という状況を考慮して、この計画は沙汰止みとなった。ここでもまた、李承晩は戦争の恩恵を被ったことになる。

　さて、大統領の就任にあわせて、韓国郵政は、１９５２年9月、第2代大統領就任の記念切手（右ページ）を発行。以後、韓国では新大統領の就任にあわせて記念切手を発行することが一部の例外を除き慣例となり、現在にいたっている。

アイゼンハワー政権の発足

朝鮮戦争があらゆる面で膠着状態に陥っていた1952年11月4日、戦争の一方の主役であるアメリカで大統領選挙が行われた。

大統領候補は、与党・民主党がイリノイ州知事のスティブンソン、野党・共和党が第2次世界大戦の英雄でNATO（北大西洋条約機構）軍最高司令官のアイゼンハワーであった。

このうち、大統領の座を射止めたのはアイゼンハワーである。

アイゼンハワーは、1890年、テキサス州の出身。第2次大戦中の1942年、アメリカの欧州派遣軍最高司令官となり、同年11月の北アフリカ侵攻作戦（トーチ作戦）に成功を収め、1943年、欧州連合軍最高司令官に就任した。そして、翌1944年6月には、戦史に名高いノルマンディー上陸作戦を成功させ、欧州大戦の帰趨を決定。第2次大戦の終結時には、アメリカ陸軍のトップである参謀総長の職にあった。

第2次大戦後は、いったん退役し、1948年に名門コロンビア大学の総長に就任したが、1950年からNATO軍の最高司令官を務めていた。

なお、同じく第2次大戦の英雄で、朝鮮戦争の当事者でもあったマッカーサーは、アイゼンハワーよりも10歳ほど年長で、1935〜39年にはアイゼンハワーがマッカーサーの副官を務めている。また、余談だが、前年1951年の4月に大統領の

◀次期大統領としてのアイゼンハワー訪韓を歓迎して作られた記念品

トルーマンによって連合国軍最高司令官を解任されたマッカーサーは、日本占領の功績と悲劇の英雄というイメージを活用して、1952年の大統領選挙に際して共和党候補の指名を受けるべく、帰国後奔走していたが、指名獲得にはいたらなかった。

さて、今回の大統領選挙の争点の一つは、朝鮮戦争の解決であった。

膠着状態が続き、米軍の死傷者が急増する中で、アメリカ国民の間には平和を求めるムードが蔓延していたためである。アイゼンハワー候補は、こうした国民の意向を敏感に感じ取り、トルーマンの民主党政権がはじめた朝鮮戦争を平和的に解決することを公約として掲げ、当選を勝ち取った。

当選後のアイゼンハワーは、選挙中の公約実現に向けて、大統領就任以前の1952年12月2日から5日にかけて韓国を視察。さらに、同月17日には、陸軍の先輩で朝鮮において共産軍との交戦経験を持つマッカーサーとも面会し、朝鮮戦争解決に向けて並々ならぬ意欲を持っていることを内外にアピールしている。

アイゼンハワーのこうした姿勢は、当然のことながら、韓国国民からも歓迎され、彼の訪韓の日には、記念の封筒に切手を貼り、当日の消印を押した記念品（右ページ）を作ることまで行われた。

さて、アイゼンハワーは、翌1953年1月に、正式にアメリカ大統領に就任し、本格的に朝鮮戦争の解決に取り組むことになる。

もっとも、当初は、共産側の強硬な姿勢が広く知られていただけに、アイゼンハワーといえども、朝鮮問題の解決は容易ではないだろうとの観測が一般的であった。

しかし、就任直後のアイゼンハワーは、思わぬ幸運に恵まれ、朝鮮問題は解決に向けて大きく前進することになる。

スターリンの死去

アメリカで朝鮮戦争の早期解決を掲げるアイゼンハワー政権が発足したのは1953年1月20日のことであったが、それから間もない3月5日、ソ連ではスターリンが亡くなり、マレンコフが後任の首相となった。

スターリンは、1879年、グルジアの出身で、本名はジュガシヴィリ。1898年、ロシア社会民主労働党に入党した。当初はグルジア文学の英雄にちなみ「コーバ」の名を使い、非合法活動に従事した。その後、レーニンの勧めで「鋼鉄の人」を意味するスターリンと改名。1917年の10月革命でボリシェビキ政権が誕生すると、民族問題を担当した。レーニンの死後、独裁権力を掌握。一国社会主義論を唱えて、1928年以降、2次にわたる5ヵ年計画により社会主義建設に成功したが、その一方で、反対派の大粛清を伴う恐怖支配を行った。第2次大戦に際しては、当初、ナチス・ドイツとの中立条約を結び、バルト3国を併合したが、1941年6月の独ソ戦の勃発後、連合国の一員としてソ連を対独戦勝利に導き、戦後は米ソ2大国による東西冷戦構造を築き上げる。

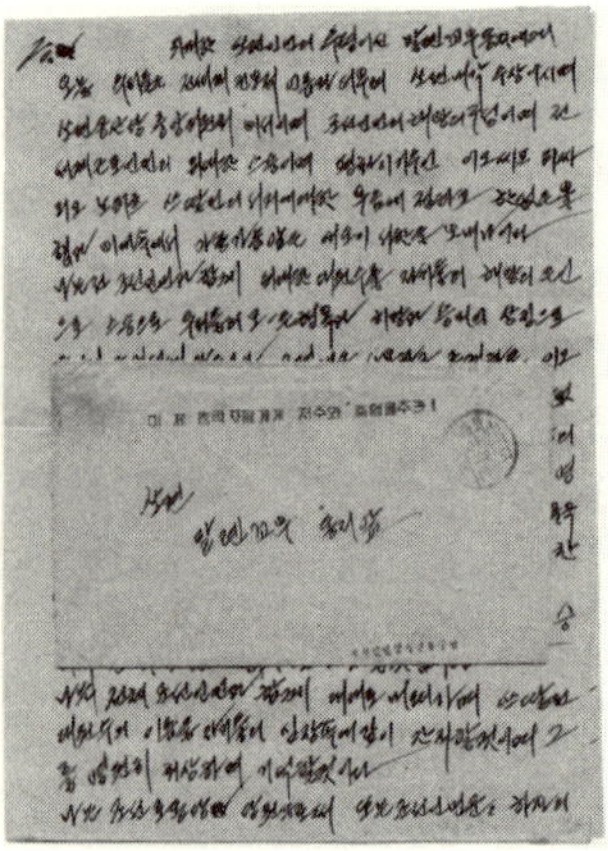

◀スターリンを哀悼する文面がつづられた北朝鮮兵士の手紙

東アジアに関しては、1945年2月のヤルタ会談で、ドイツ降伏から3ヵ月後の対日参戦をアメリカと密約。同年8月9日、満州に侵攻。千島・樺太・北朝鮮などを占領した。

朝鮮に関しては、北緯38度線以北の占領をアメリカに認めさせると、ソ連極東軍で訓練を積んでいた金日成を帰国させ、衛星国の建設を推進させた。その後、1948年に朝鮮民主主義人民共和国が成立すると、金日成の武力南侵論を承認し、北朝鮮に各種の援助を行ったが、1950年、実際に朝鮮戦争が勃発すると、表面上は、戦争に関与しなかった。

さて、スターリンの死は、ソ連の政策を大きく転換させることになった。特に、共産党指導部は、彼の死により、苛酷な恐怖支配に対する反発がいっせいに噴出し、不測の事態も発生しかねないことを懸念していた。

このため、マレンコフをはじめとするソ連指導部は、国内の安定を確保することを最優先課題とし、国際紛争への介入を控えるよう方針を転換した。当然、朝鮮戦争に関しても、共産主義の総本山として、ソ連は中国・北朝鮮を説得して早期休戦を求めるようになる。

ただし、こうしたソ連の政策転換は、当時は極秘裏に進められたため、対外的にはほとんど関知されることはなかった。

右ページの郵便物は、こうした状況の中で北朝鮮の兵士が差し出したもので、手紙の内容は、偉大なる首領・スターリン（当時の北朝鮮では、社会主義諸国全体の指導者という意味で、スターリンをこのように呼んでいた）の死を悼み、新たに首領となったマレンコフに対して忠誠を誓う内容の文面がつづられている。また、使用されている封筒は、朝鮮人民軍創建5周年を記念して作成されたもので、上部には「米帝侵略者に死と呪詛を！」とのスローガンも入っている。

なお、1956年、ソ連共産党の第20回党大会において、フルシチョフがスターリン批判の演説を行った。これを機に、北朝鮮国内でも、金日成個人崇拝に対する批判が生じたが、逆に、金日成は反対派の粛清を開始し、以後、独裁権力を確立し、みずからが北朝鮮国家の〝首領〟となっていくのである。

朝鮮戦争の休戦

捕虜の送還問題をめぐって1952年10月いらい中断されていた朝鮮戦争の休戦交渉は、アメリカでアイゼンハワー政権が発足し、ソ連で独裁者スターリンが亡くなるという国際情勢の変化を受けて、1953年4月26日、6ヵ月半ぶりに再開された。

交渉では、まず、傷病捕虜の交換についての協定が成立したが、それと同時に、共産側は最後の攻勢を仕掛けてきた。休戦直前の戦闘により、自らの勝利を内外に印象づけようという戦略である。

一方、休戦の機運が高まるに連れ、韓国政府の不満は昂じていった。

◀休戦を喜ぶ朝鮮人民軍を取り上げた中国の絵葉書

そもそも、韓国側にしてみれば、朝鮮戦争は北朝鮮の侵略によって始まったものであった。したがって、侵略者に対して徹底的な勝利を収めないかぎり、何の罪もないまま、多大な犠牲を強いられた国民も納得することはできない。さらに、朝鮮戦争の休戦交渉は、基本的には、国連軍という名の米軍と、共産軍との間で進められており、当事者であるはずの韓国はほとんど蚊帳《かや》の外に置かれているのも同然の状態にあった。

こうしたことから、休戦が近づくに連れ、韓国内では休戦反対のデモがしばしば発生するようになる。

また、大統領の李承晩も、休戦に対しては絶対反対の立場を取りつづけ、アメリカは〝頑固な老人〃に大いに手を焼くことになる。

こうした状況の中で、6月6日、ついに、捕虜送還の問題が妥結し、休戦がいよいよ秒読みの状態となると、李承晩は最後の抵抗として、6月17日、韓国警備隊が管理していた捕虜収容所から、中国・北朝鮮への送還が決まっていた〝反共捕虜〟（中国・北朝鮮への帰還を望まない捕虜）を釈放してしまう。当然のことながら、共産側は李承晩を非難し、休戦はまたもや流産するかのように思われた。

一方、是が非でも休戦を実現させたかったアメリカも、李承晩のこの措置に激怒。問題解決のため、急遽、国務省の極東担当次官補であったロバートソンが特使として韓国に派遣される。

ロバートソンと李承晩との交渉は難航したが、最終的に、アメリカ側は、米韓安全保障条約の締結、韓国軍の20個師団増設、戦後復興に対する援助などの代償として、韓国側も休戦に反対しないことを約束させ、ようやく、休戦のための条件が整えられた。

こうして、1953年7月27日、板門店の休戦会談本会議場において、国連軍首席代表のハリソンと朝鮮人民軍（朝鮮人民軍）代表の南日《ナムイル》との間で休戦協定が調印された。また、国連軍総司令官のクラーク、朝鮮人民軍総司令の金日成、中国人民志願軍総司令の彭徳懐は、それぞれ、後方の司令部で休戦協定に署名した。

しかし、韓国側は、休戦に反対はしないが署名もしないとの李承晩の姿勢を反映して、協定の調印を拒否している。

こうした〝休戦〟に対する南北の姿勢を反映するかのように、北朝鮮側は休戦協定成立5日後の7月28日に〝勝利〟の記念切手を発行したほか、中国の軍事郵便用絵葉書にも休戦を喜ぶ北朝鮮兵士の写真が取り上げられている（右ページ）。これに対して、韓国側は、朝鮮戦争の終結を記念するような切手はいっさい発行していない。

李承晩ライン

◀竹島切手が貼られた日本宛の郵便物

朝鮮戦争が終わったとき、日本と韓国との関係は極度に緊張していた。

そのきっかけは、朝鮮戦争中の1952年1月に李承晩が発した「大韓民国隣接海洋の主権に対する大統領の宣言」である。同宣言は、国防と漁業資源の保全を理由として、当時、韓国沖合に設定されていた〝マッカーサー・ライン〟よりも日本よりに〝平和線〟（日本側では〝李承晩ライン〟と呼ばれた）を設定。これを領海として、水域内のすべての天然資源、水産物の利用権を主張したものである。

日本と韓国との国交正常化交渉は1951年10月に予備会談がスタートしていたが、日本を反共の防波堤として育成することを企図していたアメリカは、韓国側の対日賠償請求を押さえ込もうとしていた。このため、韓国側は、国交正常化交渉において、新たな交渉材料を作り出す必要に迫られており、それが、先の大統領宣言につながったのである。

しかし、李承晩ラインは、日本側の韓国に対する姿勢を極端に硬化させた。中でも、ラインの内側に、日本が領有権を主張している竹島（韓国名・独島。当然のことながら、第2次大戦以前は日本領）が含まれていたことも、日本側を大いに刺激することになった。

一方、韓国側は、1946年のGHQの覚書において、竹島を日本の行政区域から分離する旨の記載があることを根拠として、竹島の領有権を主張した。

当然、日本側は韓国側の主張を認めず、１９５２年２月からはじまった国交正常化交渉（第１次会談）は、請求権問題（日本側は、韓国内で接収された旧日本資産の補償を強硬に主張していた）や日本の植民地支配についての責任の有無とも絡んで、同年４月には早くも無期延期となった。

その間にも、李承晩ラインを侵犯したとして韓国側に拿捕される漁船が続出。さらに、戦後、日本に密入国した韓国人の送還問題もあって、韓国との交渉再開は日本側にとって緊急の課題となっていた。

しかし、１９５３年４月にようやく再開された第２次会談は、同年６月、韓国側が朝鮮戦争の休戦成立に備える必要から中断されてしまう。さらに、同年10月の第３次会談では、日本側代表の久保田貫一郎（外務省参与）が「日本としても朝鮮の鉄道や港を造ったり、農地を造成したりした」「当時、日本が朝鮮に行かなかったら中国かロシアが入っていたかもしれない」などと発言したことから、日韓双方による非難の応報となり、会談は決裂。国交正常化交渉は１９５８年４月にいたるまで中断される。

こうした日韓の対立を懸念したアメリカ政府は、１９５４年７月、韓国に対して李承晩ラインの撤回など日本への宥和を求めたが、これは逆効果となり、態度を硬化させた韓国側はアメリカとの交渉をも決裂させ、８月には対日経済断交措置を発動した。

こうした状況の中で、１９５４年９月、韓国郵政は竹島を図案とする普通切手を発行。竹島の領有権と李承晩ラインの正当性を切手上でも主張している。これに対して、日本側は、竹島切手の貼られた郵便物を韓国に返送することで対抗しようとしたが、現実には、そうした措置をとることは不可能であったようで、実際には、この切手が貼られたまま日本国内で配達された郵便物も少なからず報告されている（右ページ）。

米韓相互防衛条約の調印

朝鮮戦争の休戦協定が調印されたのは、1953年7月のことだったが、休戦後の韓国の安全保障の枠組を規定した米韓相互防衛条約は、休戦直前の5月末から交渉が開始され、休戦後の10月1日、ワシントンで調印された。なお、条約がそれぞれの国内での手続き等を経て正式に発効したのは、翌1954年11月17日のことである。

同条約は、基本的には、休戦体制を補完する色彩の濃いものだが、1951年に締結された日米安保条約とともに、その後のアメリカの太平洋戦略の根幹をなすものとなる。

韓国側からすれば、条約によって韓国内に駐留する米軍は、いわば〝人質〟として北朝鮮に対する抑止力として機能することが期待された。特に、休戦ラインから20キロの地点にある京畿道東豆川《トンドゥチョン》の米陸軍第2師団は、北朝鮮の攻撃で最初に被害を受ける場所であることから「北朝鮮の南侵＝米軍自動介入」の象徴として韓国で受け止められている。

その一方で、アメリカ側は、休戦協定に強硬に反対してきた李承晩政権が、今度は北進して北朝鮮と再び戦火を交えることになるのではないかとの危惧を捨てきれずにいたことも事実である。すなわち、同条約の第1条は、「締約国は、それぞれが関係することのある国際紛争を平和的手段によって、国際の平和及び安全並びに正義を危うく

◀米韓相互防衛条約発効の記念切手

しないように解決し、並びにそれぞれの国際関係において、武力による威嚇又は武力の行使を、国際連合の目的又は締約国が国際連合に対して負っている義務と両立しないいかなる方法によるものも慎むことを約束する」として、韓国に対して休戦協定の遵守をまず義務づけている。

さて、条約が結ばれた当初は北朝鮮による南侵の記憶が生々しかったこともあり、米軍部隊は約20万人の常駐態勢が採られていた。しかし、１９５８年、中国軍が北朝鮮から撤退し、アメリカも韓国に戦術核兵器を導入したことで、駐留兵力は１９６０年までに約６万人へと大幅に削減された。ちなみに、現在の在韓米軍の駐留兵力は、第２歩兵師団、第７空軍などを中心とする約３万６０００人である。

なお、１９５４年当時、在韓米軍地位協定（ＳＯＦＡ）は締結されておらず、１９６７年に同協定が締結されるまで、米軍の犯罪に対して韓国側は何もできないという状態が続くことになる。

韓国郵政は、１９５４年11月、条約発効にあわせて記念切手（右ページ）を発行している。

切手には、太極旗と星条旗を背景に、李承晩とアイゼンハワーが握手を交わす姿が大きく取り上げられており、両国の友好関係が強調されている。もっとも、この写真は条約の調印時に撮影されたものではなく（調印に際して、李承晩は渡米していない）、おそらく、朝鮮戦争中の１９５２年にアイゼンハワーが訪韓した際に撮影したものではないかと考えられる。

また、ふたりの前には鉄条網が描かれており、東西冷戦の最前線として北朝鮮と対峙する韓国側の状況が象徴的に表現されている。

こうして、現在にいたるまでの韓国の安全保障の枠組は、その基本形が形成され、李承晩政権は戦後復興に本腰を入れて取り組むことになる。

戦後復興と財閥の発生

「産業復興」をイメージした通常切手▶

朝鮮戦争からの復興が本格化した1955年から、韓国では若芽と工場、水力発電等をデザインとする〝産業復興〟をテーマとした通常切手(下図)が日常的に使われていた。戦後復興という社会全体の目標が切手上にも反映された結果である。

1953年10月、米韓相互防衛条約が締結されると、アメリカの対韓援助は本格化した。その総額は10億ドルである。

北朝鮮が共産諸国からの援助を軍事に直結した重化学工業に投資したのに対して、韓国では、農業への投資も少なからず行われた。この分野における外貨の使い道としては、日本からの肥料の輸入が大きな比重を占めており、三井東圧製のツバメ印の肥料は韓国内では誰もが知っている商品として認知されるようになったという。

当時の切手に描かれた若芽は、こうした状況を表したものと考えてよいかもしれない。

ところで、韓国の戦後復興は、アメリカからの巨額の援助を得て行われたものであるため、当然のことながら、その援助の恩恵にあずかれる一部の特権的な企業の急成長をもたらし、三星《サムソン》をはじめとする、その後の財閥の基盤が築かれた。

三星財閥のルーツは、日本統治時代の1937年、当時、醸造業を営んでいた李秉喆《イビョンチョル》がおこした三星商会である。三星商会は、解放後の1947年、三星物産公司となり、1952年に現在の三星物産となる。

朝鮮戦争中、不足する民需物資を輸入することで産を成した三星は、休戦後、アメリカからの援助物資を加工する〝三白工業〟（製糖業・綿工業・製粉業）を中心に、商業資本から産業資本への転換に成功する。

すなわち、1953年には第一製糖を、つづく1954年には第一毛織を、さらに、1958年には第一製糖内に製粉部門を併設し、消費財の国産化で巨額の利益をあげている。こうして、三星は、1950年代末には、韓国屈指の財閥となった。

一方、戦後復興の建設ブームの中で急成長を遂げた現代《ヒョンデ》建設（1947年に鄭周永《チョンジュヨン》が設立）も、この時期、その後の財閥としての基盤を固めている。

このほか、1950年代までに財閥化した韓国の有力企業としては、ラッキー金星《クムソン》（携帯電話機メーカーとして世界的に有名なLG電子のグループ）、錦湖《クモ》（アシアナ航空、クムホタイヤなどを抱えるグループ）、大韓電線（1955年設立）、双龍《サンヨン》（1954年設立の自動車メーカー）などがある。

これらの企業の急成長は、いずれも、特恵的な銀行貸出（当時、物価の上昇率は年間30％前後であったが、貸出金利は15％であった）によって支えられていたが、政権と癒着する、すなわち、貸し出しを受ける代償として政界の有力者に相応の見返りを払うことなしには不可能なことであった。

それゆえ、李承晩の長期政権を支えた政治資金をめぐっては、さまざまなスキャンダルが発生することになるが、それらはいずれも政治的な圧力でもみ消されていた。

その後、1960年に李承晩政権が崩壊すると、これらの財閥は不正蓄財などのかどで窮地に立たされるが、政治献金によって危機を脱し、朴政権下での開発独裁の時代を迎えることになる。

四捨五入改憲

◀1956年の李承晩誕生日の記念切手

朝鮮戦争中の1952年、憲法を強引に改正して（これにより、大統領は国会議員による間接選挙ではなく、国民による直接選挙によって選ばれることになった）大統領に再選された李承晩は、終身大統領を目指すようになった。

1953年7月、休戦協定が成立すると、彼は、戦後復興に向けてアメリカとの関係を強化するとともに、3選のための準備を着々と進めていく。

当時の韓国の憲法では、大統領の任期は2期までとされており、3選は禁止されていたから、李が終身大統領を目指すためには、まず、憲法改正を実現しなければならない。

憲法を改正するためには国会議員の3分の2以上の賛成票が必要である。当時の国会の定員は203議席であったから、単純に計算すれば、その3分の2は135・3人ということになる。こういう場合、通常の感覚であれば、136人をもって3分の2以上ということになるだろう。

このため、1954年秋の韓国国会では、136票をめぐって与野党の激しい攻防が繰り広げられ、11月29日の採決では、李承晩派の提出した憲法改正案は、賛成135、反対60となり、改正案はいったん否決された。

しかし、これに対して、李政権は、定員数203の3分の2は135・3人であるから、これを四捨五入すれば135票となると強弁。いったんは否決宣言まで出された改憲案を、強引に可決されたと主張して公布してしまう。

これが悪名高い〝四捨五入改憲〟である。

こうした李の独善的な姿勢は、当然のことながら、内外の強い批判を招いたが、李政権は強権を持って反対派を押さえ込み、3選へ向けての活動を開始する。

そうした選挙活動の一環として、李政権は国家のメディアとしての切手も活用している。

たとえば、1956年5月の大統領選挙に先立ち、1955年と1956年の李の誕生日（3月26日）には、その記念切手（右ページ）を発行し、国民に対して〝偉大なる指導者・李承晩〟というイメージを浸透させることに躍起となっている。

特に、選挙直前の1956年に発行された記念切手には、李を讃えるために建てられた〝頌壽塔〟が大きく取り上げられており、李に対する個人崇拝の演出はピークに達したかの感がある。

現職の国家元首が自らの誕生日を記念する切手を発行するという現象は、ヒトラーのナチス政権以来、金日成・金正日《キムジョンイル》の北朝鮮やイラクのサダム・フセイン政権など、国民に個人崇拝を強要する独裁国家においてはしばしば観察される現象ではある。しかし、韓国では、当時、李の誕生日切手に対しては批判的な反応が多かった。

このため、1956年の大統領選挙で3選を果したあと、李の誕生日を記念する切手は発行されなくなる。もちろん、1960年に李が退陣した後の歴代大統領も、誰ひとりとして、自らの誕生日を記念するための切手は発行していない。

▲北朝鮮で発行されている金日成誕生日の記念切手の例

李承晩3選

◀李承晩３選の記念切手

1954年11月、悪名高い〃四捨五入改憲〃で大統領3選への道筋をつけた李承晩であったが、その政策については国民の間にも不満が少なくなかった。

朝鮮戦争の記憶が生々しかった当時の韓国の国家予算においては、軍事費が歳出の3割以上を占めており、これは国家財政にとって大きな負担となっていた。このため、韓国政府は、復興支援のためにアメリカから得た援助物資（アメリカの余剰農産物が中心であった）を国民に対して割高に販売し、その売上を「対充資金」として積み立てることで軍事費を充当していた。この過程で、政府と結託した三星など政商が急成長を遂げた反面、アメリカからの農産物の流入により、在来の韓国農業は大きな打撃を被った。

このため、野党各派は、李承晩政権に不満を持つ国民の声を糾合して政権交代を実現すべく、大同団結して民主党を結成。党首として、申翼熙《シンイッキ》を擁立する。

申翼熙は、解放前の大韓民国臨時政府の幹部のひとりで、1944年11月、ソウルで大韓民国臨時政府特派事務局を開設した。同事務局は、解放後、極右テロリズムを展開した白衣社の母体となる。また、1948年8月の大韓民国発足時には大統領に就任した李承晩の跡を継いで国会議長に就任するなど、右派の大物政治家として政治的な発言力を有していた。

この申翼熙が、１９５６年5月の大統領選挙に際して、「もうだめだ。代えてみよう」をスローガンに現職の李承晩を猛追。彼の演説会には、30万人もの支持者が集まり、李承晩政権の命運は尽きたかに思われた。しかし、投票日10日前の5月5日、申は脳溢血で急死。このため、急遽、中道左派の曺奉岩《チョボンアム》が野党候補として立候補した。

曺奉岩は、解放以前には共産党員であったが、南北協商と南北の平和的統一を唱えた以外は、当時の保守政党との政策的な相違はほとんどなかった。

しかし、その政治的なキャリアのゆえに、曺奉岩に嫌気した野党支持者の相当部分が李承晩へと流れ、投票の結果、曺奉岩の得票は、２１６万票に留まった。ただし、この票数は、準備期間がわずか10日しかなかったことを考えると大健闘であった。なお、今回の選挙では、申翼熙への追悼票も１８０万票あった。したがって、反李承晩の票は４００万票弱となる。当選した李承晩の得票が５００万票であったから、申翼熙の急死というハプニングがなければ、政権交代も充分にありえたであろう。

また、大統領選挙と同時に行われた副大統領の選挙では、与党候補が敗北し、野党候補の張勉《チャンミョン》が当選したことも注目された。81歳という高齢であった李承晩にとって、野党出身の副大統領候補の存在は、相当に煙たいものとなったことは間違いない。

こうして、辛くも3選を果たした李承晩は、8月15日、3期目の任期に突入。これにあわせて、韓国郵政は「第3代大統領就任」の記念切手（右ページ）を発行する。

その後、１９６０年の大統領選挙では、いったん、李承晩は4選を果たすものの、不正選挙に対する国民の怒りが爆発し、彼はハワイへの亡命を余儀なくされたため〝第4代大統領〟には就任できなかった。この結果、今回の記念切手が李承晩の大統領就任を記念するものとしては最後のものとなる。

李承晩が1956年の大統領選挙で3選を達成することができたのは、投票の直前に野党統一の有力候補であった申翼熙の急死という幸運によるところが大きい。実際、同時に行われた副大統領選挙で、野党候補の張勉《チャンミョン》が、与党・自由党の李起鵬《イギブン》を破って当選したことは、国民がけっして無条件で李を支持したわけではないことを雄弁に物語っている。

張勉は、1899年に仁川で生まれ、植民地時代の1925年にニューヨークのマンハッタン・カトリック大学を卒業した。1955年には、翌年の大統領選挙で李承晩の3選を阻止するために野党が大道団結して結成された民主党に参加している。

韓米友好通商航海条約

◀韓米友好通商航海条約の記念切手

張は親米保守の現実路線を掲げており、政策的に李との間には大きな差異はなかった。しかし、81歳という高齢で3期目の任期に突入した李にとって、万一の場合に、自分の後継者となる副大統領が、対立する野党出身者であったことは、大きな足枷となっていたことは間違いない。

こうした状況の中で、李・張体制スタート直後の1956年9月、ソウルの国立劇場（明洞《ミョンドン》市公館）で開催された、野党・民主党の全国大会の会場で、張が暴漢に襲われるという事件が発生する。張は軽傷を負っただけで助かったが、事件には警察が関与していた事が判明し、捜査は途中でうやむやとなった。

李承晩本人が事件に関与していたか否かはともかく、大統領派が政権基盤を安定させるために、〝目の上のコブ〟となっていた張を物理的に排除しようとしたことは、誰の目にも明らかであった。

ところで、こうした非合法的な手段とは別に、政治家本来の仕事として、この時期の李が政権基盤を強化するために取り組んでいたのが、アメリカとの友好通商条約の調印であった。

アメリカは、すでに、1948年に中国国民党政府と、また、1953年には第2次大戦の敗戦国であった日本とも、それぞれ、相互に最恵国待遇の付与を定めた友好通商航海条約を締結していた。したがって、朝鮮戦争後の混乱がひとまず収束した1956年11月、アメリカが韓国との間に友好通商航海条約を締結したのも、必然的なことであったとみなすことができる。

しかし、李承晩は、国内向けには、韓米間の条約締結が遅れていたことを逆手にとって、あえて、苦難の末に同条約の調印にこぎつけたことを強調した。そもそも、ありとあらゆる権謀術数をつくしたとはいえ、李が韓国政界において独裁的な権力を保持しえた背景には、アメリカからの支援を得るためには大統領は李でなければダメだというイメージが国民の間に浸透していたという事情がある。そのため、アメリカとの関係強化を国民に印象づけ、よりいっそうのアメリカからの援助を引き出してくることは、政権維持のために不可欠なことであり、今回の条約調印もその一手段として活用されたのである。

こうしたことから、条約が議会での審議等の国内手続きを経て正式に発効の運びとなった1957年11月7日、韓国郵政は記念切手（右ページ）を発行した。なお、この記念切手以降、通常の目打（切手周囲のミシン目）ありのシート切手とは別に、切手1種ずつを収めた無目打の小型シートが一般向けに発売されるようになっている。

復興景気の終焉

韓国は政府樹立10周年にあたり、１９５８年8月、記念切手（下図）を発行した。そのうちの1枚には、工場地帯を遠くから眺める少年少女の姿が描かれている。

この切手のデザインが、朝鮮戦争の戦後復興が進み、製粉・製糖・紡績の軽工業を中心に、韓国経済が順調に発展していることを表現しようとしたものであることは明白である。

しかし、この切手が発行された頃から、韓国経済は重大な岐路に立たされることになる。その背景には、アメリカの政策転換があった。

朝鮮戦争がはじまった１９５０年、アメリカの国防予算は１３０億ドルであったが、休戦の年の１９５３年には５０４億ドルに拡大した。その後、休戦により、１９５５年には４０７億ドルまで圧縮されたものの、ソ連との核開発競争や在外米軍基地の展開などにより、国防予算は着実に増えつづけ、１９５９年には４６５億ドルとなった。１９５０年の３・６倍という急増ぶりである。また、国防予算が政府予算総額に占める割合でみても、１９５０年には32・９%であったものが、１９５９年には57・９%へと、拡大している。

こうした軍事費の拡大に加え、反ソ包囲網を形成・維持するための対外援助も１９５０年代を通じて増額され、それらは、アメリカの政府予算を大いに圧迫。

▲政府樹立 10 周年の記念切手

アメリカの金保有高は急減した。

この結果、１９５０年代末になると、金1オンス＝35ドルという公定レートが維持できなくなるのではないかとの懸念が国際市場で急速に高まり、ロンドン市場では、金の価格が1オンス35ドルを超えて上昇しはじめた。いわゆるドル危機の表面化である。

こうした事態を深刻に受け止めたアイゼンハワー政権は、１９５９年、〝バイ・アメリカン〟（アメリカ製品を買おう）、〝シップ・アメリカン〟（アメリカ国籍の船舶を使おう）などの運動を展開したが、金保有の減少は食い止められなかった。

このような状況の中で、アメリカは対外政策を基本的に見直し、従来のようなバラマキ型の経済援助政策を見直して、経済開発を支援することによって同盟諸国の支配の安定をはかるようになっていった。そして、その結果、韓国に対するアメリカの経済援助も大幅に減額された。

当然のことながら、アメリカのこうした政策転換は韓国経済に大きなダメージを与える。

そもそも、当時の韓国経済は、政府と結託して急成長を遂げた小数の財閥が支える構造となっていたが、その主な原資はアメリカからの経済援助であり、切手に描かれているような、〝発展する工場地帯〟もアメリカの援助なしには成立しえないものであったからである。

これに対して、李承晩政権は、援助削減反対を声高に叫んでいたものの、現実を見すえた効果的な対策を講じることができなかった。それどころか、反共・反日を金看板とする李承晩政権は、対日通商断交を強引に行うなど、事態を悪化させるばかりであった。

こうした経済失政は、長期独裁体制の下で、不正・腐敗が蔓延していたこととあわせ、政府に対する国民の不満を急速に高める結果をもたらした。

そして、それは、１９６０年3月の大統領選挙の不正発覚とともに、10年以上にわたって続いた長期政権に引導を渡す導火線となるのである。

4・19
学生革命

▲4月革命1周年の記念切手

ドル危機に直面したアメリカは経済援助政策の見直しにより、1950年代も末になると、韓国向けの経済援助を大幅に削減した。この結果、韓国経済は苦境に陥ったが、李承晩政権は何ら有効な対策を講じることができなかった。

経済失政に対する国民の不満に対して、李政権は強権支配で乗り切ろうとした。野党・進歩党の指導者で、1960年の大統領選挙の有力候補と目されていた曺奉岩が、1958年、〝アカ〟容疑で粛清されたのは、その象徴的な出来事といえる。しかし、こうした姿勢は、長期政権につきものの各種の腐敗ともあいまって、国民の不満をいっそう募らせることになり、李政権が末期的な状況に陥っていたことは誰の目にも明らかであった。

こうした状況の下で、大統領選挙の行われる1960年がやってきた。

同年1月、野党・民主党の大統領候補として李承晩の4選を阻止する可能性が大きいと見られていた趙炳玉《チョビョンオク》は、5月に予定されていた選挙を前に、持病の治療のために渡米した。すると、李政権はその留守をねらって、大統領選挙の実施を3月15日に変更。その後、趙は手術の結果が思わしくなく、選挙を1ヵ月後に控えた2月15日に急死してしまう。

こうして、大統領選挙での李承晩の4選はほぼ確実になった。

しかし、問題は、85歳の大統領よりも、準大統領ともいうべき副大統領にあった。

李政権は与党候補の李起鵬《イギブン》の当選を望んだが、野党候補で現職の張勉は優勢であった。このため、政府は露骨な選挙干渉に乗り出し、選挙当日の未明、李起鵬への票を投票箱に前もって入れておくことや、有権者を小人数のグループに分け、組長が組員の記入内容を確認した後、投票箱に入れるようにしたり、投票箱と投票用紙をすり替えたりすることも行われた。

結局、選挙の結果は、大統領候補としての李承晩が963万票を獲得して当選。副大統領に関しては、李起鵬833万票、張勉184万票と発表される。

しかし、選挙結果が発表されるや、あまりにも露骨な不正に対して、国民の間ではこれを糾弾するデモが相次いだ。特に馬山で行われたデモは激しく、警察の発砲により、8人が死亡し、200人余が負傷した。さらに、デモに参加した後、行方不明となっていた中学生・金朱《キムジュ》烈《ヨル》（当時17歳）が、4月11日になって、馬山の沖合で、目に催涙弾が突き刺さった惨殺体で発見されると、これを機に、李政権に対する国民の不満が爆発。4月19日には、ソウルで大規模な学生デモが発生した。このときのデモでは、学生と警官隊との衝突で183人が死亡し、6200人が負傷。さらなる騒擾状態が続く中で、アメリカも李承晩に対する不支持を明らかにし、万策尽きた李承晩は退陣を表明してハワイに亡命する。また、副大統領に〝当選〟したばかりの李起鵬は28日にピストルで自殺した。

いわゆる4月革命（4・19学生革命）である。

4月革命に関しては、事件の翌年にデモ隊の写真をあしらった〝4月革命1周年〟の記念切手（右ページ）が発行されている。ただし、この切手が発行された直後の5月16日、朴正熙将軍による軍事クーデターが発生し、〝民主化〟よりも社会秩序の回復が優先されるようになると、以後、この〝革命〟を讃える切手も発行されなくなっていく。

年賀切手

韓国では１９５７年から年賀切手（１９５８年用）が発行されているが、その最初の切手（下図）はクリスマス用も兼ねたデザインだ。

韓国は、人口の４人に１人がクリスチャンといわれており、儒教の影響が色濃く残る一方で、アジア最大のキリスト教国の一つである。

日本統治時代、キリスト教は、平安道など北朝鮮地域でさかんであったが、１９４５年の解放後、金日成による社会主義化が進められた北朝鮮では、キリスト教会が徹底的に弾圧され（ただし、金日成の外戚一家は熱心なクリスチャンで、彼自身、幼い頃に祖母に連れられてキリスト教会を訪れたことがあると回顧録で述べている）、多くの信者が南下を余儀なくされた。

これに対して、アメリカの軍政下におかれた南朝鮮では、占領当局がキリスト教の布教の積極的に支援したことにくわえ、熱心なクリスチャンだった李承晩の周囲に南下してきたクリスチャンが集結。さらに、朝鮮戦争の勃発後は、共産主義の北朝鮮に対するイデオロギーとしての意味を持つようになったことで、キリスト教の社会的影響力も急速に拡大していった。

１９５８年用の年賀切手も、そうした社会的な背景の下で発行されたわけだが、とはいえ、韓国古来の伝統的な年中行事や祭祀が衰退したわけではないから、この切手のように〝年賀切手〟の題材がキリスト教偏重となっていることに対しては、一般国民の違和感も少なくなかったのであろう。このため、翌１９５８年末に発行された１９５９年用の年賀切手では、キリスト教関連の題材は３種のうちの１種のみに限定され、１９６６年以降はクリスマスをイメージさせるデザインの年賀切手は発行されなくなっている。

▲ 1958 年用の年賀切手

第3章 尹潽善・張勉時代

1960～1961

1960年
許政が大統領権限代行
憲法改正、〈第2共和国〉
尹潽善大統領選出、張勉国務総理就任
1961年
朴正熙の5・16クーデター

▲1960年8月15日発行の「光復15年」の記念切手

アイゼンハワー大統領訪韓

1960年3月大統領選挙の不正をめぐる国民の自然発生的な抗議行動は、その後、4・19学生革命を導いた。その際、アメリカは李承晩を見捨て、その結果、建国以来およそ12年に及んだ独裁政権は崩壊した。

とはいえ、アメリカにとって、韓国は冷戦の最前線であり、李承晩の退陣後も、その重要性に変わりはなかった。というよりも、アメリカにとっては、非民主的で腐敗の蔓延する李政権に代わって、韓国に民主的で安定した政権が誕生し、西側陣営の一員として応分の負担をしてくれるというのが、理想的なシナリオであった。

実際、北朝鮮は、4・19学生革命を〝李承晩徒党のファッショ・テロ統治を撤廃するための英雄的ソウル学生、市民たちの大衆的蜂起〟として歓迎する談話を発表するなど、ポスト李承晩体制が固まらないうちに、韓国内の〝反帝・反封建民主主義革命〟を促し、〝平和的統一〟のイニシアティブを握ろうとさかんに外交攻勢をかけていた。

◀アイゼンハワー訪韓の記念切手

こうした状況の中で、アメリカ大統領のアイゼンハワーが1960年6月に韓国を訪問する。今回の訪韓は、李承晩時代に企画されたもので、アメリカとの深い絆を国民に改めて印象づけることを目的としていたものと思われる。

しかし、李承晩の退陣によって、アイゼンハワーの訪韓は、李承晩という看板がなくなっても、アメリカと韓国の同盟関係は従来どおり維持されることを、あらためて、アピールするという役割を期待されることになる。

アイゼンハワーは、朝鮮戦争の終結を公約に大統領に当選し、当選後は直ちに次期大統領として韓国を訪問。１期目の１９５３年７月には休戦を達成しているほか、ワシントンで米韓相互防衛条約にみずから署名するなど、北朝鮮の脅威から韓国を防衛する上で重要な役割を果たしてきた大統領というイメージが強かった。それゆえ、学生革命直後の混乱の中で、北朝鮮の主張する〝平和的統一〟に幻惑され、韓国内に反米勢力が形成される懸念が否定しきれない状況の下では、彼の訪韓の政治的な効果に対する韓国政府の期待も大きく、韓国郵政は、アイゼンハワーの訪韓初日にあたる6月19日に彼の肖像と両国国旗を描く記念切手（右ページ）を発行している。

もっとも、今回のアイゼンハワーの訪韓は、フィリピン、台湾、沖縄、日本などアジア歴訪の一部として企画されていた。そのメインは〝日米修好１００年〟の記念行事として企画された訪日であり、訪韓の比重は決して大きくない。ただし、肝心の日本では、日米安全保障条約の改定をめぐる大規模な反対闘争が展開されていたため、アイゼンハワーの訪日は中止に追い込まれている。日本の安保闘争は、反米というよりも、アンチ岸（信介、首相）という性格が濃厚なものであったが、冷戦思考に凝り固まっていた当時のアメリカは、これを共産主義者の陰謀としてのみ理解した。

その結果、アメリカは、政情不安な東南アジアで共産主義勢力が勝利を収めれば、その影響は韓国・日本にも波及するかもしれない、とのドミノ理論にとらわれるようになる。そして、それは、１９６０年代後半、泥沼のベトナム戦争としてアメリカのみならず、韓国にも大きな影を落とすことになるのである。

許政の過渡政権

1960年の4・19学生革命で李承晩政権が崩壊した後、韓国国内では、当然のことながら、独裁政権の時代を清算し、民主化を求める世論が高まることになる。

そうした中で、まず、4月27日の李承晩退陣を受けて、大統領権限代行に就任した許政《ホジョン》は、5月1日、学生革命の発端となった3月15日の大統領選挙の選挙が無効であることを確認し、国家制度の改変を掲げた。

許政は、1896年に慶尚南道で生まれ、植民地時代は3・1独立運動や上海の大韓民国臨時政府に参加した後、渡米し、ニューヨークを中心に活動していた。解放後は帰国して韓国民主党の結成に参加し、初代総務に就任。以後、国務院総理代理（1951〜52）、ソウル市長（1957〜59）などを歴任し、李政権の末期には首席国務長官（外相に相当）を務め、今回は本格的な新政権発足までの過渡政権を担うことになった。

▲「参議院開院」の記念切手

さて、許政ひきいる過渡政権の最大の課題は、李承晩時代の清算にむけて、新たな憲法を制定して議会の選挙を行うことにあったから、許は、早速、議会内に憲法改正委員会を組織し、改憲作業に着手する。

当時の韓国の憲法は、1954年11月の〝四捨五入改憲〟によって大統領の3選禁止規定が外されるなど、李承晩の長期独裁体制を支える法的な基盤となっていたので、改憲作業は、この点に重点を置き、多様な民意を政治に反映させるため、権力を分散させることに主眼をおいて進められた。

こうして、1960年6月15日、韓国議会で可決され、即日公布された新憲法のポイントは以下の通りである。

①大統領は元首として儀礼的・形式的な存在
②大統領は国民による直接選挙ではなく、国会議員による間接選挙
③国務委員（閣僚）は総理が任命し、大統領には拒否権なし（内閣責任制）
④民議院と参議院（新設）の2院制導入と議会の立法権限の強化
⑤憲法裁判所の新設
⑥地方自治体首長の選挙制
⑦基本権の保障

新憲法下での民議院・参議院両院の最初の総選挙は、7月29日に実施された。なお、このときの選挙は、それまでの韓国の選挙に見られたような買収や脅迫が少なく、米ニューズウィーク誌はこれを「朝鮮の歴史上もっとも自由な選挙」と報道している。

さて、総選挙を経て国会が開会すると、許政の過渡政権は、事実上、その役割を終えることになるのだが、その最後の仕事の一つとして、8月8日、〝参議院開院〟の記念切手（右ページ）が発行されている。

なお、韓国の参議院は、朴政権下において、「祖国統一までは効率が優先」の掛け声の下で、統一実現までの条件つきで廃止され、韓国の議会制度は一院制にもどることになる。ちなみに、旧参議院の議場（国会議事堂に入って右側の建物が割り当てられていた）は、その後、予算委員会の場として利用された。

第2共和国の発足

▲「新政府樹立」の記念切手

新憲法（第2共和国憲法）下での民議院（国会）の総選挙は、1960年7月29日に投票が行われ、民主党が333議席の7割強を占めて圧勝するという結果に終わった。ちなみに、李承晩時代の与党自由党は2議席しかとれず事実上消滅。また、左派の社会大衆党が4議席を獲得したことも注目された。

この選挙結果を受けて、民主党内では主導権争いが表面化する。

そもそも、当時の民主党は李承晩3選を阻止するため、民主国民党を中心に野党勢力が大同団結して結成されたものであった。このうち、もともと民主国民党にいたグループは旧派とよばれ、そこに後から合流したグループは新派とよばれていた。この両者は、李承晩打倒という目標があったからこそ団結していたが、その目標が達せられると、必然的に、両者の紐帯は消滅することになる。

こうした中で、8月12日から開催された韓国国会では、旧派の代表であった尹潽善《ユンボソン》が大統領（第2共和国の憲法では形式的な国家元首にすぎない）に選出され、第2共和国が正式に発足した。これに対して、1週間後の8月19日に議会で行われた首相選挙では、尹大統領の指名した旧派の金度演《キムドヨン》は3票差で否決され、代わって、新派の張勉（李承晩時代は、野党出身の副大統領として、反李承晩派の総帥のような立場にあった）代表最高委員が国務総理（首相に相当）となった。

　しかし、これを不服とする旧派は、張勉内閣への協力を拒否。このため、張勉政権は、当初、新派のみで組閣せざるを得なかった。その後、はやくも9月には、張は内閣改造を行って旧派から5名を入閣させるなど、尹らとの妥協を模索するが、旧派側は対決姿勢を緩めようとはしなかった。

　このように波乱含みで政権をスタートさせた張勉は、9月30日、施政方針演説を行う。

　その内容は、李承晩時代末期の失政により破綻の危機に瀕していた経済の再建を最優先課題として掲げ、軍隊の10万人削減、国連外交の強化、国連監視下の南北統一選挙、日本との国交正常化促進などを訴えるものであった。また、演説の中には「旧秩序と新秩序が交錯する過程では、ある程度の混乱は免れない」との表現があったが、ここには、党内野党のような存在となっていた旧派への牽制の意図が込められていたとみるべきであろう。

　こうして、第2共和国が波乱含みで動き出したのにあわせて、10月1日、韓国郵政は〝新政府樹立〟の記念切手（右ページ）を発行した。

　李承晩時代、大統領の肖像はしばしば切手に登場したが、新大統領の尹は、自らを〝民主大統領〟と位置づけ、独裁者の個人崇拝につながる肖像切手は発行しないよう、郵政当局に指示したという。

　この切手は、左側にこぶしを振りあげる男女の学生を描き、右側に新芽を描くデザインとなっている。ただし、切手をよく見ると、学生たちは本の1ページとして表現されている。ここには、4・19学生革命を歴史の一コマとして扱い、一刻も早く社会の安定を回復させたいとの新政府の側の本音が現われているとも解釈できる。

　しかし、李承晩を退陣に追い込んだ学生たちの勢いは、その後も留まるところを知らず、新たに社会秩序を維持する責任を負うことになった張勉政権に対しても容赦のない批判が浴びせられることになるのである。

民主党内の内紛と政局の混乱

◀1960年に発行された「国連墓地」の切手

1960年8月に発足した張勉政権は、混乱を収拾して社会的安定を回復する必要に迫られていた。しかし、この政権は、与党・民主党内の新旧両派の深刻な対立を解消できず、政権基盤はきわめて脆弱であった。混乱が解消されない中、はやくも9月には、佐官級将校16名が、崔栄喜《チェヨンヒ》参謀総長に辞職と粛軍の実行を迫る〝下克上事件〟が発生。以後、軍は極秘裏にクーデタ計画を練っていく。

一方、李承晩政権打倒の主役となった学生たちの勢いは、第2共和国の発足後も一向に衰えず、張勉政権にも批判の矛先を向けるようになる。すなわち、10月11日、4月事件での弾圧者に対する判決が下されると、その量刑が軽すぎると抗議する2000名のデモ隊が国会を包囲し、負傷学生50名を先頭に国会に乱入するという事件が発生。その際、学生たちは「反革命分子の処罰と政争の即時中止」を求めている。

学生運動が昂揚する中で、北朝鮮は、一連の韓国内の動きを「李承晩徒党のファッショ・テロ統治を撤廃するための英雄的ソウル学生、市民たちの大衆的蜂起」として評価。順調な社会主義建設をアピールしつつ、張勉政権に対して南北対話を呼びかけることで、韓国内の「反帝・反封建民主主義革命」を促し、「平和的統一」のイニシアティブを取ろうとした。

こうした北朝鮮側の宣伝攻勢

は、学生たちに好感をもって迎えられ、急進化した学生たちは、「板門店で会おう」とのスローガンを掲げ、「民族統一全国学生連盟」を結成して自主統一運動を展開していくことになる。

　これに対して、張勉政権は、3・15不正選挙関連者を処罰する根拠を整えるために、さらなる憲法改正に着手。1960年11月23日には民議院で、28日には参議院で、第4次改憲（〝不正選挙処罰改憲〟ともいわれる）を可決し29日に新憲法を公布した。その主な内容は、3・15不正選挙関連者と反民主行為者の公民権制限および不正蓄財者の処罰に関する遡及立法権の認定、それに関連する刑事事件を処理するための特別裁判部と特別検察部の設置などである。

　李承晩時代の清算と併行して、11月19日、政府は、朝鮮戦争を引き起こした金日成を断罪し、国連の決定と大韓民国の主権への服従を要求する声明を発表。急進派学生を媒介に韓国内への影響力拡大をはかろうとする北朝鮮を牽制している。

　そうした背景の下、韓国郵政は、11月1日、釜山にある国連墓地の切手（右ページ）を発行している。

　国連墓地は、朝鮮戦争に参戦した各国の戦死者の遺体・遺骨を埋葬したもので、戦争中の1951年4月、開城、仁川、大田、大邱、密陽《ミリャン》、馬山にあった6ヵ所の墓地から遺体を集めてつくられた。墓地内には20の小地区があり、22ヵ国2299名が眠っている。

　創設10周年の1961年4月という時期ではなく、創設から9年7ヵ月後の1960年11月の切手発行というタイミングは、年回りとしてはいかにも半端である。それにもかかわらず、この時期にわざわざ国連墓地の切手が発行されているのは、学生や世論の中に、北朝鮮に同調しかねない動きが出てきたことを警戒した政府が、あらためて、朝鮮戦争の惨禍を国民に思い起こさせ、そうした動きを戒めようとしたためと考えてよい。

第4次改憲を行い、体制基盤の強化をはかった張勉政権であったが、混乱は深まるばかりであった。

すなわち、与党・民主党内の対立は新派・旧派の対立から、旧派が脱党して新民党を結成。両者の泥仕合は政治の機能不全に陥った。また、李承晩時代の清算に伴い、多くの財界人が不正蓄財法違反の対象者とされたが、このことは経済活動の停滞をもたらした。そうした中で政府が行った通貨切り下げと公共料金引き上げは、物価の高騰をもたらし、労働運動を激化させた。

このため、張勉内閣に対する支持率はわずか3％（1960年11月の韓国日報の世論調査による）と低迷。文民政権のあまりの無能ぶりに不信感を募らせた軍内では、朴正熙少将（後の大統領）を中心とする少壮将校が、クーデターの謀議を開始する。

5・16クーデターの背景

◀クーデターから1ヵ月後に発行された「5・16革命」の記念切手

当時、朴は、朝鮮戦争後の人事停滞への不満から世代交代を求める少壮将校の代弁者として、李承晩退陣後、軍上層部の旧政権時代の責任追及を主張。これを押さえ込もうとする軍上層部との対立を深めていた。

1961年になると、慶尚北道と全羅南道を中心に約30万戸の絶糧農家が発生しつつあり、3ヵ月後には救済を必要とする農家が90万戸（全農家の4割）に達する見込みとの報道が韓国各紙でなされるようになる。完全失業者は政府発表でさえ130万人（米経済援助機構USOMの発表では300万人）にも達しており、韓国経済は危機的な状況に陥った。

それにもかかわらず、張勉政権は、2月8日、アメリカ側の一方的判断で援助を打ち切れることを盛り込んだ韓米経済および技術援助協定を調印し、国民の憤激を買っていた。

さらに、前年来の〝自主統一運動〟は、1961年に入るとさらなる盛り上がりを見せ、3月22日には、ソウル市庁舎前で約1万5000名が集会を行って反共法とデモ規正法の制定反対、張勉内閣の即時退陣を要求。デモ隊が首相官邸と国会に押し寄せ多数の逮捕者を出す騒擾事件が発生した。さらに、5月に入ると、学生による「民族統一全国連盟発起人会」が南北学生会談を決議するなど、運動は急進化していった。

こうした状況の中で、かねてからクーデターを計画していた朴正熙らは、ついに、5月16日、計画を実行に移して権力を掌握することになった。

クーデターの経緯については後述するが、ここでは、クーデターの発生からわずか1ヵ月後の6月16日に〝5・16革命〟の記念切手（右ページ）が発行されていることに注目したい。

記念切手のデザインを制作し、末端の郵便局まで配給して、切手発行の準備を整えるためには、通常は2〜3ヵ月必要といわれている。それゆえ、わずか1ヵ月でデザインを制作し、切手発行にまでこぎつけるということは、平時であっても非常に困難である。

したがって、今回の切手に関しては、事前におよそのデザインなどは叛乱側で用意しておき、クーデターの成功を確認した上で、ただちに切手の制作作業を韓国郵政に行わせたものと推測するのが自然であろう。もちろん、その背景には国家のメディアである切手において、クーデターを公式に記念することによって、〝5・16革命〟の正当性を内外に誇示しようという意図があったことはいうまでもない。

朴正熙の5・16クーデター

1961年5月16日午前3時、朴正熙《パクチョンヒ》少将らのひきいる約3600名の兵力（空挺団、海兵第1旅団、第5砲兵団）が、海兵隊を先鋒として漢江大橋を渡ってソウル市内に侵入。ただちに陸軍本部と放送局を制圧した。軍事クーデターの発生である。

ちなみに、このときの〝革命軍〟が漢江をわたる様子は、事件から1年後の1962年5月16日に発行された〝革命1周年〟の記念切手（下図）にも取り上げられている。

クーデターを指揮した朴は、植民地時代の1917年、慶尚北道善山《ソンサン》の貧しい農家に生まれた。1937年、大邱師範を卒業して小学校教師をしていたが、

◀漢江をわたるクーデター部隊を取り上げた「革命1周年」の記念切手

その後、満州軍官学校に入学。1942年に同校を首席で卒業し、〝高木正雄〟少尉として日本の陸軍士官学校に留学生として派遣された。1944年、陸軍士官学校を3番という成績で卒業後、関東軍に入り、1945年の解放は北京郊外の駐屯地で満州国陸軍中尉として終戦を迎えた。

1946年5月、アメリカ軍政下の南朝鮮に帰還した後は、韓国警備士官学校（大韓民国建国後、陸軍士官学校になる）卒業（2期）。その後、主に陸軍内で情報と作戦を担当し、1960年には第2軍副司令官となった。この間、陸士8期生を中心とする若手グループを周辺に集めている。そして、李承晩退

陣後の混乱の中で、1952年のエジプト革命（ナセルらが国王を追放した共和革命）をモデルにクーデター計画を密かに進めていた。

このクーデター計画は、事前に軍首脳部に察知されていたが、当時の陸軍参謀総長・張都暎《チャンドヨン》は事前に対策を講じることはなく、また、クーデター発生後も、これを鎮圧せずに事態を静観した。

これに対して、〝軍事政権〟を嫌うアメリカは、同日午後、駐韓米軍司令官マグルーダが「米国は憲法に基づく民主政府を支持する」とラジオ放送し、張勉政権支持を表明。駐韓大使と第8軍司令官が大統領の尹潽善に対して鎮圧命令発動を迫ったが、党派対立から張勉の退陣を歓迎した尹は「国軍同士が戦えば、ソウルは火の海になり、その間に北朝鮮が侵攻する」として、アメリカの勧告を拒否している。

このとき、60万の兵力を持つ国軍の最高司令官であった首相の張勉が、毅然たる態度を示し、クーデターを断固として鎮圧する方針を示していたら、朴らの命運は尽きていたであろう。しかし、張はいちはやく首相官邸から逃亡してカルメル修道院に身を隠してしまい、駐韓米軍はクーデター鎮圧のために出動することができなかった。

こうして、同日午後、大統領は、クーデター部隊が要求した戒厳令布告を承認。これを受けて、クーデター側は軍事革命委員会を組織し、議長には、クーデターを黙認した参謀総長の張都暎が就任した。

そして、翌17日、大統領は「軍事革命委員会が政府機能を代行する」との声明を発表し、朴正熙支持の立場を公式に表明。これを受けて、18日、修道院に隠れていた張勉は政府庁舎に姿を現し、内閣総辞職を発表する。

この結果、クーデターは成功して〝5・16革命〟と呼ばれるようになり、朴正熙の時代が開幕するのである。

北朝鮮切手との区別

ハングルの知識が多少ともあれば、韓国と北朝鮮の切手を区別するのは容易だが、ハングルが全く読めなくても、両者の識別は難しいことではない。

国際的な郵便交換のための組織である万国郵便連合（UPU）は、1966年以降、加盟国が発行する切手にはローマ字で国名を表示することを義務付けた。これにより、韓国切手には〝KOREA〟ないしは〝REPUBLIC OF KOREA〟の表示、北朝鮮切手には〝DPRK〟ないしは〝DPR KOREA〟（北朝鮮が〝民主主義人民共和国〟を意味する〝DPR〟を略すことはない）の表示が原則として入ることになったので、これが両者を見分ける最初のポイントになる。なお、ローマ字表示が義務化される以前から、韓国では（〝DPR〟抜きの）〝KOREA〟表示の切手が少なくない。

さらに、1954年以降に発行された韓国切手には太極マークが入っているから、太極マークのない北朝鮮の切手とは区別できる。

（〝DPR〟抜きの）〝KOREA〟の表示も太極マークもない切手に関しては、欧文の通貨単位（ウォンならWN.またはWON、チョンならCN.ファン額面の切手には略号はない）もしくは4281～4292の韓国年号（檀紀）が入っていれば、韓国ないしは米軍政下の南朝鮮発行の切手である。どちらも、北朝鮮の切手には見られない特徴だからである。

また、日本切手にハングルを加刷したものは、北朝鮮では発行されていない。

韓国で発行された切手のうち、上記のいずれにも当てはまらない例外は、1952～53年に発行された航空切手（214ページ参照）と1953に発行された赤十字募金の切手（296ページ参照）だけだから、これらについては本書の図版を覚えていただければ対応できる。

なお、李氏朝鮮および旧大韓帝国時代の切手に関しては、漢字で〝（大）朝鮮〟ないしは〝大韓（帝国）〟の表示がある。1945年の解放後の切手は、南北ともに漢字による国名表示がないから、こちらも簡単に区別することができる。

第4章

朴正熙時代

1961～1979

▲ 1963年2月5日発行の航空切手。
故宮の女性と飛行機が描かれている。

1961年
朴正熙軍事政権発足
1962年
第1次5ヵ年計画開始、第3共和国憲法公布
1963年
朴正熙大統領に就任〈第3共和国〉
1965年
日韓基本条約、ベトナム派兵、"漢江の奇跡"始まる
1972年
10月維新〈第4共和国〉
1973年
浦項製鉄所竣工、金大中事件
1974年
文世光事件
1979年
朴正熙暗殺

朴正熙軍事政権の発足

◀光復16周年の記念切手

軍事クーデターを成功させた朴正熙らは、1961年5月19日（クーデター発生から3日後）、クーデター直後に組織した革命委員会を、3軍の将軍を網羅した32人の委員から成る国家再建最高会議に改組する。会議の実権は、朴が握っていたが、議長には、形式的に張都暎が就任し、朴は副議長となった。

翌20日、張都暎を首班に、国家再建最高会議を基盤とする軍事政権が発足。軍事政権は、①反共、②アメリカなど自由諸国との連携強化、③腐敗一掃、④国家経済の自律と生活困難の打開、⑤国土統一を目指した国力増強、⑥上記の任務達成後は本来の任務（軍務）に復帰、という〝革命6公約〟を明らかにした。

クーデターの発生当初、〝軍事政権〟をきらうアメリカは張勉政権を支持していたが、6公約の発表を受けて、クーデターを最終的には追認。5月22日、国務省は新政権の「反共親米」の基本政権を歓迎するとの声明を発表する。韓国が冷戦の最前線にあるという事情を考慮する限り、韓国に安定した親米政権が成立することを妨げるという選択肢は、当時のアメリカにはありえなかったからである。

アメリカの追認を受けた軍事政権は、22日、全ての政党や労働組合に対して解散命令を発し、28日には、新聞・通信社の閉鎖、暴力団の取り締まり、不正蓄財者の逮捕などの一斉行動に出た。そして、29日には、ついに憲法も停止してしまう。

6月に入ると、軍事政権は、国家再建非常措置法・国家再建最高会議法・再建運動国民法などを相次いで公布。韓国中央情報部（ＫＣＩＡ）を発足させ、着々と独裁体制を固めていく。そして、7月3日には、張都暎に最高会議議長と総理を辞任させ、朴正熙みずからが後任の議長に就任。後に張は反革命の容疑で逮捕され、軍法会議で死刑判決を受け（ただし、1年後に釈放され、アメリカに亡命する）朴のクーデターは完了する。

さて、朴政権発足後最初の8月15日に発行された「光復16年」の記念切手（右ページ）には、3本の腕で掲げられた松明《たいまつ》が、南北を分断する鎖を断ち切るデザインが採用されている。

小さくて見づらいのだが、松明を握る中央の腕には〝8・15〟（植民地支配からの解放記念日ないしは大韓民国の建国記念日）、左側の腕には〝4・19〟（李承晩打倒の学生革命の日）、右側の腕には〝5・16〟（朴正熙のクーデターの日）がそれぞれ記されている。軍事クーデターを経て誕生した朴政権が、過去の政権の系譜を受け継ぐ正統政権であることを改めて示すと同時に、政権の最大の課題が祖国の統一とそのための国力の充実にあることをし示そうとしたことはあらためていうまでもない。

そして、そうした究極の目的達成のためには、強力な開発独裁体制を布き、国民の自由がある程度制約されるのもやむをえないというのが、朴政権の基本的な発想であったことは周知の通りである。

しかし、そうした朴政権に対して、アメリカは、反共の砦としての価値は充分に認めつつも、民主主義世界の盟主として早期の民政復帰を迫り続けていくことになる。そして、そうしたアメリカのアンビバレントな対韓政策は、その後も韓国の政局に大きな影響を与えることになるのである。

クーデターで政権を掌握した朴正熙の最大の公約は、国土統一を達成しうるだけの国力を養うという一点にあった。このため、軍事政権は、発足早々、強権をもって経済再建のための荒療治に乗り出すことになる。

まず、クーデターの発生から間もない1961年6月6日、軍事政権は、国家再建非常措置法を公布。主食への雑穀混入、公務員の弁当持参、コーヒーや外来商品の使用禁止などを打ち出し、経済再建のために国民に耐乏生活を強いている。

ついで、7月に入ると、軍事政権は〝経済緊急施策〟を発表。これを実行に移すための機関として、経済企画院を新設した。

第1次5ヵ年計画

◀蔚山工業地帯をイメージしたと思われる「5・16革命1周年」の記念切手

この緊急施策は、軍事政権が独自に考え出したものではなく、基本的には張勉内閣が策定していた経済開発5ヵ年計画を引き継ぐもので、中小企業資金、営農資金の制定、公共土木事業や開墾による帰農事業・失業者対策、対ドルレートの固定による外資導入の促進などを主たる内容としていた。

さらに、1962年1月13日、軍事政権は、年平均7％の経済成長を目標とする経済開発第1次5ヵ年計画を発表した。

計画は、自由主義経済を掲げながらも、均衡が取れた経済発展のために重要産業に関しては政府が積極的に関与するというもので、いわゆる開発独裁の典型であったといってよい。

この5ヵ年計画は、同年2月に蔚山《ウルサン》工業地帯の起工式が行われ、本格的に始動する。

5月16日に発行された〝5・16革命1周年〟の記念切手の1枚には、工場地帯のシルエットを描くものが発行されているが（右ページ）、このデザインが、5ヵ年計画のシンボルとしての蔚山工業地帯を意識して作られたものであることはほぼ間違いない。

なお、韓国郵政は5ヵ年計画を宣伝するため、計画期間中の1962年から1966年まで、毎年2種類ずつ計10種類、以下のような内容の5ヵ年計画を宣伝するための切手を発行している。

1962年　発電所と鉄塔、貯水池と稲
1963年　採炭者と炭鉱夫、工場とセメント袋
1964年　遠洋漁業と魚、製油工場とドラム缶
1965年　肥料工場と稲と肥料袋、貨物船とコンテナ
1966年　東アジア地図と旅客機、アンテナと電話機

これらの内容を見ると、5ヵ年計画がどのような分野に力点を置いていたのかがわかり、なかなか興味深いところがある。

◀5ヵ年計画宣伝の切手。上は1962年、左は1963年発行のもの

植民地時代の朝鮮では、鴨緑江上流域など、主として現在の北朝鮮地域に設けられた大型発電所によって電力の需要がまかなわれていたが、解放とそれに続く南北の分断により、それらの設備は北朝鮮の所有になってしまう。このため、当初こそ、北朝鮮から米軍政下の南朝鮮へも一定の送電が行われていたものの、冷戦の進行とともにその量は次第に減少。1948年5月、南朝鮮での単独選挙実施をきっかけに北朝鮮からの送電は完全に停止され、同年8月に発足した大韓民国はほとんど発電設備のない状態からのスタートを余儀なくされることになった。

このため、1956年2月、

原子力開発の開始

▲「原子炉臨界」の記念切手

当時の李承晩政権は、アメリカと原子力協力協定を調印。これを受けて、1958年3月には原子力法を公布して原子力委員会を発足させ、原子力発電の実現に向けて動き出す。そして、1959年3月に設立された原子力研究所によって、具体的な原子力利用計画が策定されていくことになる。

その後、李承晩政権末期から張勉政権時代の混乱の中でも、韓国内での原子力開発計画は一時的に停滞するが、1961年に発足した朴正熙政権は5ヵ年計画の推進のための最優先課題の一つとして、電力事情の改善に積極的に取り組むことになる。先に紹介した5ヵ年計画を宣伝する切手の最初の1枚（左ページ）に、発電所と鉄塔を描く切手が取り上げられているのは、そうした政府の意気込みが現われたものとみてよいだろう。

こうした状況の中で、韓国政府はアメリカのゼネラル・アトミック社の研究用原子炉ＴＲＩＧＡ（〝訓練〟を意味するTraining、〝研究〟を意味するResearch、〝放射性同位元素製造〟を意味するIsotope production、メーカー名のGeneral Atomicsのそれぞれの頭文字からこの名がつけられた）を輸入する。

このＴＲＩＧＡ原子炉は、１９６２年3月に臨界（核分裂が継続し、核物質が〝燃料〟として連鎖的にエネルギーを放出し続ける状態。原子炉など核エネルギーを取り出すための装置では臨界状態で運転が行われる）となり、韓国でも原子力の時代が本格的に幕を開けた。これにあわせて、3月30日韓国郵政は、原子炉と原子力のマークを描く記念切手（右ページ）を発行。原子力時代の到来を、国家的な慶事として祝っている。

もっとも、この段階では、韓国の原子力開発は試験的な段階に過ぎず、実際の電力需要は、各地の工業団地に建設された大型の火力発電所によってまかなうというのが現実的な解決方法であった。

このため、１９６０年代を通じて、韓国ではエネルギーの石油依存度が飛躍的に高まっていく。しかし、１９７３年のオイルショックを機に、韓国政府はエネルギー政策の重点をいちはやく原子力に向けはじめる。そして、それに伴い、従来はターンキー契約（完成品受け渡し方式）で輸入されていた原子炉は、１９７８年の古里3、4号の頃から国産可能な部品を国産化する努力が始められ、韓国の原子力技術も急激に発展することになるのである。

▲発電所と鉄塔をとりあげた第１次５ヵ年計画の宣伝切手

対日国交正常化交渉の再開

▲亀甲船を描く「海戦大勝 370 年」の記念切手

政権掌握以前から、朴正熙は日本との国交正常化の必要性を痛感していた。それは、彼が最優先課題であると考えていた経済開発のためには外資が必要であったからであり、アメリカに次ぐ大口の出資者として日本を引き寄せなければならなかったためである。

このため、朴は政権掌握早々、日本との関係改善にむけて積極的に動き出した。〝5・16革命〟から半年後の1961年11月、社会的な混乱が続く中で、朴が訪米の途上でみずから日本に立ち寄り、日本の首相・池田勇人と会談したのも、彼のそうした意欲のあらわれにほかならない。

こうした日韓両国の接近に対して北朝鮮は敏感に反応。1961年9月に開催された朝鮮労働党大会は、「日本軍国主義者はアメリカ帝国主義者の後押しで南朝鮮に対する経済的侵略を画策する一方、南朝鮮を引き入れて侵略的な軍事同盟を結ぼうとしている」として、〝日本軍国主義〟を非難している。

北朝鮮の非難は、第一義的には、韓国の正統性を否認するとの彼らの主張に基づくものであったが、その背景には、日韓国交正常化に対する韓国内の反対派を、自らのシンパとして引き寄せたいとの思惑があったことも見逃せない。

実際、北朝鮮による日韓交渉への非難の有無にかかわらず、当時の韓国国民の対日感情は、経済発展のためには国交正常化が必要だという理屈で割り切れるほど単純なものではなく、反日感情も現在と比べると相当に強かった。特に、最高実力者となった朴が、日本の陸軍士官学校の出身であったことは、日本側には好感を持って迎えられたが、逆に、韓国国内では〃(ネガティヴな意味での）親日派〃としてとらえられ、そのことは日韓会談そのものへの反対論の一要因ともなっていた。

　このため、悪しき〃親日派〃とのイメージを払拭し、民族主義者としてのイメージを強調することが求められた朴政権は、国内世論への配慮から、１９６2年8月14日、〃海戦大勝３７０年〃の記念切手（右ページ）を発行する。

　ここで取り上げられている〃海戦〃は、１５９２年の壬辰の倭乱（日本では〃文禄の役〃で知られる）に際して、李舜臣《イスンシン》ひきいる朝鮮水軍が亀甲船を用いて日本水軍に壊滅的な打撃を与えた戦いのこと。この事件じたいは韓国国民にとってきわめて重要な歴史的意義を持つものだが、３７０年という半端な年回りで、あえて記念切手が発行されたことについては、やはり、〃日本に対する勝利〃を強調することで、国民の〃親日派〃批判に答えようとしたという意図が政府にあったと考えてよい。

　また、歴史的な事実関係でいえば、朝鮮水軍が大勝利を収めたのは、１５９２年7月のことであったが、切手の発行日は8月14日で設定されている。このことも、翌15日の光復節を意識したものであることはいうまでもなかろう。

　もっとも、今回の記念切手は、韓国側の勝利を大々的に宣伝するもので、悪役としての日本という要素は切手上からは巧みに隠されており、日本への一定の配慮もうかがえる。

　このように見てみると、あらためて、国家のメディアとしての切手上に取り上げられた歴史的事件は、単なる過去の物語ではなく、現在とつながっていることを認識させられる。

軍政から第3共和制へ

対日関係の改善に着手し、第1次5ヵ年計画を発動するなど、経済発展という最大の目標に向けて動き出した朴正熙政権だったが、その正統性という点では、批判も根強かった。

　そもそも、韓国の〝保護者〟であるアメリカは、自由と民主主義の盟主と自任していることもあり、クーデターで発足した軍事政権に好感を抱いておらず、朴政権に対して民政復帰の圧力をかけつづけた。このため、1961年8月、朴政権は、2年以内に新憲法を施行し、民政復帰を実現すると公約。1962年12月には、大統領に独裁的権限を持たせた第3共和国憲法が公布されたことで、憲法問題には一応の決着がつくことになった。

▲1963年の「朴正熙大統領就任」の記念切手

　しかし、新憲法の公布後まもなく、日韓条約に対する抗議行動に備えて、政党法と集会・示威行動規制法が公布されたことで、アメリカの朴政権に対する不信感は払拭されず、アメリカの圧力を受けた朴政権は、1963年1月、政治活動の自由化を宣言。あわせて、同年10月に大統領選挙を実施すると公約せざるを得なくなった。

　当初、朴正熙は、民政復帰後は政治に参加しないことを繰り返し述べていた。朴は軍政の失敗を自己批判し、大統領選挙に出馬しないと宣言したうえで、「軍事政権への政治的報復を行わない」よう各政党に誓約を求めるなど、彼の引退は、一時、既定の路線となったかのように思われた。

　しかし、１９６３年３月、元第１軍司令官らによるクーデター未遂事件が発覚すると、朴は態度を一変。〝国家の危機を救うため〟として民政移管の公約を撤回し、軍政を4年間延長するため、国民投票を実施すると発表した。また、「非常事態収拾臨時措置法」を公布し、一切の政治活動と集会・デモを禁止し、新聞の政治報道も全面禁止するなど、民政復帰は直前になって頓挫の瀬戸際に追い込まれた。

　朴の変心にアメリカは猛反発。国民世論の強い反対もあって、結局、4月に入ると朴政権は軍政延長を撤回し、当初の予定どおり10月に大統領選挙を行うことを発表する。

　これをうけて、5月14日、元民主党旧派を中心とする野党勢力は、韓国民政党を結成。尹潽善を大統領候補として擁立する。一方、尹に反発する元民主党新派は、許政を大統領候補として擁立した。

　これに対して、朴正熙は、8月に陸軍を退役。軍事政権幹部の創設した民主共和党の候補として大統領選挙に立候補する。

　今回の大統領選挙に際しては、アメリカのケネディ政権は、強権的な手法の朴を嫌い、対立候補の尹（許政は選挙直前に立候補を取り下げていた）を支援した。

　しかし、10月15日に行われた投票では、朴がわずか15万票差で尹を破り、正式に大統領に就任する。さらに、余勢を駆った朴の民主共和党は、翌11月に行われた国会議員の選挙でも勝利を収め、朴の権力基盤は磐石なものとなった。

　こうして、12月17日、朴は韓国大統領に正式に就任し、韓国は第3共和制の時代に入る。これにあわせて、韓国郵政は彼の肖像と中央政庁を描く大統領就任の記念切手（右ページ）を発行したが、この切手が、朴の肖像を取り上げた最初の切手となった。

軍事政権を引き継いで1963年末に発足した朴正熙の第3共和国は、当面の最優先課題として、危機的な経済状況を打開する必要に迫られていた。

すなわち、軍政時代の1962年度にスタートした経済開発5ヵ年計画は、年平均7・1%の経済成長を目標としていたものの、実際には資金の不足とインフレの進行により目標を達成できずにいた。さらに、1963年は凶作のため米価が高騰し、これに引きずられるかたちでインフレが増進。対外収支も悪化し、韓国経済は極端に悪化した。

このため、朴政権は、外資導入の手段として日本との国交正常化を、従前にもまして、急ぐようになる。

賠償問題は請求権というかたちで決着

▶日韓国交正常化交渉が進展する中、北朝鮮は“抗日”の歴史を題材とした切手を発行した。上は1919年の3・1独立運動を、下は1929年の光州学生事件を取り上げたもの。

1961年の軍事政権発足以来、朴は日本との国交正常化に力を注ぎ、中央情報部長の金《キム》鍾泌《ジョンピル》を日本に派遣して秘密交渉を開始。最大の懸案であった賠償問題を、韓国側の〝請求権〟に応じ、無償経済協力3億ドル、政府借款2億ドル等を日本側が支払うことで、大筋で決着した。賠償ではなく請求権という語が用いられたのは、戦争による被害の賠償ではなく、植民地時代に累積した債権を韓国側が請求するということで政治決着がはかられたためである。なお、この中には、いわゆる従軍慰安婦を含め民間人への補償も全て含まれているというのが、日本側の一貫した主張である。

こうした日韓交渉は、正規の外交ルートに乗せられることなく、軍政期間中に、韓国の国民世論をいっさい斟《しん》酌《しゃく》することなく処理された。このため、一般の韓国国民の多くは、国交正常化交渉に対して疑問を持つことになった。当時、朴正煕－金鍾泌ラインは、選挙資金として日本から2000万ドルを受け取ったとの噂が真実味をもって語られていたのも、そうした政府への不信感のあらわれとみてよい。

さらに、民政が復活し、交渉が大詰めを迎えた1964年になると、野党側は政府の姿勢を〝対日屈辱外交〟であるときめつけ、大規模な反対運動を展開するようになる。

この反対運動は、当初、政府の対日姿勢を糾弾するものであったが、次第に学生運動を吸収して急進化し、1964年5月に入ると、〝朴政権下野〟を公然と掲げる反政府運動に転換した。

こうした状況の中で、6月3日、学生デモが〝朴政権打倒〟を掲げるようになると、ついに政府は非常戒厳令を発し、デモ隊を鎮圧する。非常戒厳令は、国会の請求で7月28日に解除されたが、その後も、日韓条約反対の運動は続けられている。

こうした韓国内の混乱に対応して、北朝鮮は、さかんに〝日本軍国主義〟非難を展開し、そうした日本軍国主義に対して屈辱的な姿勢で国交を乞う韓国政府を非難した。その背景には、日韓交渉が南北分断を固定化するものとなるという建前論からの攻撃とあわせて、韓国内の反対派を、自らのシンパとして引き寄せたいとの思惑があったことも見逃せない。

ちなみに、1964年に入ると、北朝鮮では、〝抗日〟の歴史を題材とした切手（右ページ）がさかんに発行されているが、これは、自分たちこそが、独立運動の正当な後継者であることを内外に示すとともに、上記のような日本ならびに日韓交渉非難のプロパガンダの一形態として、切手が活用されたことのあらわれとみなしてよいだろう。

日韓基本条約の調印

日本との国交正常化の交渉に対して〝対日屈辱外交反対〟を唱えるデモ活動は、1964年に入るといっそう激しくなった。このため、日韓会談は、一時中断に追い込まれたが、政府はデモ隊を鎮圧し、同年12月には会談を再開。翌1965年2月には、日本側外相・椎名悦三郎が訪韓して、国交正常化のための日韓基本条約が仮署名された。

こうした日韓会談の進展に対して、北朝鮮は対南政策の大幅な修正を余儀なくされる。

すなわち、1962年11月、両国が請求権問題について大筋で合意すると、翌12月、北朝鮮は進行中の第1次7ヵ年計画(〝人民生活を画期的に向上させること〟に重点が置かれていた)を修正し、〝国防計画と経済計画の併進〟を掲げるようになる。この結果、経済建設を後退させても、国防力を増強させることが国策として採択され、以後、北朝鮮では経済建設が軍事力増強の犠牲にされていくことになる。

日韓会談を非難するスローガンの入った北朝鮮の切手▶

さらに、日韓基本条約の仮署名が行われた1965年2月には、北朝鮮は〝3大革命力量論〟を主張するようになる。これは、南朝鮮(韓国)での革命を達成するためには、北朝鮮の革命勢力、南朝鮮の革命勢力、国際的革命勢力の3者を強化し、結合させようというもので、この理論に基づき、北朝鮮はソウルの運輸業者・金鐘泰《キムジョンテ》に工作資金を提供し、〃統一革命党創党準備委員会〃を結成させたといわれている。

また、国家のメディアである切手上において、過去の抗日闘争の歴史をさかんに取り上げ、韓国内の〃屈辱外交〃反対派を自らのシンパとして引き寄せるためプロパガンダ活動を展開していたことは、すでに述べた通りである。

さて、日韓基本条約の仮署名を受けて、請求権をはじめとする懸案事項が協議され、4月3日、漁業問題・請求権・在日韓国人の法的地位・文化協力に関する大綱で両国の合意（〃4・3合意〃と呼ばれる）が成立した。

両国の国交正常化は、この時点で、事実上達せられたとみてよい。

これに対して、北朝鮮側は、１９６０年の4月革命5周年という機会をとらえ、〃4・19人民蜂起（4月革命の北朝鮮での呼称）5周年〃の記念切手（右ページ）を発行。切手上に〃米軍はただちに出て行け！　南朝鮮・日本会談反対！〃とのスローガンを入れ、大詰めを迎えた日韓の国交正常化交渉を激しく非難している。

その後、6月には、日韓基本条約と関連の諸規定が正式に調印された。そして、韓国では8月14日に野党が欠席した国会本会議で、日本では11月12日の国会で、それぞれ、条約が批准され、12月18日、ソウルでの批准書交換を経て、条約が正式に発効する。

こうして、１９５１年11月の日韓会談の開始以来14年にわたる年月を経て、さらに、野党や学生の激しい反対を受けるなどの紆余曲折を経て、ようやく、両国間の国交が正常化されることになった。

ちなみに、日韓国交正常化に関しては、反対の世論が根強かったこともあり、当時、これを記念する切手は発行されず、その後の20周年ないしは30周年にあわせて記念切手が発行されているのみである。

ベトナム派兵

日本との国交正常化をめぐり韓国内が騒然としていた1965年1月、韓国政府は対外政策上の重要な決断を下す。南ベトナムへの派兵である。

ベトナムにおけるフランスの植民地支配は、1954年のジュネーブ協定によって終わりを告げ、以後、ベトナムは北緯17度線を境界として南北に分断されていた。

しかし、南ベトナムでは、北ベトナムとの統一を主張する南ベトナム民族解放戦線によるゲリラ活動や、国内諸派の対立、強権的な独裁政権の失政などにより、政情不安が続いていたため、同国を東南アジアにおける反共の砦と位置づけていたアメリカは、1961年以降、特殊部隊と軍事顧問団を派遣して南ベトナム政府を支えつづけた。

こうした中で、1964年8月、トンキン湾でのアメリカ軍艦艇に対する北ベトナム軍の攻撃（トンキン湾事件）を機に、アメリカ議会は戦争拡大を支持。翌1965年、アメリカは北ベトナムによる南ベトナム解放民族戦線への援助阻止を主張して北ベトナム爆撃（北爆）と南ベトナムへの増兵を開始する。アメリカはベトナム戦争の泥沼に突入していく。

ベトナム情勢の緊迫化に伴い、1964年10月、韓国政府は、南ベトナムへ韓国軍を派遣する協定を南ベトナム政府との間に締結。これを受けて、翌1965年1月8日、韓国政府は、非

▲ベトナムへ派遣された韓国軍兵士が差し出した郵便物

戦闘員から構成された韓国軍事援助団（〃鳩〃部隊）を南ベトナムへ派遣すると発表した。

〃鳩〃部隊は、2月25日、サイゴン（現ホーチミン）に上陸し、ここに、韓国国軍史上初の海外派兵が実現された。ちなみに、〃鳩〃部隊は、南ベトナムの戦災復旧を任務とする工兵部隊で、当初、韓国軍が本格的な戦闘を行うことは想定されていなかった。

しかし、戦争が長期化・泥沼化すると、韓国はアメリカと南ベトナムの要請に従って一個戦闘師団を派遣し、本格的にベトナム戦争に関わっていくことになる。

韓国軍のベトナム派兵については、韓国内でも反対意見が少なくなかったが、政府は、自由主義陣営としての責任と朝鮮戦争当時の友邦の派兵への報恩という名分のもとに、これを退け、１９７３年までに40万もの兵力が派遣された。

ここで紹介しているのは、そうした、ベトナム戦争参加の韓国軍兵士が差し出した封書（右ページ）で、料金無料の軍事郵便であるため、切手は貼られていない。

封筒の余白には、北緯17度の軍事境界線のないベトナム全土の地図が描かれており、同じ祖国分断の悲劇を体験している国民として、（南ベトナムによる）国家統一を支援するとの意思が明確に表現されている。

なお、韓国が南ベトナムへの支援を開始すると、北朝鮮は、地域は違えども南半部（彼らによれば〃アメリカ帝国主義とその傀儡政府〃に不法占拠されている地域）を解放して祖国統一を達成するという共通の目的の下に、北ベトナムとの連帯を掲げ、北ベトナム支援を開始した。

こうして、韓国・北朝鮮は、それぞれの立場から、おなじく分断国家の悲哀をなめていたベトナムへの関与を深めていったのである。

▲戦闘師団ベトナム派遣１年の記念切手

ベトナム戦争への派兵を開始した韓国は、その〝見返り〟をアメリカに対して要求する。

その具体的な内容は、1965年5月の朴正熙＝ジョンソン（米大統領）会談で検討され、駐韓米軍の維持、対韓軍事援助の増額、韓国＝アメリカ＝ベトナムの三角経済協力などが了承された。

こうしたアメリカからの見返りに加えて、戦争関連物資の韓国での調達や、ベトナムに派遣された兵士による本国へのドル送金などは、韓国の外貨蓄積に大きく貢献した。この結果、日本との国交正常化に伴う経済援助とあわせて、この時期、韓国経済は飛躍的に発展することになる。

“漢江の奇跡”はじまる

◀経済成長の成果を強調した「光復20年」の記念切手

具体的な数字で見てみよう。

1965年の韓国の鉱工業生産の伸びは、17・5％と前年（8・0％）をはるかに上回り、1960年代に入って、最高を記録した。中でも、製造業の伸びは20・3％を記録し、それまで最高だった1962年の伸び（16・4％）をも更新。これらが、同年の国民総生産の伸びを（8・0％）支える起動力となったのはいうまでもない。

こうした韓国経済の著しい成長は、①繊維、印刷、出版、合板などが内外の需要増（特に、アメリカ向けの木材製品と衣料の輸出の伸びが顕著だった）と、原料の確保によっていちじるしい伸びを示したこと、②陶磁器、セメント、運輸機器が旺盛な投資需要に支えられて活況を呈したこと、③精油所の新増設によって石油製品の増大がみられたことなどが、その要因となっていた。また、工兵隊が派遣されていた南ベトナムへの、鉄鋼、セメントの輸出が前年までと比べて激増したことも見逃してはなるまい。

こうして、１９６2年に当時の軍事政権下で発動された第1次５ヵ年計画は、計画4年目の１９６５年で、ようやく、一定の成果をもたらすことになった。

こうした高度成長の時代風潮は、同年発行の切手にも色濃く反映されている。

たとえば、１９６５年は、光復（日本の植民地支配からの解放）20周年にあたっており、そのことを記念する切手が8月15日に発行されている。

従来、韓国で発行される光復記念切手といえば、独立門や断ち切られた鎖、松明など、植民地支配からの解放という、光復の内容をストレートに表現したものを太極旗と組み合わせてデザインするのが、定番であった。

これに対して、１９６５年の光復20年の切手は2種類発行されたが、そのうちの1種は、太極旗は描かれているものの、その下に描かれているのは、松明などではなく、煙突から煙をたなびかせた工場地帯（右ページ）である。

また、残りの1種にしても、南大門と花火を組み合わせたデザインとなっており（左図）、こちらも、従来の光復記念切手とは、大いに趣が異なっている。

こうした切手上の変化は、日本との国交正常化とベトナム特需を契機として起こりつつあった〝漢江の奇跡〟の余波が目に見えるかたちであらわれた一例と考えてもよいのかもしれない。

▲南大門と花火を組み合わせた「光復20年」の記念切手

朴正熙政権と学生運動

◀「青少年善導の月」の切手

日本との国交正常化とベトナム戦争への派兵開始は、その後の〝漢江の奇跡〟を導いた国際環境を作り出したものであり、その意味で、この二つの出来事が行われた1965年という年は、韓国にとって一つの転換点であった。もっとも、この両者への肯定的な評価が定着するのは、韓国の経済成長が一定の成果を収めた後のことであり、当時は、国民世論の中にも反対の声が少なくなかった。

特に、この2点について、激しく政府を非難したのが学生たちであった。

1960年の4月革命で当時の李承晩政権を退陣に追い込んだ事例があるように、韓国では、反権力闘争としての学生運動が社会的にも大きな影響力を持っていた。

その後、学生運動は、1961年5月の軍事政権発足に伴い、一時的にやや下火となるが、1962年になると、アメリカの圧力によって政治活動が自由化されたこともあって、次第に勢いを回復していく。

そして、同年末に第3共和制が発足すると、学生運動は、朴正熙政権の金看板の一つであった日本との国交正常化をターゲットに、激しい政権非難を展開していくことになる。

もちろん、政府もこれを座視していたわけではなく、運動リーダーの検束や投獄、軍隊への徴兵、監視体制の強化、反政府派の教授（〝政治教授〟と呼ばれた）の追放など、さまざまな手段を用いてこれを抑えこもうとした。

特に、1965年4月、日韓条約が仮調印となり、これに抗議する学生デモが激しくなると、政府は、本来は7月中旬から始まる大学の夏休みを6月20日に繰り上げて実施。翌21日には全国の警察に対して非常警戒令を発令した。さらに、教育法施行令を改正し、それまで各学校が有していた休校の決定権を文教部長官（日本の文部大臣に相当）に与える規定を新設。これにより、延世大学、高麗大学ほか、56校を休校処分に追い込んでいる。

この結果、夏休み期間中、学生デモは一時的にややおさまったが、夏休みが終るとデモが再発。特に、8月14日、与党により国会で日韓条約が単独で批准されたことに反対する学生デモはしだいに激しさを増すようになり、ソウル市長・尹致暎《ユンチヨン》は軍の支援を要請するにいたった。これを受けて、政府は8月25日、ソウル一円に衛戍令《えいじゅつ》を発動。首都警備司令官（陸軍少将・崔宇根《チェウグン》）を衛戍軍司令官とする衛戍軍兵力がデモの鎮圧に出動し、各地で流血の事態が発生。政府の強硬措置により、ようやく学生運動も沈静化し、衛戍令は9月25日に解除された。

このように、学園の騒乱の記憶がまだ生々しい中で、1966年5月1日、韓国郵政は〝青少年善導の月〟と題する切手（右ページ）を発行した。

この切手が、学生たちの反政府運動が昂揚するのを防ぐためには、デモを力づくで抑えるだけでは不充分で、彼らを〝正しい方向〟に導いていく努力も怠ってはいけない、との発想の下に発行されたものであることは疑いの余地がない。もっとも、その後も政府は学生の〝善導〟に成功したわけではなく、彼らの体制批判は、強弱の差こそあれ、脈々と続けられ、政府は、そのたびにこれを強権的に抑えこむ、という事態が繰り返されていく。

ジョンソン大統領訪韓

▲「ジョンソン訪韓」の記念切手

長年の懸案だった日本との国交正常化を1965年に達成した朴正煕政権は、続く1966年、アメリカとの間の懸案になっていた、駐韓米軍の法的地位に関する行政協定の調印にこぎつける。

1945年8月の日本の降伏とともに、アメリカは北緯38度線以南に進駐し、軍政を施行した。米軍は、大韓民国成立後の1949年6月、いったん、韓国から完全に撤退したが、翌1950年6月、朝鮮戦争の勃発により韓国国内に展開することになる。

こうした状況の中で、韓国政府は、軍事作戦を効果的に遂行するため、米軍との間で、駐韓米軍の排他的裁判権（米軍の犯罪は米軍の軍法会議で裁く権利）、韓国人に対する米軍の逮捕権（米軍に対する犯罪を起こした韓国人を米軍が逮捕できる権利）などを定めた大田協定（大田は協定締結時の1950年7月12日の臨時首都所在地）、ならびに、米軍関係者の免罪など経済的特権を定めたマイヤー協定（マイヤーは協定締結のために派遣された米大統領特使）を結ぶことになった。

大田協定とマイヤー協定は、いずれも、戦時という特殊な状況下ではある程度やむをえない面もあったが、1953年7月、朝鮮戦争の休戦後も、両協定は改定されないままに残り、駐韓米軍は特権を保持しつづける。

この結果、韓国内では米軍兵

士による犯罪がたびたび発生し、そのたびに、韓国側がこれを処罰できないことが問題化。韓国国内では、1960年と1961年の2回にわたって、駐韓米軍に関する正規の行政協定締結を促す国会決議が採択された。

　これを受けて、アメリカも協定締結に向けて重い腰を上げることになり、1961年4月、韓米間で駐韓米軍の法的地位に関する本格的な交渉が開始される。この交渉は、同年5月の軍事クーデターにより、一時、中断されたが、混乱が一応収束した後の1962年9月に再開され、81回の会談を経て、1966年7月、「大韓民国とアメリカ合衆国の相互防衛条約第4条による施設と区域および大韓民国でのアメリカ合衆国軍隊の地位に関する協定」（以下、慣例に従って「韓米行政協定」と記す）が結ばれた。

　韓米行政協定は、7月9日、ソウルで外務部長官の李《イ》東元《ドンウォン》と米国務長官ラスクにより調印された。この韓米行政協定により、一次裁判権の放棄などの不備はあったにせよ、韓国側は犯罪を起こした米軍兵士を逮捕することができるようになり、ようやく、韓国は主権国家としての体面を回復。その後のSOFA行政協定の原型が作られることになる。

　こうした両国間の懸案事項が一応の解決をみたことに加え、協定締結に先立つ同年2月には、朴正熙が米副大統領ハンフリーと会談し、ベトナムへの韓国軍2万人の増派を約束するなど、1966年は、韓米両国の関係がこれまで以上に緊密なものとなった年であった。

　こうした状況の中で、同年10月、良好な韓米関係をアピールするためのクライマックスとして、米大統領ジョンソンが訪韓。これにあわせて、韓国郵政は両国の国旗と大統領を描く記念切手（右ページ）を発行し、韓米間の友好関係を内外に向けて大いにアピールしている。

1960年代の対西ドイツ関係

1967年3月、西ドイツのリュプケ大統領が韓国を訪問。これにあわせて、韓国郵政は、両国の大統領の肖像を描く切手（下図）を発行した。

　東西冷戦下の分断国家である韓国と西ドイツとの関係は、1963年、韓国が274人の炭鉱労働者を西ドイツに派遣したことがきっかけとして、急速に緊密化する。

　軍事政権時代末期の1963年当時、韓国では公式統計に現れただけでも失業者は250万名にものぼっており、深刻な社会問題化していた。

　こうした状況の中で、労働力不足に悩んでいた西ドイツが、月収600マルク（160ドル）の条件で、ルール炭鉱で働く韓国人労働者を募集すると、100倍を超える希望者が殺到。その後、1978年までに7800人余りの〝派独鉱夫〟がルール炭鉱に渡った。彼らの労働がいかに苛酷なものであったかは、1966年12月、3年間の雇用期間を終えて帰国した第一陣（142人）のほとんど全員がドイツ滞在中に骨折を経験していたことや、失明者・死亡者も少なからずいたことからも理解できよう。

　〝派独鉱夫〟につづいて、月収440マルクの条件で、韓国人女性が看護婦として西ドイツに派遣されるようになった。彼女たちもまた、死体洗浄など、ドイツ人の嫌がる重労働を担い、現地で激務をこなしていた。

▲「リュプケ大統領訪韓」の記念切手

〝派独鉱夫〟および〝派独看護士〟による韓国への送金は、まだまだ貧しかった当時の韓国に貴重な外貨をもたらし、その額は、一時はGNPの2%台に達したこともあったという。このため、1964年12月、ルール炭鉱を訪れた朴正熙は、〝派独鉱夫〟のブラスバンドが演奏する愛国歌に感激し、涙ながらに、彼らに対する感謝の演説を行ったというエピソードもある。

　1967年のリュプケ訪韓は、この朴正熙の西ドイツ訪問への答礼として行われたもので、当時の良好な両国関係を象徴するものであった。

　しかし、リュプケ訪韓からほどなくして、韓独関係は一挙に暗転する。1967年7月の〝東ベルリン事件〟のためである。

　事件は、東ベルリンを拠点とした北朝鮮の工作員が、欧米在住の研究者、留学生、芸術家等に工作資金を渡してスパイ活動を行っていたというもので、裁判の結果、趙栄秀《チョヨンス》、鄭奎明《チョンギュミョン》の2名に死刑判決が下ったほか、32名の被告全員が有罪とされた。

　この事件では、韓国の中央情報部が、事件の容疑者を滞在国であるドイツやフランスの主権を無視して、直接、韓国に連行してしまったため、西ドイツ、フランス両国政府は韓国政府に釈明を要求。特に、西ドイツでは、〝拉致事件〟に対する学生の抗議デモが行われ、駐韓大使が本国に召還されたほか、西ドイツの対韓援助も中止される気配となった。

　あわてた韓国政府は、急遽、大統領特使を派遣したものの、やはり、西ドイツとの関係の冷却化は避けられなかった。

　両国の友好関係をうたいあげたリュプケ訪韓からわずか4ヵ月後のこの事件は、まさに、(国際)政治が〝一寸先は闇〟であることを、あらためて教えてくれるものといえる。

朴正熙の再選

任期満了に伴う1967年の大統領選挙では、軍事政権から民政へ移譲後の朴正熙政権4年間の評価が問われることになっていた。

与党側は、第1次5ヵ年計画(1962〜66年)が所期の目標を達成した(GNPの目標成長率が7・1%であったのに対して、実績が7・8%であった)ことを強調。政権の継続による経済発展の持続を中心政策として掲げていた。

一方、野党勢力は、前回(1963年)の選挙に際しては、民政党の尹潽善を事実上の統一候補として擁立していた。選挙後、尹は1965年に日韓会談反対の野党統合運動を主導し、同年6月には民衆党の結成にこぎつけたが、民衆党は、日韓協定の批准阻止の方策をめぐる対立から、1966年3月、国会議員総辞職を主張していた強硬派が新韓党として離脱し、分裂してしまう。

◀大統領選挙直前に発行された「第2次5ヵ年計画」の宣伝切手

その後、尹は1967年の大統領選挙と国会議員選挙を前に、1966年末頃から再び野党統合運動を主導。1967年2月、統合野党として新民党が結成され、前回同様、尹が大統領候補に選ばれた。

もっとも、新民党内では、民衆党系と新韓党系の反目が続いており、尹は苦しい選挙戦を強いられることになる。

結局、日韓協定やベトナム派兵、高度経済成長に伴う貧富の差の拡大など、朴政権には多くの攻撃材料があったものの、野党側はこれを攻めきれず、5月3日に行われた大統領選挙では現職の朴正煕が586万8666票を獲得し、452万6541票の尹潽善に圧勝した。

さらに、大統領選挙に続いて6月8日に行われた国会議員選挙でも、与党の民主共和党（以下、共和党）は憲法改正に必要な117議席を上回る130議席を獲得して圧勝する。

もっとも、今回の選挙、特に、国会議員選挙に関しては、共和党候補が潤沢な資金を用いて買収・饗応をさかんに行ったほか、ありとあらゆる不正・不法・暴力が横行。さらに、朴自身が現職大統領として選挙運動に参加するなどの露骨な官権介入が行われた。

投票日1週間前の6月1日というタイミングを選んで、朴政権の金看板、高度経済成長実現のための具体的なプランである第2次5ヵ年計画（1967~71年）を宣伝する切手（右ページ）が発行されているのも、そうした官憲介入の一例とみなすことができるかもしれない。

しかし、こうした不正選挙は、当然のことながら、野党側の激しい反発を招き、野党議員の当選者は国会への登院を拒否することで対抗。7月1日に正式に発足した2期目の朴政権（左図）は、予算や税制改革など当面の案件を処理する必要から、7月10日、与党単独で国会を召集するなど、多難なスタートとなった。

その後、朴は8月1日に鎮海で記者会見を行い、「（総選挙に伴う与党側の問題は）その原因がどこにあるにせよ、遺憾に思う」として選挙不正の事実を認め、事実上の謝罪を行う。これを受けて、野党側も次第に態度を軟化させ、11月29日、ようやく新民党議員44名が国会に登院。単独国会という異常事態には142日でピリオドが打たれることになった。

▲1967年の朴正煕大統領就任記念の切手

1・21事態とプエブロ号事件

前年の大統領選挙で圧勝し、2期目のスタートを切った朴正煕政権だったが、1968年の年明け早々、北朝鮮の脅威を再認識させられるような事件が相次いで発生する。

まず、1968年1月21日、北朝鮮正規軍の特殊部隊要員が休戦ラインを超え、大統領官邸である青瓦台から約1キロの地点まで侵入し、警官隊と銃撃戦を展開する事件（〝1・21事態〟と呼ばれる）が発生した。

北朝鮮の武装ゲリラは、青瓦台の襲撃と大統領ならびに要人の暗殺、ソウル刑務所の爆破を目的としてソウルに侵入したもので、ゲリラとの戦闘により、韓国側は民間人6名、軍人23名が犠牲になった。事件に激怒した大統領は報復として金日成暗殺のための特殊部隊を編成し、実尾島で極秘訓練を積ませている。その後、1971年に南北の緊張緩和が進んだため、金日成暗殺計画は実行直前になって中止されたが、一連の経緯は映画『実尾島／シルミド』でも取り上げられている。

▲北朝鮮が発行した「プエブロ号事件」の宣伝切手

〝1・21事態〟の衝撃がさめやらぬ1月23日、こんどは、アメリカの情報収集艦プエブロ号（906トン、乗員83名）が北朝鮮東海岸・元山《ウォンサン》沖の公海上（北朝鮮側は北朝鮮領海内と主張）で拿捕《だほ》されるという事件が発生した。いわゆる〝プエブロ号事件〟である。

事件に際して、アメリカ側は、当初、プエブロ号は領海を侵犯していないと主張して北朝鮮を非難したため、謝罪を要求する北朝鮮と真っ向から対立。日本の佐世保港を出航してベトナムへ向かっていた米空母エンタープライズが、急遽、日本海へ回航するなど、日本海は一挙に緊張した。

その一方で、アメリカは板門店で北朝鮮と秘密裏に交渉を継続。最終的に、同年12月、アメリカ側がスパイ行為を認める謝罪文に署名することで、乗員全員が釈放されて事件は一応の決着を見た。

これら一連の経緯は、北朝鮮外交にとって大きな得点となり、北朝鮮側は、1970年6月、〝祖国解放戦争〟（朝鮮戦争の北朝鮮側の呼称）の開戦記念日にあわせて、プエブロ号と逮捕・連行される乗員を描く切手（右ページ）を発行している。

なお、プエブロ号の船体そのものは、ながらく元山港に係留されていたが、1998年ごろから、平壌市内の大同江・忠誠橋付近に係留されるようになり、国民教化のための素材とされている。

ところで、プエブロ号事件をめぐり、アメリカが韓国の頭越しに北朝鮮と秘密交渉を行ったことに対して、韓国側は激しく反発。ソウルでは学生の抗議デモが発生し、政府もアメリカに対して再三にわたって抗議した。

同時に、韓国政府は、1・21事態以降の国際情勢の緊張に対応して国防力を充実させるため、正規軍以外に郷土予備軍を創設する。

郷土予備軍は、35歳以下の予備役兵士、補充役ならびに志願兵から組織され、戦争などの非常事態に際して正規軍を支援すること、敵の侵入地域での作戦や騒乱の鎮圧などを主な任務としている。

当時、野党の新民党は、「政府は緊張した状況を利用して現政権永続化の市政を強化している」として、郷土予備軍の創設に反対したが、はたして、この頃から朴正熙は憲法で禁じられていた3選をめざしてさまざまな布石を打ちはじめるのである。

▲1968年の国土防衛募金の切手に取り上げられた郷土予備軍の兵士

北朝鮮による〝1・21事態〟（北朝鮮の武装ゲリラによるソウル侵入事件）と〝プエブロ号事件〟（北朝鮮が元山沖でアメリカの情報船プエブロ号を拿捕した事件）は韓国社会に大きな衝撃を与えたが、続いて1968年8月には、さらに、北朝鮮の脅威を韓国国民に再認識させるような事件が発生した。

いわゆる統一革命党事件である。

ソウルの運輸業者・金鍾泰（1923〜69）が北朝鮮からの工作資金を受け、「統一革命党創党準備委員会」を結成し、非公然活動を展開したのは、1964年3月のことといわれている。

統一革命党事件

▲統一革命党事件の金鍾泰を讃える北朝鮮の切手

当時、韓国内では日本との国交正常化に反対する国民世論が沸騰していたが、北朝鮮側は、こうした状況を利用して、韓国内の反政府世論を自国に有利な方向に誘導しようとしていた。

統一革命党創党準備委員会は、そうした北朝鮮の政策に沿うかたちで結成されたもので、最終的には、韓国内の反政府・親北朝鮮勢力を育成し、それを〝統一革命党〟として北朝鮮の影響下に組織化することを目的としていた。当然、その最終目標は、統一革命党の主導による〝南朝鮮革命〟の達成である。

さて、金鍾泰らの活動は、1968年8月24日、KCIA（韓国中央情報部）によって摘発され、事件に関連して、45名が逮捕された。そして、30名が有罪判決を受け、１９６９年1月25日、統一革命党全羅南道委員長の崔永道《チェヨンド》が、また、同年7月10日には、統一革命党ソウル市委員会委員長の金鐘泰が、それぞれ、処刑された。

こうして、韓国当局は、統一革命党を準備段階で潰滅させたと発表したが、これに対して、北朝鮮の対韓放送・南朝鮮民主主義連盟放送局は、１９６９年8月、統一革命党の中央委員会がソウルに結成されたと報道している。さらに、１９７０年11月の朝鮮労働党大会では、金日成も統一革命党の創立に言及している。実際、１９７２年4月には、統一革命党の再建をはかったとして、韓国で9グループ32名が逮捕されている。

このように、統一革命党は、北朝鮮の主張する〝南朝鮮革命〟の重要なシンボルとなっており、１９７１年8月には、北朝鮮郵政は、金鐘泰ら統一革命党事件で逮捕・処刑された人物を英雄として讃える切手（右ページ）を発行している。

その際、北朝鮮側は、統一革命党を「南朝鮮人民革命」の政治的参謀部であるとして顕彰。切手上において、各人の肖像の背景に武装闘争の模様を描くなど、南朝鮮の解放のためには暴力の使用も辞せずとの姿勢を鮮明にしている。

なお、平壌西城地区には金鐘泰の名を冠した金鐘泰電気機関車工場がある。この工場は、２００２年1月には金正日みずからが新年初の公式活動として現地指導を行い、労働者を激励するなど、現在の北朝鮮国家において重要な位置を占めるものとなっている。

このことは、今日なお、北朝鮮が金鐘泰を英雄視していることの証左であり、それゆえ、彼らの〝南朝鮮革命〟路線も完全には放棄されていないとみなすことができよう。このことに大きな不安をおぼえるのはおそらく筆者のみではあるまい。

朴正煕政権の2期目がスタートすると、韓国の政界では、はやくもポスト朴正煕問題が重要な関心事となっていた。当時の韓国の憲法では、李承晩長期政権が腐敗の温床となっていたことへの反省から、大統領の3選は禁じられていたからである。

　結局、この問題に関しては、朴正煕は憲法を改正して3選を目指すことを選択。そのための布石として、朴は、軍事革命以来の右腕で後継候補のナンバーワンと目されていた金鍾泌を去勢する。

　すなわち、金鍾泌《キムジョンピル》が組織していた政策研究会の国民福祉研究会が、ポスト朴の大統領戦をにらんで「政策判断書」を作成し

憲法改正へ世論誘導

◀1968年7月の「共産主義の圧政下からの救出」キャンペーンの切手（左）と11月の「反共学生の日」の切手（左ページ上）、1969年5月の「第2次経済建設」キャンペーンの切手（左ページ下）

たことに対して、朴の意を汲んだ与党・共和党内の反金鍾泌派が、〝反党的分派行動〟としてこれを非難。1968年5月、金鍾泌派の有力議員3名が党から除名され、金自身も一時的に政界引退に追い込まれている。

　これにより、金鍾泌はポスト朴の座から脱落し、憲法改正と大統領3選は実現に向けて大きく動きだし、1969年1月1日には、共和党議長代理の尹致《ユンチ》暎《ヨン》が、「韓国の歴史始まって以来の偉人である朴正煕大統領に引き続き政権を担当させるためには改憲が必要である」と発言。以後、大統領3選のための改憲論議は表面化していく。

　改憲を推進しようとする政府・与党側の主張は、1968

年に北朝鮮が起こしたいくつかの事件を背景に、北朝鮮の挑発に備えつつ、近代化を達成するためには強力なリーダーシップが必要であり、その任を果し得るのは現職の朴大統領しかいない、というものであった。こうした政府による世論誘導の手段として、1968年から1969年にかけて、ここで紹介しているような〝反共〟と〝経済建設〟を題材とした切手が少なからず発行されることになる。

一方、野党側は大統領3選のための改憲に強く反対し、1969年1月17日、新民党総裁の兪鎮午《ユジノ》が党の命運を掛けて改憲阻止の闘争を行うと記者会見で明言。当時、院内総務だった金泳三《キムヨンサム》を中心に、宗教家、学生、知識人を糾合した超党派的な反改憲キャンペーンを展開した。

これに対して、政府・与党は資金力・組織力・行政力をフル活用して、10月17日の国民投票で661万5000票もの賛成票（ちなみに、反対票は315万7000票）を獲得し、改憲を実現させた。憲法改正案が、国民投票の結果、大差で可決された背景には、政府・与党による活動もさることながら、朴政権の近代化政策が全体としては一定の評価を得ていたことに加え、改憲の是非を朴正煕個人に対する信任・不信任と結びつけるという戦術が効を奏した結果であった。

いずれにせよ、憲法改正が成立したことにより、1971年の大統領選挙での朴正煕3選は、ほぼ確実なものとなった。そして、それは、朝鮮半島の緊張激化を口実に国内の体制を強化しようとしているとの、郷土予備軍の創設に際して新民党が表明した反対意見の通りに、韓国の歴史が展開していくことの序章となっていったのである。

よど号事件

◀ハイジャック時のよど号に搭載されていたため配達が遅れたことをわびる付箋のついた郵便物

朴正熙が3選へ向けて着々と地歩を固めつつあった1970年3月、日韓両国にとって衝撃的な事件が発生する。いわゆるよど号事件である。

1960年代末、日本で吹き荒れていた学園紛争の嵐は、1969年1月の東大・安田講堂の攻防戦を機に退潮していった。しかし、一部の活動家は、〝赤軍派〟を称して革命を夢想し、テロ活動を展開するなど先鋭化していった。

そうした中で、田宮高麿を中心とする9人の赤軍派学生らは、日本に共産主義革命を起こすために海外で軍事訓練を受けることを企図。1970年3月31日、東京（羽田）発福岡行の日航機「よど号」をハイジャックして、平壌へ行くことを機長に要求した。もっとも、犯人グループの行動は場当たり的で、事前に北朝鮮側と打ち合わせを行っていたわけではなく、北朝鮮への入国に対しても北朝鮮当局の了承も得ていなかった。

このため、よど号は、給油のために福岡空港に着陸して人質のうちの老人・婦女子を解放した後、いったん、北朝鮮の領空に入ったものの、北朝鮮側から着陸の許可が下りない可能性が高かったため、ソウル近郊の金浦空港に偽装着陸。日・米・韓3国の警察当局は、共同作戦で犯人たちを逮捕しようとした。

しかし、偽装着陸を察知した犯人側は、「ここは北朝鮮だ」と説得する空港職員（に変装した警察官）に対して、金日成の巨大な肖像を持参するよう要求。当時の韓国内にそのようなものがあるはずもなく、警察当局のもくろみは頓挫してしまう。

結局、犯人側は、人質とともによど号内に籠城した。

こうして騒ぎが大きくなるにつれ、北朝鮮側も、犯人たちを受け入れることが、自国の政治宣伝に有益であると判断するようになり、田宮らの受入れを承諾。最終的に、運輸政務次官の山村新次郎が人質となることで一般の乗客が解放され、4月3日、犯人グループは北朝鮮に亡命し、山村も解放された。

その後、よど号グループのメンバーは、ながらく、北朝鮮内で生活しているものとされていたが、近年、北朝鮮当局の意を受けて、彼らが海外での日本人拉致事件に関与していたことが明らかになっている。現在、アメリカは北朝鮮を〝テロリスト支援国家〟に指定しているが、よど号グループの亡命受入や、その後の彼らの活動などは、そうした北朝鮮の性格を端的に示す事例の一つとされている。


なお、よど号事件は、郵便物の上にも痕跡を残している（右ページ）。

すなわち、事件当時、よど号には少なからぬ郵便物が搭載されていたが、4日間にも及んだ事件の影響により、そうした郵便物の配達は通常よりも大幅に遅れることになった。

このため、事件後、よど号から回収された郵便物には、「この郵便物は、乗取り事故の日航機に搭載されていたため遅延しました。」との事情説明の付箋が貼られ、名宛人に配達されている。

こうした郵便物は、切手そのものだけでなく、郵便物が逓送された痕跡じたいも、歴史の証人となりうるものであることをわれわれに教えてくれるものといってよいだろう。

京釜高速道路の開通

◀京釜高速道路開通の記念切手

日本の東京・大阪に匹敵する韓国の2大都市といえばソウルと釜山だが、この両都市を結ぶ428キロの京釜高速道路は、1970年6月28日に開通した（下図）。

韓国における高速道路建設は、1967年に始まった第2次経済開発5ヵ年計画の目玉の一つとして本格的に開始され、まず、1968年に、ソウル＝仁川間を結ぶ24キロの京仁高速道路が開通した。

この成功を踏まえ、韓国政府は、〝全国の1日生活圏化〟（全国を1日で往復できるようにする）を目標として、高速道路建設を進めていくことになる。そして、この計画を先導する役割を果したのが、上述の京釜高速道路であった。

京釜高速道路の建設に先立ち、韓国は、まず、高速道路への侵入路の役割を果たす橋として〝第3漢江橋〟の建設に着手する。

第3漢江橋は、漢江に4番目にかけられた橋で、龍山《ヨンサン》区漢南《ハンナム》洞《ドン》と江南《カンナム》区新沙洞《シンサドン》の915メートルを結んでいる。道幅は27メートルである。

工事が始まったのは1966年1月19日のことで、完成は1969年12月25日。この間、3年以上もかかった大規模工事であった。なお、第3漢江橋は、1985年に現在の名称、漢南大橋に改称されている。

さて、京釜高速道路の開通を皮切りに、高速道路網の整備は急速に進み、１９７０年代半ばには全国の70％で〝1日生活圏化〟の目標が達せられ、１日で往復できるようになった。

　こうした高速道路建設の進捗に伴い、自動車の登録台数も急増。これとともに、道路交通量は年間10％を超える成長率を遂げており、韓国の高度経済成長は、そのまま、道路交通にも数字として反映された結果となっている。

　このようなわけで、高速道路は、開発独裁政策を進める朴正熙政権にとって、国民に対して経済成長の実績を目に見えるかたちで示すための重要なシンボルとして、しばしば、この時期の切手にも取り上げられている。

　すなわち、第２次経済開発５ヵ年計画を宣伝するために毎年発行されていた切手のテーマには、京仁高速道路の開通した１９６８年には〝道路建設〟とされ、高速道路とインターチェンジの切手（下図）がそれぞれ発行されている。

　このように、〝漢江の奇跡〟を強調する手段として高速道路がさかんに切手上に取り上げられていた背景には、やはり、大統領3選に向けての一種の布石であったと見るのが妥当であろう。

▲経済成長のシンボルとして高速道路とインターチェンジを取り上げた第２次経済開発５ヵ年計画の宣伝切手

朴正熙 3選へ向けて

1969年10月、国民投票によって憲法を改正し、朴正熙大統領の3選に向けて動き出した政府は、大統領選挙の日程を1971年4月27日に設定。これを受けて、与野党の間では大統領選挙に向けての動きが活発化することになる。

選挙戦序盤の話題を集めたのは、野党の新民党であった。

当初、新民党の大統領候補としては、総裁で長老議員の兪鎮午《ユジノ》が選出されることが有力視されていた。しかし、実質的な選挙戦が始まった当時、兪は入院中であったことから、若手の院内総務であった金泳三（1970年当時43歳）が〝40代旗手論〟（新民党が国民に活気に満ちたイメージを植えつけるためにも、長老たちは40代にリーダーシップを譲るべきだとする主張）を掲げて候補者指名選挙に出馬を宣言。これに続き、当時44歳だった金大中《キムデジュン》議員や同じく当時47歳だった李哲承《イチョルスン》もあいついで候補者指名選挙への出馬を表明した。

40代の有力候補者の出現は、新民党内では長老・保守派議員の反発を招いたが、一般には好感をもって迎えられた。というのも、過去の大統領選挙において、1956年選挙の際の申翼熙ならびに1960年選挙の際の趙炳玉といった野党側の大物長老候補が、いずれも、選挙戦の最中に急死しており、野党側としては、選挙戦を最後まで戦い抜くだけの体力・気力を備え

▲朴正熙の実績を強調するために発行された10ウォン切手

た候補を選出するのが重要だととらえる空気が強かったためである。

結局、１９７０年1月に開かれた党大会では、総裁の兪が健康上の理由で辞職し、副総裁の柳珍山《ユジンサン》が総裁に昇格したものの、大統領候補の指名選挙は、事実上、上記の40代3名で争われることになった。

以後、3名は激しい選挙戦を展開し、新民党は分裂のおそれも懸念されたため、総裁の柳は候補者の調整に乗り出し、金泳三を大統領候補として指名した。しかし、その結果に納得しなかった金大中は、１９７０年9月の党大会で金泳三と対決。決選投票で大統領候補の座を獲得する。

一方、与党の民主共和党は、現職の朴正熙大統領が次回選挙に出馬することが確定しているため、新民党のような党内対立はなかったが、野党側の候補者決定を受けて、１９７０年12月、党と内閣の人事変更を行い、選挙戦に向けての挙党体制を固めている。

こうした態勢固めと前後して、韓国郵政は、１９７０年9月と11月に、朴正熙の肖像を大きく取り上げた10ウォンの通常切手を発行している。

これまでにも、大統領の就任や外国の国家元首の訪韓などに際して、朴正熙の肖像が切手に取り上げられることはあったが、それらは、あくまでも発売の期間も数量も限定されている記念切手上の出来事にすぎなかった。

これに対して、日常的に、無制限に発売される通常切手に現職大統領の肖像が取り上げられたのは先例のないことであり、本格的な選挙戦の開幕を前に、韓国政府が切手というメディアを通じて国民に対して朴正熙への個人崇拝と政権の実績（肖像の背後には開発独裁のさまざまな成果が描かれている）を浸透させようとしていた意図が明瞭に読み取れる。

こうして、１９７０年の秋から、翌年４月の大統領選挙に向けて、政治の季節へと突入していくのであった。

▲右ページと同趣旨の10ウォン切手

郷土予備軍と安保論争

◀「防諜と勝共の月」のキャンペーン切手

1971年の韓国大統領選挙での政策上の争点は安保論争にあった。

論争のそもそもの出発は、1970年10月16日、野党・新民党の大統領候補に指名された金大中が、候補者としての初の記者会見の席上、①郷土予備軍の廃止、②労使共同委員会の設置、③非政治的な南北交流、④朝鮮半島の4大国共同安全保障案、を打ち出したことにある。

このうちの最大の争点は、④の4大国共同安全保障案で、金大中は、まず、米・ソ・日・中の4大国の共同合意によって、朝鮮半島の戦争を抑制することを主張。その後の選挙戦の過程で、南北間の人道的・文化的交流の推進を公約として掲げていくことになる。

南北間対話の促進という点では、大統領の朴正熙は、すでにこの年の8月15日、光復25周年の記念日にあわせて8・15宣言を発表していた。

宣言の骨子は、①北朝鮮側が挑発と武力による共産化の野望を捨てることを条件に、南北の人為的障壁を段階的に除去する、②北朝鮮が国連の権威と権能を認めれば国連で同席することに反対しない、③北朝鮮は韓国と善意の競争をすべきである、というもので、従来の韓国の対北朝鮮政策からすると、相当、柔軟な姿勢を示すものとなっていた。

金大中の提案は、この8・15宣言をさらに進めて北朝鮮に対して融和的な姿勢を示したもので、当時、その実現の可能性とは別に、多くの国民の関心を集めるものとなった。

これに対して、与党の共和党側は、金昌槿《キムチャングン》が「韓国と敵対関係にある中共・ソ連等を含む4大国に国家の安全保障を委託するということは国の基礎を危うくするものであり、発案者の真意を疑わざるをえない」との批判を加えるなど反論し、与野党間の激しい論戦が展開された。

こうした状況の中で、韓国郵政は与党側の主張を捕捉するような切手を、選挙戦終盤（投票日は4月27日）になって相次いで発行している。

すなわち、1971年3月1日に発行された〝防諜と勝共の月〞のキャンペーン切手（右ページ）では、地球上を覆うかのように張りめぐらされたクモの巣とクモ（共産主義陣営を表現していることは一目瞭然である）と、それを打ち破る松明（自由主義陣営を象徴するものと思われる）が描かれており、共産主義国が韓国の安全保障に関与することを唱える金大中提案の危うさを印象づける内容となっている。

さらに、投票日直前の4月3日には、金大中が廃止を主張した郷土予備軍を讃える〝予備軍の日〞の切手（左図）が発行され、この点でも、切手は政府の主張を捕足するための材料として用いられていた様子がうかがえる。

このように、金大中提案を、国家の基本を危うくするものとして、激しく攻撃していた政府・与党であったが、大統領選挙後は、米中接近に見られる国際環境の変化に対応すべく、次第に金大中の考え方に接近せざるを得なくなってくる。

▲選挙直前に発行された「郷土予備軍の日」の切手

セマウル運動

18年の長きに及んだ朴正煕政権の前半部分の1962年から1971年にかけて、2次にわたって行われた経済開発5ヵ年計画の結果、韓国は急激な経済成長を遂げ、工業成長率は年平均13％もの伸びを記録した。

その反面、農業成長率は年平均でわずか4％に留まっており、両者の較差は、国民の間に新たな不平等を生じさせる結果となった。

こうした不均衡を是正することは、当時の韓国社会にとってきわめて重要な課題となっていたが、そのことは、1969年末、進行中の第2次経済開発5ヵ年計画を宣伝するために発行された切手（下図）に、農漁業開発と機械工業が並列的に取り上げられていることからもうかがい知ることができよう。

▶農業と工業のバランスの取れた発展を表現した「第２次経済開発５ヵ年計画」の宣伝切手

こうした社会的格差の解消をめざす政策の一環として、1970年、大統領である朴の指示により、〝自助・自立・協同〟のスローガンの下、農民の自己負担による農閑期の生活環境改善事業が展開されることになった。これが、いわゆる〝セマウル運動〟のルーツである。

セマウルとは、〝新しい村〟の意味で、韓国政府の定義によると、「地域住民の協同を通じて住みよい村を建設し、その結果として、より富強な国家を建設する」ことをめざすものであった。

より具体的には、①全ての住

民を自発的にこの運動に参加させ、いわゆる精神革命を起こす、②社会開発を通じて住民がより暮らしやすい村で福祉生活を享受する、③経済開発を通じて村の労働生産性を向上させ、個人所得を高める、という目標が設定された。

　こうしたセマウル運動は、農漁村地域で1970年に始められ、1972年には、運動の推進機構が全国的に整備され、そのスローガンも〝勤勉・自助・協同〟へと変更された。さらに、1973年ごろからは、運動の対象は農漁村部にとどまらず、都市部にも拡大され、朴正熙の維新体制を支える重要な支柱の一つとなった。

　もっとも、セマウル運動により、農家の屋根の改良（スレート化）や農業の機械化、道路整備などが行われたことで、農村の景観は大きく変貌することになった。ちなみに、1972年5月、セマウル運動の全国組織が整備された際、運動を宣伝するために韓国が発行した切手（下図）には、そうした運動の〝成果〟が描かれている点には注目してよい。

　しかし、現実には、セマウル運動によっても、都市と農漁村の格差は思ったようには縮まらず、若年労働層の都市部への流出はいっこうに食い止められなかった。

　その一方で、セマウル運動は、実質的には、政府による財政的・行政的な支援の下に組織された官製運動であったため、1972年10月の維新体制以降は、えてして朴正熙に対する個人崇拝を美化する手段として利用されていくようになる。

　そして、そうした運動の性格は、独裁政権に対する批判ともあいまって、野党勢力などからは激しい批判にさらされることにもなるのである。

▲セマウル運動宣伝の切手

朴正熙３選

第７代大統領選挙には７名の候補者が立候補し、１９７１年４月27日に投票が行われたが、実質的には、現職で民主共和党（以下、共和党）の朴正熙と、野党第１党新民党の金大中の一騎打ちとなった。

結果だけをいうならば、選挙は朴正熙の３選を信任したことになるのだが、国民の朴に対する批判は予想以上に厳しいものがあった。

すなわち、選挙の得票を見てみると、慶尚道出身の朴正熙は、慶尚道と江原道では勝利を収めたものの、対立候補の金大中は首都ソウルと京畿道、それに出身地の全羅道で優勢であった。しかも、最終的な得票数では６３４万２８２８票を獲得した朴が５３９万５９００票の金に94万票以上の差をつけて勝利を収めたものの、慶尚道を除く全地域では逆に、金の得票は朴を40万票も上回っていた。

◀朴正熙３選の記念切手

さらに、大統領選挙の２日後に行われた国会議員選挙では、２０４議席中、与党の共和党が単独過半数ではあるが改選時よりも17議席減の１１３議席に留まったのに対して、新民党は改選時よりも45議席増の89議席を獲得する躍進であった。

こうした野党側の躍進は、野党側の実力によるものではなく、朴政権への国民の批判が反映された結果と考えてよい。

１９６１年の５・16革命で政権の座に就いた朴正熙は、李承晩のような長期政権は独裁と腐敗の温床であるとして、憲法を改正し、大統領の任期を2期までと限定し、国民の支持を集めた。しかし、その朴自身が、2期目の任期切れを前に強権的な手法で憲法を再度改正し、みずからが3期目の大統領に就任したのである（右ページ）。

しかも、その間、韓国は〝漢江の奇跡〟とよばれる経済成長を達成したものの、貧富の差は拡大し、開発独裁の下で国民の権利や自由は制限されつづけてきた。

こうした現状に対して、国民は、与党による恣意的な改憲を阻止するためにも、与党の議席を単独で改憲可能な総数の3分の2以下に抑えておかねばならないと感じ、そのことが、結果として、新民党の躍進へとつながったといえよう。

これに対して、朴政権は、国民の批判を謙虚に受け止めるのではなく、独裁体制を強化することで国民の不満を押さえ込もうとする傾向を強めていく。

その一例として、下の切手をご覧いただきたい。

この切手は、一見すると、何の変哲もないサッカーの切手の用に見えるが、切手の下部には〝第1回朴大統領杯争奪アジアサッカー大会〟との文字が入っており、スポーツ・イベントも、朴正熙の独裁体制を強化する道具として使われるようになっていたことがうかがえる。

ちなみに、この切手が発行されたのは、大統領選挙の投票日から1週間とたたない5月2日のことである。当然、選挙期間中に、大会の準備は着々と進められていたと考えてよい。与党候補として、ありとあらゆる手段を用いることで、絶対に当選する自身が無ければ、なしえない企画といってよいだろう。

▲大統領選挙の期間中に準備されたと思われる「第1回朴大統領拝争奪アジアサッカー大会」の記念切手。最下部に〝第1回朴大統領杯争奪アジアサッカー大会〟の文字が読める

実を結ばない南北赤十字会談

1971年9月20日、板門店の中立国監視委員団会議室で、離散家族探しのための南北赤十字代表の予備会談が行われた。南北直接対話は、1945年の朝鮮半島分断以来、26年目にして初めてのことである。

会談は、8月12日、韓国赤十字社総裁の崔斗善《チエドゥソン》が「南と北の赤十字社が南北の離散家族を再会させる運動を共同で展開しよう」との呼びかけを、北朝鮮当局が受け入れたことで実現した。

朝鮮戦争によって南北に引き裂かれた離散家族は、当時の南北総人口の3分の1にあたる1000万人にも上るといわれながら、未解決のまま放置されていた。したがって、離散家族を探すという名目は、南北どちらかが体面にこだわらずに呼びかければ、受け入れやすいものであったといえる。

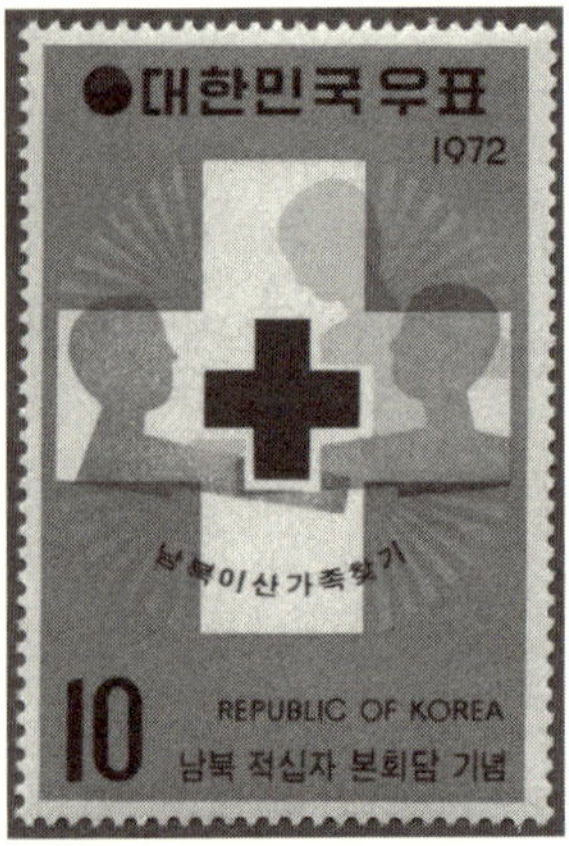

◀南北赤十字会談（本会談）の開催に合わせて韓国が発行した記念切手

もちろん、韓国側が北朝鮮に対してこうした提案を行った背景には、アメリカのニクソン政権が推進していた東西間の緊張緩和政策が朝鮮半島にも影響を及ぼしたという事情がある。

そして予備会談の1年後の1972年、今度は平壌で本会議が開かれ、韓国郵政は会談初日の8月30日にあわせて記念切手（上図）を発行してた。一方、北朝鮮側は、前年の予備会談のときと同様、今回も記念切手を発行していない。

さて、赤十字本会談の議題は、①南北に離散している家族と親戚の住所と生死を確認して知らせる問題、②離散家族の自由な相互訪問と自由な再会を実現する問題、③離散家族の自由な書信交換を実施する問題、④離散家族の自由意志によって再び共に生活する問題、⑤その他、人道的に解決すべき問題、であった。

もっとも、実際の第1次会談では、これに先立つ7月4日に表明された「南北共同声明」の3大原則、自主・平和統一・民族大団結とあわせて、お互いの合意事項を確認しただけで、実質的な討議は何も行われなかった。

また、続いて行われたソウルでの第2次本会談でも、具体的に決められたのは、次回の会談の日程と場所だけであった。

このようにみてみると、赤十字会談は、実務的な協議というよりは、儀礼的なものという色彩が強かったことがわかる。

とはいえ、赤十字本会談に寄せる国民の期待は非常に大きく、第2次本会談の際にソウルを訪れた北朝鮮代表団は市民から熱狂的な歓迎を受けている。

ところが、このときの北朝鮮代表は、開会式で金日成を讃える演説を延々とぶってしまう。当時、北朝鮮では金日成の独裁体制が完成しつつり、激しい粛清の嵐が吹き荒れていた。北朝鮮の代表としては、〝首領〟に対する忠誠心を明らかにしなければ、自らの生命が危機にさらされるということがあったのだろう。

しかし韓国での金日成評価は、朝鮮戦争を引き起こした張本人という民族最大の犯罪者でしかない。このため、北朝鮮代表の演説が韓国全土に放映されると、友好ムードは一挙に冷水を浴びせられることになる。

はたして、会談後の10月1日、朴正煕大統領は国軍の日の記念演説で「赤十字本会談を通じて共産主義者たちの正体が何かということをはっきりとこの目で見た」と北朝鮮を非難。これに対して、北朝鮮側も「朴正煕は臨戦体制とか軍事力増強などというたわごとをいっている」と応じ、南北間で非難の応報が始まった。こうして、共同声明と赤十字会談を経て進んでいくかに見えた南北の宥和は、瞬く間に潰えていくことになる。

1971年の国家非常事態宣言

◀1972年に発行された「防諜と勝共の月」のキャンペーン切手

南北赤十字予備会談（1971年9月）は、朝鮮半島の緊張緩和を促進するものとして、多くの韓国民から歓迎されたが、当時の韓国内の政治的・社会的状況は安定したものとはいいがたかった。

すなわち、朴正熙の大統領3期目の任期がスタートした7月以降をみても、軍特殊部隊反乱事件（映画『実尾島／シルミド』のモデルとなった事件）、広州《クァンジュ》団地暴動事件（ソウル市の都市開発に伴い、市内からの退去を強要された貧困住民が、移住先のソウル市郊外・広州郡の土地の払い下げ価格の引き下げなどを要求したことから自然発生的に起こった暴動）等があいついで発生したほか、学生による軍事教練反対のデモも頻発した。さらに、1971年10月には、国内の治安責任者である内務長官に対する不信任案が、与党の一部議員の造反により、国会で可決されるという事件まで起こっている。

こうした状況に対して、3選を果たし、終身大統領への野心をあらわにしはじめていた朴正熙は、事態を逆手に取り、自らの独裁権力を強化する方向に動き出した。

すなわち、予備会談の開始から間もない10月15日、政府はソウル市に衛戍令を発動。政権に批判的な学生デモに対する徹底した取り締まりを開始。そのうえで、朴正熙は、12月6日、「北朝鮮側が南進準備に狂奔しており、韓国の安全保障が重大な危機に直面している」との認識の下、「国家の安全を最優先し、一切の社会不安を排除する」として、国家非常事態宣言を発する。

たしかに、当時の北朝鮮の対南宥和姿勢が見せ掛けのものにすぎなかったことは事実であり、朴正熙の認識は正確であったが、大多数の国民は9月の南北赤十字予備会談以降、北朝鮮との緊張緩和が進むものと考えており、〝北の脅威〟を理由とした唐突な国家非常事態宣言には疑問の声も少なくなかった。なお、この間にも、南北赤十字の会談は続けられており、翌１９７２年7月に発せられることになる南北共同宣言に向けての政府間の協議も秘密裏に続けられており、非常事態宣言には、〝北の脅威〟を梃子に朴正熙が独裁体制の強化をねらったという側面があることも否定できない。

12月22日の非常事態宣言に伴い、大統領に対する非常大権を与えるための「国家安全保障に関する特別措置法」が国会に提出されると、野党は議場の占拠・籠城など、激しく抵抗。これに対して、与党は、国会第４別館にて単独で本会議を開き、質疑応答を一切省略して、法案を強引に可決している。同法の成立を受け、朴正熙政権は、次第に、維新独裁体制への地歩を固めていくことになる。翌１９７２年4月には、風刺詩「蜚語」を発表した詩人金芝河《キムジハ》が連行された（3ヵ月後に釈放）事件はその典型的な事例である。

こうした政治的な文脈に沿って、１９７２年5月1日、韓国郵政は「防諜と勝共の月」と題するキャンペーン切手（右ページ）を発行する。

南北共同宣言の発表から約2ヵ月前、10月維新の発動からは約5ヵ月前というタイミングを考えると、ここで強調されている「防諜と勝共」というスローガンは、字義どおりのものということ以上に、北の脅威を強調して独裁体制を強化しようとする朴正熙政権の一つのパターンに沿ったものであったとみなすことができよう。

7・4南北共同声明

南北朝鮮の赤十字会談は、1971年末の朴正煕大統領による国家非常事態宣言以降も続けられていたが、それとは別に、両国の政府間では秘密裏に接触が続けられ、1972年3月には韓国中央情報部長の李厚洛《イフラク》が朝鮮労働党組織指導部長の金英柱《キムヨンジュ》との直接会談を呼びかけている。この結果、5月2日から5日にかけて、李が平壌を訪問して金日成首相と会見。返礼として、北朝鮮側は第2副首相の朴成哲《パクソンチョル》が5月29日から6月1日の日程でソウルを訪問し、朴正煕と会見した。

この相互訪問は、実質的な両国の首脳会談となり、7月4日、以下のような内容の南北共同声明(署名者は韓国が李厚洛、北朝鮮は朴成哲)が発表された。

◀北朝鮮が発行した「南北共同声明25周年」の記念切手

一、双方は次のような祖国統一の原則について合意した。

1．統一は外国勢力に依存したり、外国勢力の干渉を受けたりせず、自主的に解決すべきである。

2．統一は相互の武力行使によらず、平和的方法で実現すべきである。

3．思想と理念、制度の違いを乗り越えて、まず一つの民族として民族大団結を図るべきである。

二、双方は南北間の緊張状態を緩和し、信頼できる雰囲気をつくりだすために、互いに相手側を中傷、誹謗せず、大小にかかわらず武力挑発を行わず、不意の軍事的衝突事件を防止するための積極的な措置を取ることに合意した。
三、双方は分断された民族の連携を回復し、相互の理解を増進させ、自主的平和統一を促進するため、南北間に多方面的な諸般の交流を実施することに合意した。
四、双方は現在、全民族の大きな期待の下で進められている南北赤十字会談が、一日も早く実を結ぶよう積極的に協力することに合意した。
五、双方は突発的な軍事衝突を防止し、南北間の問題を直接、迅速正確に処理するため、ソウルと平壌間に常設直通電話を設けることに合意した。
六、双方はこうした合意事項を推進させるとともに、南北間の諸問題を改善・解決し、また合意した祖国統一の原則に基づいて国家の統一問題を解決するため、李厚洛部長と金英柱党部長を共同委員長とする南北調節委員会を設置することに合意した。
七、双方は以上の合意事項が、祖国統一を一日千秋の思いで渇望する全同胞の一途な念願に合致するものと確信し、この合意事項を誠実に履行することを全民族の前に厳粛に約束する。

共同声明は、南北間での秘密交渉を経て発表されたため、当時、記念切手が準備されることはなかった。

その後、韓国での10月維新などもあり、南北関係は同年末頃から再び悪化し、共同声明が切手に取り上げられる機会もなくなったが、1997年になって、北朝鮮は南北共同声明25周年の記念切手（右ページ）を発行している。

なお、後になって明らかにされた金正日名義の論文によると、当時の北朝鮮は「対話が始まった有利な情勢を利用して南朝鮮人民を革命化」することを企画していたという。このことは北朝鮮にとって、南北共同声明と南朝鮮革命（＝韓国の国家転覆）が矛盾するものではなく、むしろ国際情勢の変化に対応して硬軟両様の対外政策を使い分けているにすぎなかったことを物語っている。

10月維新と新体制の発足

1972年10月17日、朴正熙大統領は、突如、非常戒厳令を布告する。南北対話を力強く推進し、激変する国際情勢に主体的に対処するためには、「普通の方法では……不可能であるため、やむを得ず大統領の権限をもって非常措置を断行して、われわれの実情に最もよく適合する体制改革を実現しようとした」として、特別宣言を発した。戒厳司令部は、10月17日付の布告令第1号により、一切の政治的集会の禁止、全大学の休学措置、言論・出版・報道の事前検閲制の導入などを実施し、さらに、翌18日には、集会の制限と戒厳令違反者を処罰するための軍法会議の設置が決定され、27日に招集された非常閣議（総理は金鍾泌）により憲法改正案が可決・公示されるとともに、17日の大統領特別宣言を〝10月維新〟と呼ぶことが決定された。また同時に国会に代わる立法機関として朴正熙大統領が設置した非常閣議は、憲法改正案を可決し、国民投票に付するため、公示した。

　この憲法改正案では、国民の基本的な権利に対する留保事項が増加され、大統領の任期が延長（従来の4年から6年になり、重任の規制はなくなった）、その権限も大幅に強化された。

　憲法改正案の可否を問う国民投票は、11月21日に行われたが、改正案の内容がきわめて独裁的な色彩の濃いものであったため、国民の反発を恐れた政府は、改

▲維新体制下での大統領就任の記念切手

正案が明らかになる前の10月23日、国民投票に関する特例法などを公布し、選挙管理委員会の〝指導〟以外の国民投票に関する賛否いずれの運動を行うことも禁止。これと併行して、国務総理であった金鍾泌が〝時局講演〟の名目で改憲賛成運動を展開している。

こうした、露骨な官製国民投票の結果、投票率は91・9％で、そのうちの91・5％の賛成を得て憲法改正案は成立した。これが、いわゆる維新憲法である。

さて、維新憲法の成立に伴い、12月15日、統一主体国民会議（従来の国会に相当）代議員選挙が行われたが、この選挙もまた、完全な官製選挙であり、立候補者は実質的に与党候補のみというありさまである。

こうして行われた代議員選挙の結果、２３５９名の第1期代議員が選出された。

維新憲法の規定によれば、大統領はこの統一主体国民会議による間接選挙で選出されることになっていた。また、大統領に立候補するためには、統一主体国民会議代議員２００名以上の推薦が必要とされていた。このため、統一主体国民会議の代議員選挙が行われた時点で、朴正煕の大統領当選は事実上約束されており、12月23日に行われた大統領選挙の結果、朴正煕は投票総数２３５９票のうち２３５７票を獲得し（残りの２票は反対票ではなく無効票）、維新体制下での第8代大統領に当選する。

これにあわせて、韓国郵政は、12月27日、朴正煕の大統領就任を記念する切手（右ページ）を発行した。そのデザインは、開発のシンボルである高速道路と朴の肖像を組み合わせたものである。

従来、朴正煕の大統領就任を記念する切手は、選挙結果が明らかになってから数ヵ月後の就任式にあわせて発行されていたが、今回は間接選挙からわずか4日後の発行であるから、統一主体国民会議の代議員選挙の以前から準備されていたことはいうまでもない。かつて、韓国の初代大統領に就任した李承晩は、議会による間接選挙が行われる以前から大統領就任の記念切手を準備させていたが、ここにいたり、朴正煕も名実ともに李承晩同様の長期独裁体制の主となったことが読み取れる。

6·23外交宣言

◀「統一祈願」の切手

〃10月維新〃の発動後、着々と独裁体制の基盤を固めていた朴正熙大統領は、翌1973年2月末の総選挙を経て議会をも完全に掌握する。

すなわち、新たに公布された国会議員選挙法では、定数219議席について、全国73の選挙区から2名ずつの議員を選出するほか、残りの73議席を大統領の推薦によって統一主体国民会議から選出することとされていた。

このため、2月の総選挙の結果、選挙区で73議席を獲得した与党・共和党は、大統領の推薦議員73名をあわせて議会の3分の2をおさえることになった。ちなみに、野党の新民党は52議席、民主統一党は2議席で、無所属は19議席である。

こうして、維新後の態勢固めに目途をつけた朴正熙にとって、次なる最優先課題は、対北朝鮮政策となった。

総選挙終了直後の3月1日というタイミングで、韓国郵政が〃統一祈願〃と題する切手（上図）を発行しているのも、そうした韓国政府の認識を反映したものと考えてよい。

はたして、同年6月23日、朴正熙は7項目からなる「平和的統一政策に関する大統領特別声明」（韓国内では一般に発表の日付を取って「6・23外交宣言」と呼ばれる）を発表。従来の対北朝鮮政策の大幅な変更を表明した。

この6・23外交宣言の骨子は

以下の通り。

①朝鮮半島の平和的統一は民族の至上課題であることの確認
②朝鮮半島の平和の維持と相互の内政不干渉、③南北対話の継続
④北朝鮮が国際機構に参加することの容認
⑤南北の国連同時加盟ならびに加盟以前の国連総会での南北同席の容認
⑥共産主義国家を含む全ての国家に対する門戸開放
⑦韓国外交の基本方針が平和善隣にあることの確認

6・23外交宣言は、朝鮮半島に北朝鮮という別個の政府が存在していることを前提とした上で、従来の「一民族・一国家・一政府」という立場を捨てて、「一民族・一国家・二政府」という立場への転換を意味するものであった。

当然のことながら、6・23外交宣言により、韓国政府は、1948年11月以来、韓国を唯一の朝鮮半島の合法政府と認めた国連決議を自らが放棄することになる。実際、朴正熙は6・23外交宣言発表の直後、「国連総会がUNCURK（国連朝鮮統一復興委員会）の解散を決議する場合、韓国はこれを受け入れる用意がある」と発言。〝二つの朝鮮〟政策を本気で推進していく決意を改めて表明した。

6・23外交宣言に関しては、東西の緊張緩和（デタント）政策を推進していたアメリカがこれを全面的に支持したほか、日本も歓迎の意向を表明するなど、西側諸国はおおむね好意的にこれを受け止めていた。

これに対して、北朝鮮は6・23外交宣言を「朝鮮半島の永久分断をはかる陰謀」として非難したほか、中国も激しくこれを非難。この結果、南北対話は再び暗礁に乗り上げることになる。

北朝鮮の祖国統一5大方針

▲北朝鮮発行の「祖国統一5大方針」宣伝切手

韓国が1973年6月23日、7項目からなる「平和統一外交政策に関する特別宣言」(6・23外交宣言)を発表し、南北両政府の平和共存を外交政策の基本とする方針を打ち出したのに対して、北朝鮮はこれを南北の分断を固定化するものとして敏感に反応。韓国側に対する具体的な対案として、即日、金日成国家主席(1972年の憲法改正で新設されたポストで、それ以前は、金日成は〝首相〟であった)が「祖国統一5大方針」を発表する。

この「5大方針」の具体的内容は以下の通り。

①軍事的対峙状況の解消と緊張緩和
②政治・外交・軍事・経済・文化など、多方面における合作、交流
③大民族会議の開催
④高麗連邦共和国という単一国号による連邦制の実施
⑤二つの朝鮮論の排撃

このうち、大民族会議構想は、北朝鮮側の5大方針は、朴正熙政権が必ずしも韓国国民を代表するものではないとの立場から、各界・各層の代表によって構成される大民族会議を開催すべきだとするものであった。

また、韓国側が国連への南北同時加盟を主張したのに対して、北朝鮮の提起した5大方針では、これを二つの朝鮮を固定化するものとして斥《しりぞ》け、連邦制の実施

が主張されている。

このように北朝鮮の発表した5大方針は、結果として、統一の形態とそこへいたるプロセスに関して、南北両政府が並存する連邦制を統一の最終的形態とする韓国と、連邦制はあくまでも統一の一過程に過ぎないとする北朝鮮との主張の隔たりをあらためて強調するものでしかなく、南北の対話はこれを機に事実上、頓挫してしまう。

なお、北朝鮮は、5大方針発表当日の1973年6月23日、その内容を宣伝する切手（右ページ）を発行している。

切手制作の準備期間などを考えると、5大方針がこの時期になってはじめて用意されたものではなく、従来からの北朝鮮側の主張を踏襲するものであったと考えてよいだろう。

その後、南北間の対話は、同年8月に起こった金大中事件を機に、完全に途絶えてしまうことになるのだが、北朝鮮側は、その後も、1972年7月4日の南北共同声明にうたわれた、「自主」「平和」「民族大団結」という統一についての3原則と、今回の5大方針を、統一問題の基本方針として掲げつづけることになる。

ただし、北朝鮮側の本音は、あくまでも南朝鮮革命を達成することにあり、一連の南北対話もまた国際情勢の変化に対応した革命の一手段でしかなかったことは、後に金正日の名で発表された論文でも明にされている。

その意味では、6・23外交宣言に対して祖国統一5大方針を打ち出して韓国と対立し、金大中事件を機に南北対話を打ち切ったことも、北朝鮮側からすれば、従来からの既定の方針に従っただけ、ということになるのかもしれない。

▲1978年に北朝鮮が発行した「朝鮮労働党30周年」の記念切手にも、3原則と5大方針の文字が見える

浦項製鉄所

◀「浦項製鉄所竣工」の記念切手

朴正煕の維新体制は、典型的な開発独裁の体制であったが、その〝開発〟の部分での成果の一つとして、1973年7月3日、浦項《ポハン》製鉄所の竣工式が行われた。

韓国が巨大製鉄所の建設を検討するようになったのは、1966年に訪米した朴正煕大統領が現地の製鉄工場を視察して以来のことといわれている。

その後、〝鉄は国家なり〟と考えた朴正煕は、地元・慶尚北道の港町、浦項の広大な荒地に目をつけ、1968年4月1日、国策会社として浦項製鉄株式会社を創立。軍出身で首相経験者の朴泰俊《パクテジュン》を社長に据えて、製鉄所の建設に本格的に乗り出した。

製鉄所の規模は、ソウル・汝《ヨ》矣《イド》島の3倍に達する270万坪の敷地に、道路の長さだけで80キロを超えるという巨大なもので、1970年4月に着工された。工事費の総額は1215億ウォン。これは、1970年六月に開通した京釜高速道路の建設費用の約3倍に相当する額である。

当然のことながら、これだけの巨大プロジェクトであったため、韓国側にとって資金調達には相当の困難が伴った。しかも、重化学工業の育成を急ぐため、浦項製鉄所のプロジェクトと併行して、麗水の石油化学プロジェクトが行われていたこともあり、日本の通産省（当時）に協力を求めて陳情に訪れた関係者が、日本側の担当者から〝万博と五輪を同時にやるようなもの〃と揶揄されたこともあったという。また、事業主体が株式会社であったことから、当初日本の通産省の対応はかなり冷淡だったようだが、製鉄所の建設が実質的に政府の事業であることが理解されると、交渉はスムースに進むようになったのだという。

しかし、最終的には、資金と技術の両面において日本の支援が得られたこともあり、1973年6月9日午前7時半過ぎ、浦項製鉄所は生産を開始し、7月3日に無事、竣工式を迎えることとなったのである。

当然のことながら、韓国郵政はこの壮挙を讃えて、竣工式の当日にあわせて、工場と電気炉を描く記念切手（右ページ）を発行している。

その後、浦項製鉄は2000年に民営化された後、2002年、社名をPOSCO（ポスコ）に変更して現在にいたっている。

1973年当時、年産103万トンであった粗鋼生産高は、2002年には浦項と光陽の2ヵ所の製鉄所で合計年産2800万トンにまで拡大し（2005年には年産3000万トンに達した）、30種類の鉄鋼製品を世界60ヵ国の国々に供給している。

また、2002年の売上げは11兆7285億ウォン（約1兆1700億円）で純利益1兆1013億ウォン（約1100億円）、資産規模が17兆261億ウォン（約1兆7500億円）となっており、文字どおり、世界最大規模の鉄鋼会社として君臨するようになっている。

ちなみに、2003年7月の設備稼働30周年にあわせて、浦項の製鉄所近くにオープンしたPOSCO MUSEUM（ポスコミュージアム）では、韓国内で初めて溶鉱炉に燃料を入れて火をつけた棒や初期の労働者のユニフォームをはじめ、韓国における鉄鋼生産の史料約600点が展示されており、浦項の新しい観光スポットとして多くの参観者が訪れているということである。

金大中事件

1973年8月8日午後、韓国の前国会議員、金大中が、東京・九段下のホテル・グランドパレスで正体不明の男達によって拉致されるという事件が起こった。

　金大中は、1971年4月の大統領選挙に際して、野党・新民党の大統領候補として出馬し、朴正熙政権を激しく批判して善戦していた。その後、病気治療のために来日したが、1972年に〝10月維新〟が起こったことで帰国できなくなり、事件当時は、日本とアメリカを往復しながら、亡命に近い境遇の下で、反政府運動を展開していた。

　このため、金大中の活動に不安を抱いた朴正熙は、中央情報部（KCIA。現在・国家情報院）に拉致を示唆したといわれている。

▲金大中事件が問題になっている中で発行された「国際刑事警察機構（ICPO）50年」の記念切手

　はたして、翌年8月8日、金大中は、野党・民主統一党の実力者、梁一東《ヤンイルドン》（代表委員）と金《キム》敬仁《ギョイン》のふたりとホテル内で昼食を取った後、突然、何者かに襲われ、空室に引きずり込まれた。犯人グループは、この部屋で麻酔薬を染み込ませたタオルで彼の意識を朦朧とさせた後、彼をエレベータで地下駐車場まで運び、そこから車で大阪まで逃走。大阪に着いた一味は、用意していた船に乗り込んだが、このとき、金大中の足には重りがつけられたという。このことから、拉致の目的は彼の殺害にあったことがわかる。

　しかし、まもなく、事件は日

本側に知られるところとなり、大阪埠頭を出て釜山に向かう途中の犯人グループの船を日本海沿岸で自衛隊機が追跡。さらに、アメリカ政府からも事件についての〝憂慮〟が韓国政府にも伝えられたことから、暗殺計画は中止され、金大中は釜山に連れて行かれた後、事件発生から１２９時間が経過した後の13日未明、ソウルの自宅近くで発見された。

日本政府は、日本国内で韓国の大物政治家が拉致されたことに強いショックを受け、主権を侵害されたことに対して韓国政府に強く抗議した。

当初、韓国政府は、事件への関与を全面的に否定していたが、9月2日、警視庁特捜部が事件現場で在日韓国大使館の一等書記官・金東雲《キムドンウン》の指紋を発見したと発表。このため、韓国政府は、11月1日になって、事件は金東雲の単独犯行であり、金東雲は更迭したと発表する。一連の事件により、日韓関係は一挙に緊張したが、結局、日本側も11月1日の韓国政府発表を受けて、事件を〝政治決着〟というかたちで処理してしまった。

なお、この事件を機に、北朝鮮は韓国非難声明を発し、南北対話の中断を一方的に通告したほか、真相糾明を求める学生デモが全国で展開された。

こうした状況の中で、韓国郵政は１９７３年9月3日、〝国際刑事警察機構（ＩＣＰＯ）50年〟の記念切手（右ページ）を発行している。

ＩＣＰＯは、国際犯罪に関する情報の収集と交換、逃亡犯罪人の所在発見や国際手配書の発行を行うための国際機関で、もちろん、韓国も加盟しているから、その設立50年の記念切手を発行しても不思議はない。しかし、韓国の国家機関が外国で誘拐と殺人未遂という犯罪を行い、その隠蔽に躍起になっていた時期だけに、今回の切手発行は、なんとも間の悪い出来事になってしまったといえる。

ソウルの東、約80キロの地点にある江原道の道庁所在地、春川《チョンチュン》というと、日本ではドラマ「冬のソナタ」の舞台としてイメージされることが多いようだが、韓国では、郊外の昭《ソ》陽江《ヤンガン》ダム（あるいはそのダム湖である昭陽湖）とタッカルビ（鉄板鳥焼肉）を連想する人のほうが圧倒的に多いだろう。

日本での〝冬ソナ〟ブームを知らなかった地元の人たちが、なぜ、日本人観光客が突如として押し寄せるようになったのか、理由がわからず、当初は戸惑いを隠せなかったという。もちろん、現在では、彼らもしっかりと〝冬ソナ〟ブームに便乗しているようだが……。

さて、春川のランドマークと

昭陽江ダムの完成

◀「昭陽江ダム竣工」の記念切手

もいうべき昭陽江ダムが完成したのは、１９７３年10月のことである。

昭陽江ダムは、漢江水系の右支川北漢江の支流昭陽江に建設された韓国最大の多目的ダムで、春川駅からバスで30分ほどのところにある。その規模は、堤高１２３メートル、堤頂長５３０メートル、総貯水量は29億トン。完成すれば日本最大規模となる予定の徳山ダムが総貯水量６億６０００万トンであることを考えると、その規模の大きさがわかる。

昭陽江ダムの建設事業は、１９６７年に着工となったが、その建設資金の一部は、日韓国交正常化の一環として１９７０年６月22日に東京で署名された

「財産及び請求権に関する問題の解決並びに経済協力に関する日本国と大韓民国との間の協定」（日韓請求権・経済協力協定）に基づき、日本から78億円の借款を得てまかなわれた。

さて、韓国郵政はダムの完成に合わせて、１９７３年10月15日、記念切手（右ページ）を発行した。切手の左側には、ダムの風景と送電線が描かれている。これは、発電施設としての昭陽江ダムに対する韓国政府の期待が表現されたものと考えてよかろう。

一方、右側には、ソウルとダムの位置を示す地図が描かれている。地図では、電力源ならびに水源としてダムの直接的な恩恵に浴する地域が示されているが、おそらくデザイン上の理由から、ソウルを示す点は色塗りの地域から外されている。なお、切手上の記念名は、ハングルの表示では〝昭陽江多目的ダム〟となっているが、地図上の英文は、スペース上の理由から、〝SOYANG DAM〟（昭陽ダム）と省略されている。

昭陽江ダムは、現在、年間６１００万キロワットの発電を行っているほか、ソウル首都圏の60％の水道水をまかなう多目的ダムとして、韓国民の生活を支えるうえで重要な役割を果たしている。

ただし、その所在地が、軍事境界線から50キロ程度しか離れていない（実際、朝鮮戦争の際には、春川の市街地は戦闘により壊滅的な被害を受けている）ことから、韓国当局もダムのセキュリティには神経質になっており、建前としては、許可なくダムの写真を撮影することは禁じられている。もっとも、実際には、紅葉の時期などには写真撮影をして帰る観光客も少なくないようだ。ちなみに、作家・皮千得《ピチョンドゥク》の代表作『因縁』は「今度の週末に春川《チュンチョン》に行こうと思う。昭陽江《ソヤンガン》の秋の風景が美しいことだろう。」という一節で終っている。

維新体制下の人権弾圧

韓国郵政は1973年12月10日、〃世界人権宣言25周年〃の記念切手（下図）を発行した。デザインは、人権の炎を見つめる人物の横顔である。

しかし、この時期の韓国の状況は、世界人権宣言の精神が尊重されているとは、とうてい、いいがたいものであった。

同年8月の金大中事件を機に、学生たちは〃事件の真相糾明〃、〃警察による学園祭の査察中止〃、〃独裁打倒〃を唱えて激しい反政府デモを展開するようになり、知識人や宗教家の中には、民主憲政の回復を主張し、政府の人権弾圧を非難する者も少なくなかった。

すなわち、11月24日、キリスト教教会連合会が朴正煕政権を非難する人権宣言を発表したのをはじめ、11月30日には、韓国記者協会が中央日報などに報道の自由を要求する決議文を掲載。これは、12月1日からの報道人による反朴政権のストへと発展した。

さらに、同年10月、第4次中東戦争を契機に、いわゆるオイルショックが起こると、韓国経済は大きな打撃を被り、政府に対する国民の不満は高まっていった。

こうした状況の中で、同年12月3日、朴正煕大統領は大規模な内閣改造を行い、中央情報部長の李厚洛《イフラク》を更迭し、〃民意と対話の政治〃を試みたが、第2共和国時代の大統領であった尹潽善を中心とする反政府勢力は

▲「世界人権宣言 25 周年」の記念切手

さらなる民主回復運動を展開。12月24日には在野民主団体を中心に〝憲法改正運動本部〟が創立され、〝憲法改正をめざす100万人署名運動〟が組織された。こうして、反維新・反独裁の動きは全国的に波及し、政局は大いに混乱した。

　これに対して、朴正熙は、1974年1月8日、〝大統領緊急措置〟第1号を布告。維新憲法を非難したり、改憲を主張したりする一切の行為を禁止し、違反者は非常軍法会議（緊急措置第2号で設置された）において処断すると宣言した。

　そして、この緊急措置に従い、1月15日、改憲運動の指導者であった張俊河《チャンジュナ》と白基琓《ペクキワン》が逮捕され、懲役15年の実刑判決をうけている。

　こうした政府の強硬な姿勢に対して、4月3日、ソウル大、梨花女子大、成均館大などでいっせいに反政府デモが発生。〝全国民主青年学生総連盟〟（民青学連）の名の下に、政権の腐敗や南北対話の中断、民権弾圧などを痛烈に批判し、学生の行動を民衆的・民族的・民主的運動であるとする宣言が発せられた。

　これに激昂した朴正熙は、即日（4月3日）、緊急措置第4号を発し（ちなみに、第3号は、オイルショックによる物価高騰に対応するための経済安定策で、言論統制とは直接の関係はない）、学生デモに対して死刑を含む厳罰を科すことを宣言し、民青学連および関連団体に関わる一切の行為を禁止。学生運動の取り締まりに乗り出し、4月25日、民青学連が人民革命党（北朝鮮によって組織された地下組織）や在日朝鮮総連などと共謀して政府転覆を企てたとする〝民青学連事件〟を摘発する。

　こうした強圧的な姿勢は、ますます、在野の反政府勢力を刺激し、それを力で押さえ込もうとする政府との間で対立は深刻化していくことになる。そして、その結果、朴正熙政権は、さらなる人権弾圧という悪循環に陥っていく。

ソウル地下鉄1号線の開通

◀地下鉄開通の記念切手

韓国最初の地下鉄として、ソウルの1号線が開通したのは、1974年8月15日のことである。

ソウル市の地下鉄建設計画は、1969年10月、交通部長官に就任した白善燁《ペクソンヨプ》の下でスタートした。

朝鮮戦争の英雄であった白は、1960年に退役し、台湾、フランス、カナダの大使を歴任した後、ほぼ10年ぶりに帰国して交通部長官に就任したが、帰国早々、ソウル市内のバスの殺人的な混雑を体験して、交通事情の改善に本気で取り組む決意をしたという。

さて、白は、日本をモデルにした地下鉄建設を考えたものの、長官就任当初は1965年の日韓国交正常化から日も浅く、日本に技術協力を要請しづらい雰囲気があったという。

ところが、1970年3月、いわゆる「よど号」事件が起こり、白も現場で無血解決にむけて尽力したことで、白と日本政府関係者との間で個人的な友情が育まれた。そして、事件処理のために訪韓していた日本の運輸大臣・橋本登美三郎が帰国に際して「お返しと言ってはなんですが、なにかお手伝いできることがあれば申しつけてください」と挨拶したのをとらえて、白は、地下鉄建設への協力を要請。橋本の快諾を得る。

1970年7月に日韓経済閣僚会議が開催されると、橋本は白との〝約束〟どおり、鉄建公団の角本良平を団長とする地下鉄建設のための調査団をソウルに派遣。建設計画の策定に向けて具体的な作業が開始され、１９７１年4月、工事が開始されている。もっとも、白自身は、１９７０年末に済州島からミカンを運んできた船舶が過積載で沈没したことの責任をとって辞職してしまったため、地下鉄工事そのものには関与することはなかった。

　さて、ソウルの地下鉄1号線は、当初、ソウル西郊の清涼里駅（国鉄の中央線、京春線などの始発駅）から東《トン》大門《デムン》＝鍾路《チョンノ》を経てソウル駅にいたる区間で開業した。

　当時は、現在と比べるとソウル市内の交通量も少なかったため（バスの殺人的な混雑の要因は、本数の少なさにもあった）、工事は道路を地面から掘り下げ、後からフタをする箱型工法で進められた。このため、トンネルを掘り進めるスタイルに比べて、低コストの工事となっている。

　その一方で、総額２７２億円の地下鉄車両（１８６両）の導入をめぐっては、１９７３年、三菱商事・丸紅・三井物産・日商岩井の日本商社連合が、岸信介をはじめ日韓両国の実力者にリベートを支払うため、輸出価格を1両につき３０００万円以上も水増しして納入したとのスキャンダルも起こっている。もっとも、このスキャンダルは、１９７７年2月、アメリカに亡命した元ＫＣＩＡ部長の金炯旭《キムヒョンウク》の発言によって明るみに出たもので、1号線の開通時には、このことを知るものはごくわずかであった。

　ともあれ、地下鉄工事は順調に進み、１９７４年8月15日の光復節を期して、鷺梁津《ノリャンジン》（当時は国鉄との相互乗り入れ駅であった）で開通記念式典が行われ、これにあわせて記念切手（右ページ）も発行された。

　当日は、大統領の朴正熙も、南山の国立劇場で開催された光復節記念式典に出席した後、開通式典に出席する予定となっていた。しかし、朴は思いもよらぬ重大事件の発生で、開通式典には出席できなくなる。

朴正煕狙撃、文世光事件

解放から30年目の光復節を迎えた1974年8月15日、ソウルの国立中央劇場で記念式典の演説していた朴正煕大統領が狙撃された。

大統領は無事だったが、流れ弾で夫人の陸英修《ユクヨンス》が死亡した。犯人はその場で逮捕され、他人名義の旅券を所持する大阪在住の韓国人、文世光《ムンセグァン》であることが判明した。

文は、大阪市で生まれ育ち、日本の学校で教育を受けた。高校時代に民族意識に目覚めるとともに、共産主義にも興味を持つようになり、犯行当時は在日韓国大使館へのデモ等、日本での反朴運動に積極的に関わっていた。

日本の警察当局の捜査によると、文が犯行を決意したのは、金大中事件後の1973年9月ごろのことで、同年11月、彼は拳銃を入手するため、香港に旅行している。このとき、文は目的を達することはできなかったが、1974年7月18日、大阪府南警察署高津派出所から警察官の拳銃を盗み出すことに成功している。

さらに、文は、高校時代の知人である日本人女性を利用して、女性の夫名義の旅券を不正に入手。犯行直前の8月6日、この旅券を用いて韓国に入国した。

事件翌日の8月16日、大阪府警はこの日本人女性を旅券法違反などの容疑で逮捕するとともに、文の自宅を捜索。そこで、大統領暗殺宣言と韓国革命を強

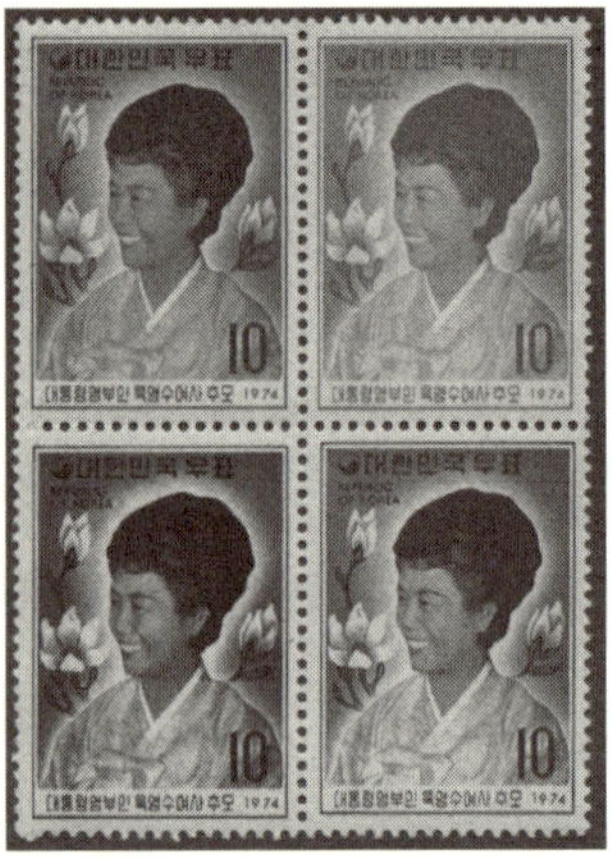

◀陸英修追悼切手

調した〝戦闘宣言〟と題する文の文章や、盗まれた拳銃2丁のうちの1丁と弾丸ほかの証拠品を発見し、押収している。

一方、韓国側の捜査当局は、8月17日、事件は北朝鮮および朝鮮総連（在日本朝鮮人総聯合会）の指令、援助によって行われたもので、逮捕された日本人女性とその夫、さらに、朝鮮総連生野西支部・政治部長の金浩龍《キムホリョン》が共犯者であると発表し、日本政府に対して捜査協力を要請する。

これに対して、日本側は、事件と北朝鮮の関係については確実な物証はないとして慎重な姿勢をとっていたものの（北朝鮮側が事件への関与を認めたのは2002年のことである）、国内法の許す範囲内で捜査に協力する方針を決定。8月19日に行われた陸英修の国民葬には現職首相の田中角栄が参列し、韓国側への配慮を示していた。

ところが、犯人の文が日本で犯行の準備をしていたことに加え、8月29日、日本の外相・木村俊夫が「客観的に見て韓国には北朝鮮による脅威はない」との不用意な答弁を行ったことで、韓国では一挙に反日ムードが昂揚。9月6日にはソウルの日本大使館にデモ隊が乱入し、日章旗を引きずり下ろす事件も発生した。

このため、日韓国交正常化の際の外相であった椎名悦三郎が9月19日に政府特使として訪韓し、日韓の友好関係を確認することで、政府間での問題決着がはかられた。

一方、犯人の文は、韓国の裁判で、第1審（10月19日死刑判決）、第2審（11月20日控訴棄却）ともに起訴事実を認め、12月17日、大法院での上告棄却となって死刑が確定。12月20日に処刑された。

なお、裁判中の11月29日、韓国郵政は陸の肖像を取り上げた追悼切手（右ページ）を発行している。本書の図版はモノクロだが、実際の切手は同じデザインで4色、色違いのものが連刷の状態になっている。

フォード大統領訪韓

ウォーターゲート事件の責任を取って辞任したリチャード・ニクソンに代わり、1974年8月、アメリカ大統領に就任したジェラルド・フォードは、同年11月、韓国を含む東アジア諸国を歴訪した(下図)。

　韓米両国の友好関係をうたいあげるために華々しく行われたアメリカ大統領の訪韓であったが、この頃から、韓米関係は微妙に変化しはじめる。

　その最初の契機となったのは、1972年6月23日のタイ国軍の韓国からの完全撤退である。

　1950年の朝鮮戦争勃発を機に韓国に駐留するようになった国連軍は、1953年の休戦協定成立とともに、順次、引き揚げていき、1971年末の段階では、米軍とタイ国軍を残すのみであった。この段階でも、駐韓国連軍は、実質的に米軍といってもよい状態にあったが、それでも、タイ国軍が加わることで、なんとか、〝国連軍〟としての名目を保つことができていた。

フォード訪韓の記念切手▶

　したがって、タイ国軍の韓国からの完全撤退により、駐韓国連軍は、国連軍としての性格を完全に失うことになった。これにあわせて、1974年9月、従来の駐韓国連軍司令部と駐韓米軍司令部、ならびに駐韓米軍第8軍司令部は統合司令部に改組され、同年12月12日から、作戦指揮権は正式に国連から米軍合同参謀本部に移管された。

また、これに伴い、翌1975年9月9日には、駐韓米軍の軍事施設内に掲揚されていた国連旗も星条旗に改められている。

もっとも、以前にもまして韓国防衛の責任が重くのしかかってきたアメリカにとって、当時の韓国国内の状況は、必ずしも好ましいものではなかった。

1972年の〝10月維新〟いらい、朴正熙政権は独裁的な傾向を次第に強めていったが、それにともなう各種の人権弾圧はアメリカ国内においても問題視されるようになっていたからである。

特に、アメリカ国内の有力メディアは、朴正熙政権の人権弾圧を大きく取り上げ、韓国政府の現状は、自由と民主主義というアメリカン・デモクラシーの原理原則とは相容れないものであると指摘したうえで、そうした韓国政府を結果的に支援するような韓国防衛の公約と米軍の韓国駐留は、倫理的にも問題があるのではないか、との批判を展開していた。

こうした世論の動向を反映するかのように、アメリカ議会下院の国際関係小委員会は、1974年から1975年にかけて、〝韓国における人権抑圧〟についての公聴会を開き、朴正熙政権の現状を批判するとともに、米軍が韓国に駐留しつづけることの意義について疑問を呈している。

この問題については、最終的に、1976年4月、「韓国が赤化されたとしても、アメリカと日本の安全には直接的影響がない以上、米軍は人権を弾圧する韓国から撤退すべきである」との結論が出され、韓国に衝撃を与えている。

その後も、共和党のフォード政権は韓国を東西冷戦の最前線として重要視するという姿勢を維持しつづけたものの、1977年1月に発足した民主党のカーター政権は、上記のような国内世論を背景に、次第に朴正熙政権との距離を置くようになり、韓米関係は急速に冷却化していくのである。

民防衛隊の設置

1975年2月の国民投票で、朴正熙政権と維新憲法は、一応、国民から信任を得たものの、政府の強権的な言論統制に対する批判は根強く、社会的な混乱が続いていた。

すなわち、3月には朝鮮日報記者など100人が、政府の言論弾圧や記者解雇に抗議して無期限ストに突入したほか、4月には反政府運動の続くソウルの高麗大学が大統領の緊急措置で休校となり、キャンパスには憲兵と陸軍部隊が出動している。

これに対して、同年5月、朴正熙は、大統領緊急措置第9号を発令。維新憲法に対するいっさいの反対行動を禁止し、違反者を令状なしに逮捕することを決定し、反対勢力を力ずくで押さえ込む姿勢をあらためて明らかにした。

◀民防衛隊をアピールするために発行された切手

こうした政策の一環として、6月17日、政府は民防衛基本法を制定し、国民を総動員した〝民防衛隊〟の設置を決定する。

民防衛隊の目的は、「国家における政治・経済・社会的分裂を防ぐ軍事的要因と国民の安全に対する欲求」に対応し、国家規模での経済的損失を最小限にすることとされており、純粋な民間人から構成されている点に特徴がある。

その活動内容は以下の三つに分類される。

①純粋な民間人によって構成され、民間人の生命・財産の保護を目標とする〝住民自衛活動〟

②敵の軍事的活動から住民の生命・財産を保護する〝人道的活動〟

③非軍事的当局（行政自治部）の指揮の下、非戦闘装備を使用して活動を行う〝非軍事的活動〟

このうち平時の活動の具体例として挙げられるのは、以下の通りである。

①挙動不審者および非常事態に即応するための通報網の管理運営

②民防衛教育・訓練、③各種災難待避予防活動

④非常給水施設、待避所、待避地域および統制所の設置管理

⑤民防衛警報網の管理および警報体制の確立

⑥民防衛施設の維持管理

一方、非常時の活動として挙げられているのは、以下の通りである。

①警報伝達、住民統制

②交通統制、灯火管制

③人命救助、医療、消火活動

④被害施設の応急復旧

⑤敵の侵攻時の軍事作戦に必要な物資の運搬などの労力支援

⑥民心安定、戦意の鼓吹等

民防衛隊は、棟・里と呼ばれる地域単位（行政単位の邑・面・洞の中でさらに細分化されたもの）もしくは職場単位で編成され、20歳から50歳までの男性には参加義務が課せられている。また、民防衛隊に編入されてから4年以内の者については、民防衛教育ならびに民防衛訓練を受ける義務が課せられており、不参加者には罰金が科せられることになっている。ちなみに、民防衛教育は、一般教養、安保教育、戦時・災難待備実技教育、の3科目であり、民防衛訓練は、民防空訓練、防災訓練、非常召訓練の3種類を主な内容としている。

韓国郵政は、民防衛隊の発足時には記念切手を発行していないが、防衛隊の発足から1周年にあたる1976年9月15日には記念切手（右ページ）を発行し、民防衛隊の存在意義を国民にアピールしている。

幻の核武装計画

韓国では、毎年10月1日が〝国軍の日〟とされている。

　これは、朝鮮戦争当時の1950年10月1日、ソウルを奪還（9月28日）して間もない韓国軍の陸軍3師団が、38度線を突破したという歴史的事実に基づいて制定されたものである。ただし、韓国軍のルーツは1946年1月15日に創設された国防警備隊の3個大隊にさかのぼれることや、1948年の政府樹立後に伴って正規軍が発足（同年9月1日）していたことなどから、イベントとしては1948年から起算した回数が採用されている。

　したがって、1975年10月の〝国軍の日〟は、本来であれば、韓国軍の38度線突破25周年という位置づけになるのだが、形式的に〝第27回〟という名称がつけられている。

◀「第 27 回国軍の日」の記念切手

　ところで、その第27回国軍の日に発行された、国防部旗と3軍の装備を描く記念切手（上図）は、ちょっとした物議をかもしたものと思われる。

　1975年4月、ベトナム戦争が北ベトナム側の完全勝利で終結すると、北朝鮮の金日成は「（南侵を強行しても）失うものは軍事境界線のみ」との強気の演説を行い（ただし、この演説を聞いた鄧小平ら中国政府の首脳たちは、演説の内容があまりに非常識であるとして、顰蹙《ひんしゅく》したと伝えられている）、攻勢を強めていた。

これに対して、韓国の国内では、維新独裁体制に反対する民主化運動が昂揚して社会状況が不安定になっていた。また、韓国の防衛にとって命綱ともいうべきアメリカは、韓国が冷戦の最前線で北朝鮮と対峙しているという事実を差し引いても、朴正熙政権の人権抑圧は、もはや看過しうる域を越えているとの懸念を隠そうとはしなくなっていた。

このため、危機感を抱いた朴正熙は、１９７５年６月、アメリカのワシントンポスト紙との会見で「米国が核の傘で韓国を守るとの保障がなければ、核兵器などを開発する考え」だと発言する。実際、当時の大統領府は、在米韓国人科学者を密かに呼んで、核開発に乗り出しており、韓米関係は水面下で非常に緊張していた。

こうした状況の中で発行された〝国軍の日〟の記念切手に、ひときわ目立つようにミサイルが描かれていたことは、韓国が核開発に対する意欲を示したものととらえられても仕方のない部分があった。

これに対して、韓国の核開発をなんとしても阻止したかったアメリカは、韓国政府に対して相当強いプレッシャーをかけている。

たとえば、１９７６年に科学技術処長官室で開かれた韓米原子力関連協議会に出席したアメリカの国務省次官補は、韓国側に対して「（核燃料の）再処理の再の字にも触れるな」と恫喝しているし、当時の駐韓アメリカ大使館の科学担当官は、韓国科学技術研究院（ＫＩＳＴ）を訪れてさまざまな〝捜索〟を行って帰ることもしばしばあったという。

結局、アメリカの強い圧力を受けた朴正熙政権は独自の核開発を断念せざるをえなくなったが、その後も、核武装に対する憧れを公言する〝核ロマン主義〟は韓国国内で一定の影響力を保ちつづけている。そうした状況が、韓国の原子力政策に対する国際社会の疑念を招いていることは留意しておくべきであろう。

貿易100億ドル突破

日本植民地時代、朝鮮半島の基本的な経済構造は〝南農北工〟と呼ばれていた。これは、南部では農業を、北部では工業を優先的に育成するというもので、このため、解放当時の南朝鮮には製造業はなきに等しい状態にあった。

したがって、１９４８年に誕生した大韓民国は、貿易立国に活路を見出さざるを得なかった。そこで、歴代の韓国政府は教育に力を入れて優秀な人材を育て、少ない資源に集中的に投資する戦略を採用。その恩恵を受けた少数の財閥が、日本から原材料やパーツを輸入し、それを加工してアメリカに売るというスタイルで輸出を伸ばすことが試みられた。

▲「100億ドル輸出の日」の記念切手

この結果、政府樹立から16年後の１９６４年には、韓国の輸出は、まず1億ドルの壁を突破する。その後も、開発独裁を掲げる朴正熙政権の下で、韓国は輸出ドライブ政策を展開し、１９７１年には輸出10億ドルを突破した。

当時の輸出品は、魚介類や木材のほか、工業製品としては合板や繊維など、労働集約的な軽工業製品が中心であった。ただし、この時点では韓国には総合商社は存在しておらず、韓国製品の大半は日本の商社によって主としてアメリカで販売されるという構図になっていた。

このため、１９７５年、韓国政府は、輸出振興政策の一環として総合商社指定制度を導入。

財閥系の総合商社を支援して、日本企業を介さずに、韓国製品を輸出する体制を整えた。

その甲斐あってか、１９７７年、韓国の輸出額は念願の１００億ドルを突破し、それを記念して政府主催のさまざまな記念イベントも行われている。

その一環として、12月12日、韓国郵政は〝１００億ドル輸出の日〟と題して、地球と貨物船、飛行機を描く記念切手（右ページ）を発行している。

なお、当時の（というより、現在でもそうだが）韓国が輸出に並々ならぬ意欲を注いでいたことは、この年の１月から始まった第４次５ヵ年計画を宣伝する切手の１枚（下段上図）に、歯車とドック（おそらく、１９７４年竣工の仁川ドックだろう）が描かれていることからもうかがい知ることができる。

ちなみに、１９７７年当時の主要な輸出品は衣類・船舶・履物であった。

その後も、韓国の経済成長は続き、１９８０年代になると国際経済における韓国のプレゼンスは急速に高まり、１９９５年の輸出１０００億ドル突破を経て２００４年には２０００億ドルを突破した。

▶「第４次５ヵ年計画」の切手に取り上げられた歯車とドック

◀貿易立国としての韓国をアピールするために1978年に発行された「海運の日」の切手

維新体制下の大統領再選

維新憲法では、大統領の任期は６年と規定されており、維新体制第１期の任期は、１９７８年12月で切れることになっていた。

このため、１９７９年からの維新体制第２期に備え、まず、１９７８年５月18日、統一主体国民会議（以下、国民会議）の第２期代議員選挙が行われた。

維新憲法によれば、大統領は国民会議による間接選挙で選ばれることになっていた。しかし、会議の代議員は政党への加入が禁止され、選挙運動でも政治的発言は制約されているなど、大統領にお墨付きを与える御用団体という性格が強かった。

このため、野党や学生などの反政府勢力は選挙のボイコット

◀1978年の大統領就任記念切手

を求めたが、政府は棄権防止のためにあらゆる手段を動員。国民への監視を強化し、第１期代議員選挙の際の投票率70・４％を上回る78・95％の投票率を確保した。

選挙後の７月１日、国民会議の議長でもあった朴正熙は、第２期国民会議第１次会議を７月６日・７日の両日、ソウルの奨忠体育館と世宗文化会館で開催し、６日に第９代大統領選挙を行うと告示した。

会議の会場となった奨忠体育館は、１９６３年２月にオープンした韓国最初の総合体育館で、地下鉄３号線・東大入口駅ちかくにある。一方、東洋最大のパイプオルガンがあることで知られる世宗文化会館は、地下鉄５

号線・光化門駅から徒歩3分のところにあり、国民会議開催の直前、1978年4月にオープンしたばかりであった（下図）。

　さて、大統領選挙投票日前日の7月5日、現職の朴正熙大統領は、代議員105名の推薦を得て、第9代大統領候補として国民会議事務局に登録。他に候補者の登録がなかったため（というよりも、他の候補者は事実上、代議員の推薦を集められず、候補者として登録できなかった、というのが実態にあっている）、選挙は朴正熙に対する信任投票のかたちをとることになった。

　結局、7月6日の国民会議には、2581名の代議員中、2578名が出席し、反対票0、無効票1を除く2577名の賛成を得て、予定通り、朴正熙が再選された。

　この選挙結果を受けて、1978年12月27日、朴正熙は第9代大統領に正式に就任。これにあわせて、同日、大統領就任の記念切手（右ページ）も発行されている。

　切手は朴の肖像を中央に描き、左手に太極旗を、右手に大統領旗を、それぞれ、配している。大統領旗は、切手では一部分しか見えていないが、青色の地に、ムクゲの花を中心に左右に鳳凰を黄色で描いたデザインとなっている。鳳凰が大統領のシンボルとなっているのは、かつての朝鮮王朝時代に鳳凰が王のシンボルであったことを継承したものである。

　こうして、独裁権力を用いて維新体制の維持・継続に成功した朴正熙であったが、実際には、選挙から1年あまり後の1979年10月26日、腹心の部下であった中央情報部長・金載圭《キムジェギュ》によって射殺され、62歳の生涯を閉じてしまう。

▲世宗文化会館開館の切手

1978年の国会情勢

国会開院から30周年を迎えた1978年5月、これを記念して本会議の光景を描いた記念切手（下図）も発行された。

当時の韓国国会は、維新憲法の規定により、議員総数全体の3分の1を統一主体国民会議（以下、国民会議）から選び、残りの3分の2を全国73の地方区選挙で選ぶという仕組みになっていた。

このうち、国民会議選出の国会議員は、大統領が国民会議に対して一括推薦することが憲法に規定されていた。国民会議出身議員は、与党の民主共和党（共和党）とは別に、維新政友会（維政会）を結成し、朴正熙政権を支えていた。

◀「国会 30 周年」の記念切手

一方、地方区選出の国会議員の定数は146名で、1973年2月に行われた選挙では、共和党73、新民党52、統一党2、無所属19という結果になった。

このように、第1期維新体制下では、大統領は与党の共和党と維政会をつうじて国会をも掌握し、その独裁基盤を確保していた。

これに対して、野党の新民党は、1974年8月に新総裁として金泳三を選出し、維新憲法の改正を唱えて大統領との対決姿勢を強めていた。しかし、金泳三の強硬路線に対しては、非主流派の李哲承《イチョルスン》らが激しく反発し、党内対立は日に日に深刻化していった。

この結果、1976年9月の

党大会では、李哲承らの非主流派が党内闘争を制し、李を代表最高委員とする最高委員６名による集団指導体制への変更が行われた。

李は〝政権参加の下での改革〟を主張し、与党との対話と協力を通じての現実的闘争を基本戦略として掲げていたが、党内の路線対立はなかなか解消されず、党内運営は困難を極めた。

それでも、１９７８年12月に行われた第10回国会議員選挙では、全国77（定数１５４）に増やされた地方区選挙で、新民党は4選挙区で複数の候補を立て、前回から9議席を上積みする61議席を獲得した。ちなみに、共和党の獲得議席数は68だが、得票率では共和党の31・70％に対して、新民党が32・82％をマークするなど、新民党は大いに健闘した。

しかし、上述のように、維新体制下では、国会議員の3分の1が大統領による事実上の任命制であったため、地方区での野党の躍進も、国会運営にはさしたる影響を及ぼすものではなかった。この結果、維新体制の2期目も、大統領の権力基盤は磐石の状態でスタートする。

このため、李哲承の微温的路線は、国民の民主化要求が高まっていくにつれ限界に達することになり、１９７９年５月の党大会では、金泳三がふたたび総裁に就任。民主化を要求する〝鮮明野党〟として、政府との対決姿勢をあらわにする。

ところが、こうした〝鮮明野党〟路線に不満な党内非主流派は、１９７９年８月、金泳三の党総裁当選無効を主張して、党執行部の職務停止の仮処分申請をソウル民事地方裁判所に訴えるという挙に出た。

こうして、新民党内は泥沼の抗争状態に陥り、同年10月26日の朴正熙暗殺事件まで、2元体制の下で、政党として機能不全の常態が続いていくことになった。

カーター大統領訪韓

▲カーター訪韓の記念切手

人権外交を公約の一つに掲げ、１９７６年のアメリカ大統領選挙を制したジミー・カーターの政権は１９７７年１月に発足したが、当時の韓米間には三つの深刻な懸案事項があった。

一つ目は、１９７５年10月に発覚したコリア・ゲート事件とその処理をめぐる韓米間の確執である。この事件は、韓国人の朴東宣《パクトンソン》（韓国政府機関要員だったといわれている）が、アメリカの剰余農産物を購入するため、韓国政府高官の側近と自称し、アメリカの議会関係者に対して大掛かりな買収工作を行ったもので、朴を召還して事件の全容解明を目指していたアメリカ側に対して、韓国側がこれを拒否。最終的に、朴に対する刑事訴追をアメリカが行わないということを条件に、朴が１９７９年２月に渡米し、アメリカ議会と法廷で証言を行うことで決着が図られた。

二つ目の懸案事項は、上記の朴東宣事件に関連して、アメリカの情報機関が韓国の大統領官邸をターゲットに盗聴活動を行っていたというもので、結局、この問題も真相は明らかにされないまま、１９７６年末、政治的決着がはかられている。

懸案事項の三つ目は、１９７６年11月、駐米韓国大使館の参事官・金相根《キムサングン》が家族ともどもアメリカに亡命した事件である。

これらの事件に加えて、アメリカ国内で維新体制下での人権抑圧に対する批判が強まる中で、人権抑圧を続ける国への支援停止を主張し、駐韓米軍の撤退を公約の一つとして掲げて1977年1月に発足したのがカーター政権だったのである。

カーターは、大統領就任早々、駐韓米地上軍撤退計画を発表する。その背後には、アメリカとしては、曲がりなりにも経済成長を達成した韓国に対して、安全保障の面でも相応の負担を求めたいという意向とともに、人権抑圧を一向にやめようとしない朴正熙政権に対する不信感があったことはいうまでもない。

大統領の方針を受けて、1978年11月には、朝鮮戦争以来、米軍が有していた韓国軍の作戦指揮権は、原則として、新設の韓米連合司令部に移され（ただし、連合司令部の作戦指揮権については、実質的に、米軍が掌握しつづけた）、駐韓米軍が大幅に削減される可能性も現実のものとして語られるようになった。

このように、韓米関係がどことなくギクシャクする中で、1979年6月、カーターが韓国との関係改善のため訪韓。韓国郵政も、これにあわせて、両国大統領の肖像を描く切手（右ページ）を発行し、両国の友好関係を対外的にアピールしている。

結局、朴とカーターの〝頂上会談〟の結果、駐韓米軍の撤退計画を修正し、戦闘部隊を継続して韓国内に駐屯させることを韓国側に約束した。その背景には、駐韓米軍の撤退に対して、アメリカ国内での軍と議会が猛烈に反対したという事情があり、翌年の大統領選挙を控えたカーターとしては、そうした国内世論を無視できなかったのである。

その後、人権外交を掲げたカーターは1980年の大統領選挙で敗れ、1981年、かわって反共を前面に打ち出すレーガン政権が発足すると、駐韓米軍の撤退という問題は、両国の間で話題にさえならなくなった。

18 朴正煕暗殺

18年の長きにわたって韓国に君臨しつづけた朴正煕の時代は、1979年、突如として終焉の時を迎えることになる。

1979年8月、野党・新民党の内紛から、金泳三総裁に対する職務停止の仮処分が申請され、ソウル民事地方裁判所がこれを認める決定を下すと、金泳三はこれを与党の陰謀として非難。政府・与党と金泳三の関係は一挙に緊張した。

さらに、9月10日、金泳三がニューヨークタイムス記者との会見で、「アメリカ政府は朴正煕政権への支持を中止するよう要請する」と発言したことが政治問題化し、10月4日、与党が多数を占める国会は金泳三を除名。曲がりなりにも野党総裁の除名という前代未聞の事態に対して、新民党は所属議員全員の登院拒否を決議し、国会は機能不全に陥った。

◀朴正煕の追悼切手

10月16日、金泳三の地元である釜山では、学生たちを中心として大規模な反政府デモが発生。デモは次第に過激化し、市内は暴動状態となった。いわゆる釜山騒擾である。

政府は、18日に釜山市一帯に非常戒厳令を布告して暴動を鎮圧しようとしたが、20日には反政府暴動は馬山にも波及。政局は一挙に不安定な状態となった。

この事態を深刻に受け止めていたのがアメリカである。

前年（1978年）、中東におけるアメリカの拠点国家であったイランでは、開発独裁を掲げる強権的な国王の支配に対して、地方の宗教都市コムで発生した反国王暴動が全土に波及し、事態の処理を誤った国王は、この年の1月、海外亡命を余儀なくされていた。その後に誕生したのが、反米的なホメイニのイスラム共和国政府である。

こうしたことから、政権交代をも視野に入れた事態の収拾をめざし、ウィリアム・グラスティーン駐韓アメリカ大使が韓国政府・与党関係者と会談。10月26日には、ポスト朴体制をにらんで、金泳三とも会談した。

ところが、まさにその10月26日、朴正熙大統領が、中央情報部長の金載圭によって射殺されるという事件が発生する。

事件は、大統領の側近であった金載圭と、同じく側近で大統領警護室長の車智澈《チャジチョル》との権力闘争によるもので、大統領の信任が薄れていくことを怖れた金が、大統領もろとも、車を暗殺したというものであった。事件後、金載圭とその部下たちは直ちに逮捕され、ひとりを除き、1980年3月に全員が処刑された。

事件後、憲法の規定にもとづき、崔圭夏《チェギュハ》国務総理が大統領代行に就任。崔は10月27日午前4時を期して、済州島を除く韓国全土に非常戒厳令を布告し、鄭昇和《チョンスンファ》陸軍参謀総長が戒厳司令官に就任した。

こうして、1961年5月16日の軍事クーデター以来、18年の長きにわたった朴正熙時代は、突如として幕を閉じた。

朴の葬儀は、事件からほぼ1週間後の11月3日、国葬として行われ、遺体は国立墓地の夫人（1974年に暗殺された陸英修）の墓の右側に埋葬された。

なお、韓国郵政による朴の哀悼切手（図はモノクロでわからないが、左右の切手は色が異なる）発行は、1980年2月2日のことである。

航空切手

現在では外国宛の郵便物は航空便（エアメール）で差し出すのが一般的だが、かつては船便が一般的で料金の高い航空便を利用する人は限られており、航空便専用の切手（航空切手）が発行されていた。

解放後初の航空切手は米軍政下の1947年10月に南朝鮮郵政が発行した50ウォン切手（a）で、地球と飛行機が描かれている。

このデザインの切手は、大韓民国政府成立後も「大韓民国航空郵票」と表示を改めて使用されていたが、朝鮮戦争中の1952年10月、航空切手のデザインは旅客機と汽船を描くもの（b）に変更され、戦後の1954年7月1日にはソウルの東大門と飛行機を描くデザインに変更された。

1961年に発足した朴正煕政権は韓国を広く諸外国に紹介する意図を込めて、同年末に航空切手のデザインを一新。ソウルの故宮（景福宮）、徳寿宮、慶会楼、水原の城郭と飛行機を組み合わせた切手が発行された。中でも、故宮と徳寿宮の切手にはチマチョゴリ姿の女性も一緒に描かれており（129ページ）、外国人の評判も良かったのではないかと思われる。

維新体制下の1973年、航空切手のデザインは額面ごとに宛先の地図を示す実用的なもの（c）へ変更された。

ただし、この頃になると外国宛の郵便物は航空便で差し出すことが一般の国民の間でも当たり前になっており、わざわざ航空切手を使用する意義は薄れてしまった。このため、1973年の切手を最後に、いわゆる航空切手は発行されていない。

▲（a）米軍政下の南朝鮮で発行された航空切手

▲（b）飛行機と汽船を描く 1952 年の航空切手

▲（c）1973 年の航空切手。額面の 145 ウォンが北米・オセアニア・インド宛の料金であることが地図によって示されている。

第5章

全斗煥時代

1979 ~ 1987

1979年
崔圭大統領選出
全斗煥の粛軍クーデター
1980年
光州事件
全斗煥大統領に就任、憲法改正
1981年
全斗煥再選〈第5共和国〉
1982年
釜山アメリカ文化センター事件
1983年
ラングーン爆弾テロ事件
1984年
全斗煥訪日
1987年
6・29民主化宣言
大韓航空機爆破事件

▲1983年12月に発行された5000ウォンの通常切手。民画の虎が描かれている。

崔圭夏大統領の就任

▲崔圭夏の大統領就任記念切手

〃5・16革命〃以来、18年の長きにわたって権力の座にあった朴正煕は、1979年10月26日、朴が中央情報部長の金載圭によって射殺されることによって、突如、幕を降ろすことになった。

朴の死亡を受けて、憲法の規定に基づき、崔圭《チェギュ》夏《ハ》国務総理が大統領権限代行に就任する。

崔は日本植民地時代の1919年7月16日、江原道原州《ウォンジュ》で生まれた。青年時代は日本にわたり、東京高等師範学校を卒業。一時は教職に就き、満州国にも渡った。

1948年の大韓民国成立後は、農林部糧政課長を振り出しに、外務部通商局長、外務次官、外相を歴任。1971年に外交担当特別補佐官に就任し、1975年、維新体制の基盤を固めた金鍾泌の〃政治内閣〃が退陣すると、体制整備のための〃実務内閣〃の首相に就任した。

こうした政治的キャリアを見ればわかるように、崔は、朴正煕や金鍾泌のような軍人出身の政治家ではなく、基本的には実務派官僚という色彩の強い人物だった。

さて、朴正煕の死去に伴う第10代大統領選挙は、1979年12月6日、憲法の規定に従って統一主体国民会議で行われ、大統領権限代行の崔が正規の大統領に選出された。

当選の翌日（7日）、崔は、維新体制下で国民の政治的自由を大きく制限していた大統領緊急措置第9号（1975年5月13日布告）を解除することを国務会議に提案。これが会議を通過し、12月18日、緊急措置第9号は4年半ぶりに解除される。

そして、12月20日、崔の大統領就任式典が行われ、それにあわせて同日、崔の肖像を取り上げた〝第10代大統領就任〟の記念切手（右ページ）も発行された。

切手発行のために必要な準備期間（最低でも1ヵ月強はかかる）を考えると、この切手は、崔が大統領権限代行に就任した早い段階で、準備されていたと考えてよい。このことは、12月の大統領選挙で、崔がとりあえず新大統領に就任することは、韓国の政治指導者たちの間では既定の路線となっていたことを物語っている。

同時に、このことは、新大統領の崔が、維新体制を清算し、新しい民主政府を発足させれば、実務派官僚としての彼の役割も終わり、彼は退陣するというプランと一対のものとして理解されていた。

ところが、急激な体制変革ではなく、いわばソフトランディング路線で維新体制を解体していこうと考えていた崔の姿勢は、長年にわたり、独裁体制の下で政治的自由を制限されてきた国民の目からすると、いかにも微温的なものであった。

当然、急進的な民主化の要求が高まり、その過程で学生運動は過激化していく。そして、年が明けて1980年に入ると、韓国各地で騒擾事件があいつぐようになっていった。

こうした混乱に対して、文人大統領の崔は、朴正煕のような強硬姿勢を取ることができなかった。こうした彼の姿勢は、最終的に、〝秩序の回復〟を主張する軍の介入を招くことになり、全斗煥《チョンドゥファン》による権力奪取への道を開いていくことになる。

強権的だった前大統領の朴正煕が亡くなり、崔圭夏が大統領に就任すると、維新体制下で抑えられていた国民の不満が爆発。民主化・自由化の要求は次第に急進化し、韓国全土では騒擾事件が続発した。

特に、学生運動は激烈を極め、1980年5月14日から15日にかけて、全国45の大学で35万名にも及ぶ学生がいっせいに大規模な反政府・民主化要求デモを展開。さらに、同月16日から17日にかけて、梨花女子大学に集結した学生たちは、5月22日までに、朴正煕の死に伴って施行されていた非常戒厳令を解除することを政府に要求。受け入れられなければ、軍との衝突も辞さず、全国規模の街頭デモを展開することを決議した。

粛軍クーデターと光州事件

▲「5・18 民衆抗争追慕塔」を取り上げた切手（左）

文人大統領の崔が事態を沈静化できずにいる中で、混乱に乗じて北朝鮮が攻めてくるのではないかとの国民の不安を背景に勢力を拡大したのが軍部であった。

朴正煕亡き後の国軍のトップは陸軍参謀総長の鄭昇和《チョンスンファ》であった。鄭は非常戒厳令の施行に伴い戒厳司令官に就任したが、保安司令官の全斗煥は混乱に乗じて軍の実権を奪取しようと試みる。

両者の権力闘争は、1979年12月12日、全を中心とする中堅将校からなる一心会が〝粛軍クーデター〟を敢行し、大統領の裁可なしに鄭を逮捕、第9師団長の盧泰愚《ノテウ》がソウル近郊に駐屯する第90連隊を市内に進出させ、陸軍本部を制圧したことで、決着した。

　こうして、軍の実権を掌握した全は、１９８０年4月、保安司令官のまま中央情報部長代理に就任し、軍内上級幹部を次々に退役に追い込んでいく。

　5月17日、全らは全軍主要指揮官会議を招集し、国会解散・国家保衛非常機構の設置・非常戒厳令の全国拡大を大統領に要求。大統領の崔は、全らの要求に抵抗できず、翌18日、全国非常戒厳令を公布した。

　こうして、すべての政治活動は禁止され、大学は無期限休校、金大中・文益煥《ムンイッカン》・金東吉《キムドンギル》などの民主活動家が逮捕され、金鍾泌（共和党総裁）・李厚洛（元中央情報部長）・朴鐘圭《パクチョンギュ》（元大統領警護室長）・金泳三も軟禁された。

　こうした全らのクーデターは、民主化を要求していた学生・労働者を激昂させ、5月18日、光州《クァンジュ》では金大中逮捕に抗議する数十万人が大規模な抗議行動を起こしたが、軍部は空輸第2旅団１２００人を投入し、デモを力ずくで弾圧。以後、5月27日に戒厳軍が光州市内に突入するまでの10日間、光州市内では激しい市街戦が展開された。この間、全羅南道の道庁舎をめぐる戦闘で、庁舎に立てこもっていた市民、少なくとも２００人が死亡し、２０００人が負傷したといわれる。いわゆる光州事件である。

　光州事件は、全斗煥政権の正統性の問題とも深く関わっているため、ながらく、韓国社会のタブーとなっていたが、その後の民主化の進展に伴い、現在では、事件の真相も相当程度明らかになっている。

　それでも、光州事件が韓国社会に残した傷跡は深く、切手に取り上げられたのもわずか1点、２００２年8月に〝我が故郷〟と題する32種類の切手が一挙に発行された際、光州を表現する1枚として、伝統的な祭の高戦戯とならんで、事件の犠牲者を悼む〝5・18民衆抗争追慕塔〟だけである（右ページ）。

粛軍クーデターで軍の実権を掌握した全斗煥は、1980年5月17日の非常戒厳令の布告と翌18日から27日にかけての光州事件を経て、軍と政府における最高実力者としての地位を実質的に確保した。

こうした状況を受けて、5月31日に設置されたのが国家保衛非常対策委員会（以下、国保委）である。

国保委は、本来、非常戒厳下で国家を保衛するための国策事項を審議するための機関で、実質的には国政の最高機関の様相を呈していた。その中核を担っていたのが常任委員会で、全斗煥は、大統領から、その委員長に任じられたのである。これにより、全斗煥の権力は制度的にも担保されることになった。

さて、国保委は、6月13日、〝権力型不正蓄財者〟への処罰を行う。これにより、金鍾泌（前共和党総裁・元国務総理）や李厚洛（元中央情報部長）など、朴政権時代の実力者たちがあいついでパージされていった。

すでに、金大中ら民主運動家は、5月17日の非常戒厳令の布告と同時に、内乱陰謀を企てたとして逮捕されていたから、これにより、全が大統領就任する上での障害は、完全に除去されたことになる。

はたして、8月5日、大将に昇進した全は、「困難な国運を切り開き、福祉国家を子孫に残すべきだ」と演説し、政界進出への意欲を正式に表明し、これ

全斗煥政権の誕生

▲全斗煥大統領就任の記念切手

に対して、8日には在韓米軍の司令官ウィッカムが「全斗煥将軍が大統領に就任した場合、アメリカはこれを支持する用意がある」と発言。さらに、16日、「この国における平和的な政権交代の模範を示すため」として崔圭夏が大統領を辞任。つづけて、崔は、21日、「全斗煥国保委常任委員長の大統領就任を支持する」と表明する。

こうしてお膳立てが整ったところで、全は翌22日に軍を退役、27日の統一主体国民会議による大統領選挙によって、正式に第11代大統領に選出された。就任式は9月1日に行われ、政治風土の刷新、世代交代、韓国的民主主義や社会浄化を掲げる全斗煥政権がスタートした。

就任式当日の9月1日に「第11代大統領就任」の記念切手（右ページ）が発行されたことからもわかるように、全の大統領就任は既定の路線であった。

急務であった憲法改正の作業も、すでに、朴正熙が暗殺された直後から、国会の改憲特別委員会や政府の法制処憲法研究班によって始められていた。その後、1980年5月17日の非常戒厳措置により国会の作業は中断され、政府のみが作業を継続していたのである。

かくして、憲法改正案の賛否を問う国民投票が10月22日に実施され、投票率95・5％のうち91・6％の賛成票を得て、新憲法は可決。発効は5日後の10月27日である。

これに伴い、朴正熙体制を支えてきた統一主体国民会議が廃止されるとともに、国会も自動的に解散となった。

これを受け、新憲法下での国会召集までの間、暫定的に国家保衛立法会議（立法会議）が国会の機能を代行することになり、81名の議員が大統領によって任命された。

この立法会議の業績としては、「政治風土刷新のための特別措置法」を成立させて、〝旧政権下での政治的・社会的混乱・腐敗に対して著しい責任がある者〟に対して、1988年6月30日まで政治活動を禁止したほか、中央情報部を廃止して国家安全企画部（いわゆる安企部）を発足させたことなどが挙げられる。

こうした移行期間を経て、翌1981年2月の大統領選挙により、全は第12代大統領として再選され、第5共和制が名実ともにスタートするのである。

第5共和国の発足

大統領に就任した全斗煥の最初の課題は、10・26事件（朴正煕暗殺事件）の混乱を終息させ、第5共和制を正式にスタートさせることであった。

その過程で避けて通ることができなかったのが、金大中の問題である。

1980年5月17日、戒厳司令部は元大統領候補・金大中を逮捕した。容疑は、内乱陰謀を企てたというもので、戒厳司令部は「金大中とその追従者たちは、10・26事件を権力奪取の絶好の機会と見て、国民連合を主軸に復学生を行動隊員とし、学生デモ→大衆煽動→民衆蜂起→政府転覆→金大中を主軸とする暫定政府樹立を目標とする非合法的闘争を計画した結果、内乱煽動を企てるにいたった」と発表していた。

▲第5共和国の大統領就任記念切手

その後、金は8月14日に起訴され、9月17日、内乱陰謀、国家保安法、反共法、戒厳法、外為管理法の違反により、死刑判決を受ける。

しかし、実際には、全斗煥の権力奪取にとって、金大中の存在が目障りであったがゆえに彼が逮捕されたことは誰の目にも明らかであったから、金大中への死刑判決は、国際的にも韓国の人権抑圧を象徴するものとして指弾された。

特に、1973年、東京で韓国中央情報部によって金が拉致された事件（いわゆる金大中事件）の経験がある日本の世論は、金の処遇に強い関心を寄せ、1

980年11月21日、首相の鈴木善幸は「日韓親善からみて、金大中氏の身柄に重大な関心と憂慮の意を抱かざるを得ない」と韓国大使に伝え、その旨を大統領に伝達するよう要請した。

これに対して、韓国側は鈴木発言を内政干渉として反発。日韓関係は緊張した。

一方、韓国の〝保護者〟であるアメリカも、金に対する死刑判決には不快感を持っており、また、この件で日韓関係が悪化することを憂慮していた。

こうした中で、1981年1月15日に発足したアメリカのレーガン政権は事態を収拾すべく、金大中に対する死刑判決を撤回すれば、レーガンが最初に会見する外国元首として全を指名しても良いと韓国側に提案。これを容れるかたちで、韓国側も金の死刑を実質的に回避することになる。

すなわち、1月23日、まず、韓国大法院が金大中ら12名の被告の上告を棄却して、金の死刑を法律上は確定させたうえで、判決直後に閣議を開催し、被告全員を減刑、金は無期懲役とするという政治決着がはかられたのである。

これに対して、日本政府は金の死刑が回避されたことを評価し、韓国との関係修復への意欲を表明。また、1月28日には、約束どおり、全が訪米し、レーガンと会見した。その際、レーガンは在韓米軍を撤退させないことを約束し、全を大いに満足させている。

こうして、韓国政府は、金大中問題をなんとか解決した上で、2月1日、間接選挙方式による大統領選挙を定めた憲法に従い、大統領選挙人団の選挙が行われた。この選挙人団選挙では、事前の予想通り、与党側が圧倒的多数を確保し、2月25日の大統領選挙では、全が選挙人団の90％もの支持を得て大統領に当選する。

こうして、3月3日、全は第12代大統領（任期7年）に正式に就任し、第5共和国が名実ともにスタートした（右ページ）。

朴正熙暗殺事件の後、韓国内で民主化運動が高揚すると、北朝鮮は民主化勢力の取り込みを狙って南北対話を提案。1980年2月から6月にかけ、当時の崔圭夏政権下で、南北の実務代表者が9回にわたって接触するなど、表面的には南北の宥和ムードが高まった。

しかし、同年5月、いわゆる光州事件が起こり、民主化運動が軍隊によって鎮圧されると、南北関係は一挙に冷却。特に、同年9月に全斗煥が大統領に就任すると、北朝鮮は「人民の闘争の盛り上がりにおそれをなした南朝鮮軍事ファシスト一味は、陰謀によって権力を奪取し、悪名高い以前の独裁者をしのぐ苛酷な弾圧蛮行を強行した」として、全斗煥政権との対決姿勢を鮮明にした。

平和統一政策諮問会議

◀「平和統一政策諮問会議」の記念切手

その一方で、翌10月から開催された朝鮮労働党第6次大会(それまで、外国に公開される席にほとんど姿を見せなかった金正日が、大会初日から中央雛壇最前列に着席し、党中央委員に正式に選出され、金日成の後継者であることが内外に印象づけられた大会として知られる)では、〝高麗民主連邦共和国〟構想が提案されるなど、注目すべき動きもあった。

この構想は、韓国で民主主義的な政権が樹立され、反共法・国家保安法の廃止によりすべての政党団体の政治活動が保障されることを前提に、南北の連邦制を実施し、国号を地域政府とするもので、従来の北朝鮮の対南路線（いわゆる南朝鮮革命路線）を大幅に修正するものであった。

それまでの北朝鮮は、韓国の存在すら否定し、韓国は革命の対象でしかなかった。このため、李承晩政権崩壊直後に北朝鮮側が提案した〝連邦制〟の実施にしても、それはあくまでも過渡的なものにすぎず、最終的には韓国の消滅を主張するものであった。

これに対して、今回の高麗民主連邦共和国構想では、連邦制の実施そのものを〝統一〟の最終形態としており、地域政府として南北両政府の存在が認められていたという点で、従来とは大きく異なるものであった。

ただし、この構想は、韓国で〝民主主義的な政権〟が樹立されることを前提としており、実際の韓国政府が〝民主的〟であるか否かの判断は、あくまでも、北朝鮮側の恣意的なものであった。

したがって、表面上のソフトな表現とは裏腹に、全斗煥政権との対決姿勢を鮮明に示していた北朝鮮側が、この提案をもって、ただちに、南朝鮮革命路線を放棄したと考えることはできない。

ただ、こうした情勢の変化を踏まえ、第5共和制の基礎となる1980年憲法には、平和統一政策の具体的な検討を進めるため、第68条に基づき、平和統一政策の樹立に関する大統領の諮問に応じるための機関として、平和統一政策諮問会議が設置され、そのスタートにあわせて、1981年6月5日には記念切手（右ページ）も発行された。

▲高麗民主連邦共和国構想を宣伝する北朝鮮切手

全斗煥のアセアン歴訪

▲全斗煥アセアン歴訪の記念切手

1981年6月、全斗煥大統領はアセアン（ASEAN、東南アジア諸国連合）諸国を歴訪した。当時のアセアン加盟国は、インドネシア、マレーシア、フィリピン、シンガポール、タイの5ヵ国である。

　1967年に結成されたアセアンは、当初、外相会議のみであったが、1975年の南北ベトナムの統一という情勢の変化を踏まえ、同年から経済閣僚会議が定例化し、翌1976年の首脳会議で東南アジア友好協力条約が締結された。また、1979年以降は、日本やアメリカ、EC（当時）などとの域外対話が本格的に進められるようになるなど、この時期、その活動の規模・範囲は急速に拡大しつつあった。

　輸出依存型の経済構造となっている韓国にとって、アセアン諸国との関係強化は重要な課題であったが、朴正煕暗殺（1979年）以降の混乱の中で、韓国の対アセアン外交は、他の西側諸国に比べて、大きく出遅れていた。したがって、国内情勢がとりあえず落ち着いた時期を見計らって、できるだけ早い時期に大統領の全がみずからアセアン諸国を歴訪し、各国との関係強化に乗り出したのも、自然なことであった。

　ところで、当時のアセアン諸国は、程度の差こそあれ、すべて開発独裁型の国家であった。また、当時の韓国も、朴正煕時代に比べれば相当マイルドになったとはいえ、開発独裁の色彩が濃厚に残っていた。このため、経済成長に伴い、より一層の〝民主化〟を求めるようになった国民に対して同じように開発独裁型の国家との友好関係をうたいあげることは、韓国だけが特別に権威主義的な体制なのではないことを示すためにも重要な意味を持っていた。

こうして行われた大統領のアセアン歴訪にあわせて、韓国郵政は記念切手（右ページ）を発行している。

切手は、それぞれ、韓国と各国との2国間の友好関係を示すため、両国旗を背景に、原則として、両国の元首の肖像（左から順に、インドネシアのスハルト、マレーシアのスルタン・ハジ・アフマド・シャー、一つはさんで、タイのラーマ9世、フィリピンのマルコス、このうちマレーシアの国王は各州のスルタンの持ち回りで、当時はパハン州のスルタンが連邦の国王を兼任）を取り上げているが、真ん中のシンガポールのみは、元首の肖像ではなく、両国旗と握手する手のデザインになっている。

これらの切手は、いずれも、従来、大統領の外国訪問や外国元首の韓国訪問にあわせて発行されていた記念切手のスタイルを踏襲したものだが、今回は1度に5種、それも異なる切手がつながった状態で印刷されており、迫力がある。

さらに、この5種類に加え、アセアン加盟国の国旗と太極旗を背景に全の肖像を大きく描いた切手（左図）も発行されているから、今回の外遊の記念切手は計6種類発行されたことになる。こうした点からも、当時の韓国が、今回の外遊を非常に重要視していたようすがうかがえよう。

安保経協論

◀1981年に発行された「光復36年」の記念切手

流血の光州事件を経て誕生した全斗煥政権にとっての緊急の課題はなんといっても、反対派を押さえこみ、社会秩序を安定させることであった。

このため、1980年末を期して、政府は報道機関の統廃合を断行。64の報道機関のうち44社（内訳は、新聞社11、放送局27、通信社6）が他の報道機関に統合された。

たとえば、野党系の東亜放送（DBSラジオ）と中立系の東洋放送（TBCラジオ、TV）が国営韓国放送公社（KBS）に吸収されたほか、朴正熙時代に反政府的な放送を行ったことのある基督教放送（CBS）はニュース報道を禁止され、宗教関係の放送のみを行うことで存続を許されている。この結果、韓国の放送は国営のKBSと民営（ただし、株式の大半はKBSが所有）のMBCのみになった。

こうして、強権的に政府批判の芽を押さえ込もうとした全政権であったが、国民の間には、内心、武力で政権を掌握した全政権の正統性に疑問を投げかける者も少なくなかった。

このため、政府としては、国民の求心力を高めるため、新たな措置を講じる必要に迫られることになる。その一つが、ソウル・オリンピックの招致運動であり、もう一つが日本を対象とした安保経協論であった。

安保経協論とは、韓国の安全保障問題と日韓経済協力を結びつけたもので、その主張を要約すると以下のようになる。

①韓国は北朝鮮と対峙して国防に多大な負担がかかっている

②日本の平和安全が保たれているのは第一線で共産勢力を防いでいる韓国のお陰である

③したがって、西側諸国が韓国に対して、経済支援をするのは当然である……

このロジックに基づいて、全斗煥政権は、1982年からの防衛力整備5ヵ年計画に必要な238億ドルのうち、87億ドルは自己負担するが、50億ドルは西欧諸国が、100億ドル（その内訳は、公共借款60億ドル、商業借款40億ドル）は日本が、それぞれ分担することを要求。特に、日本に対しては、東北アジアが共産化した時にはらわなければならないコストを考えれば100億ドルという金額は決して過大なものではない、と主張した。

政府に対する国内の批判をかわすために、日本に対して強硬な姿勢に出るという対応は、韓国の外交戦略においてはしばしば観察される現象で、安保経協論もその延長線上にあるものと考えてよいだろう。

こうした環境の下で、1981年8月15日、韓国郵政は〝光復36年〟の記念切手（右ページ）を発行している。36年という半端な年回りであえて記念切手が発行されているのは、やはり、日本に対して強気の姿勢で臨むことで国内の求心力を高めようとする姿勢が反映された結果と考えられる。

当然、日本側は韓国の主張する安保経協論に反発し、日本の経済協力は、いかなる場合であっても軍事・防衛の肩がわりはできない、と主張。両国関係は緊張した。

結局、この問題は、日本側が韓国の第5次社会経済発展計画に対して経済援助をするというかたちで決着。全斗煥政権は、日本から総額90億ドルの援助を得ることに成功した。

ソウルオリンピックの招致決定

◀オリンピック開催決定の記念切手

全斗煥政権が発足した1980年9月の時点で、韓国経済は、前年からの政治的・社会的混乱によって低迷。1980年の経済成長率は前年比マイナス4・7%の水準にまで落ち込んでいた。

こうした沈滞ムードを一掃するための秘策として、韓国政府は、1988年のソウル・オリンピック招致を掲げるようになる。

当時、1988年のオリンピック開催候補地としては、ソウルよりも名古屋が有利と見られていた。

名古屋では、1977年、愛知県知事の中谷義明が五輪招致を宣言して以来、活発な運動を展開していた。これに対して、韓国側の立候補は出遅れたが、政財界を挙げての招致運動が展開され、投票権を持つIOC（国際オリンピック委員会）委員に対する猛烈な接待攻勢も行われたという。

結局、1980年のモスクワ・オリンピックを日本がボイコットしていたことが東側諸国の不興を買ったことや、東京・札幌と続けてアジアでのオリンピック開催を日本が独占することへの疑問の声も強く、1981年9月30日に西ドイツ（当時）のバーデンバーデンで開催されたIOC総会では、決戦投票の末、52対27でソウルが勝利を収めることになった。

予想外の大差で開催を逃した名古屋の落胆は相当なもので、

招致運動を続けてきた仲谷知事は1983年の知事選挙に出馬せず、名古屋オリンピックの開催予定日だった1988年11月18日に自殺するという痛ましい結果をもたらした。

一方、ソウルでのオリンピックの開催決定に、韓国の国民は熱狂し、IOC総会から1ヵ月後の10月30日には、オリンピック開催決定の記念切手（右ページ）も発行されている。

すでに、オリンピックの開催決定以前から、韓国経済は、特需景気を見込んで上昇し始め、1981年1月には103。12ポイントだった韓国総合株価指数（KOSPI）は、同年7月には154・90ポイントまで、年初来50％もの上げ幅を記録した。

株価は、その後の反動安で翌1982年5月には、一時、114・19まで下落するが、オリンピックに向けて社会資本整備が急速に進められたこともあって、韓国経済は急成長を遂げることになる。

すなわち、1981年から1988年までの年平均GDP成長率は9・3％を記録。総合株価指数も、1986年2月に206・02と200ポイントの大台に載せた後は上昇ピッチを早め、オリンピックの開催された1988年10月には713・39、さらにオリンピック後の1989年9月には951・58まで値上りした。1981年9月のオリンピック決定時から、じつに6・72倍の上昇を記録したことになる。

こうして、韓国は経済的苦境を脱し、オリンピックの開催へ向けて、朴正煕時代の〝漢江の奇跡〟に勝るとも劣らない高度成長の時代へと突入していった。

▲オリンピック開催決定を発表するサマランチIOC会長を描く、「オリンピック誘致5周年」の記念切手

韓米修好100年と釜山アメリカ文化センター事件

1982年6月、韓米修好100年の記念行事が行われ、韓国郵政は2種類の記念切手（韓米修好のシンボルマークを描いたものと、自由の女神と南大門を描いたもの。ともに額面は60ウォン。下図）を発行した。

この韓米修好100年というのは、李氏朝鮮時代の1882年、朝鮮がアメリカと通商修好条約を結んだことから起算したものである。

19世紀後半の東アジアは、ヨーロッパをはじめとする列強の世界政策展開の舞台となっていたが、朝鮮も1876年、日本の圧力に屈するかたちで、日本と日朝修好条規（いわゆる江華条約）を結び、それまでの鎖国

◀韓米修好 100 年の記念切手

体制は崩壊した。

その後、朝鮮の支配をめぐって日本と清朝が対立するようになると、清朝は朝鮮への内政干渉を強める一方で、日本を牽制すべく、1882年、朝鮮に対して、アメリカと修好通商条約を結ばせた。この条約は、朝鮮が欧米諸国と結んだ最初の条約であったが、アメリカ側に領事裁判権を認めるなど、典型的な不平等条約でもあった。

こうした歴史的背景を考えると、はたして、韓米修好通商条約の調印が現代の韓国にとって記念すべき事柄なのかどうか、疑問がないわけではないが、当時の全斗煥政権は、アメリカとの友好関係を内外にアピールするため、韓米修好100年を格

好の機会ととらえ、記念切手も発行したのである。

その背景には、当時、韓国内で反米活動が急速に過激化し、社会不安の一要因となっていたという事情があった。その典型的な事例が、１９８２年3月18日に起こった、釜山市のアメリカ文化センター放火事件である。

事件は、3月18日、アメリカ文化センターで火災が発生し、文化センター1階が全焼し、大学生1名が焼死、男女学生2名が重症を負ったというもの。火災の混乱の中で、文化センター付近と、そこから1キロほど離れた道路一帯に、「アメリカと日本は韓国を属国化しようとしている」「韓国政府は北朝鮮侵略の準備を完了した」「アメリカは韓国から撤退せよ」などといった内容の反政府・反米ビラ数百枚がまかれたことも韓国社会に大きな衝撃を与えた。

警察は、事件が反政府系左翼学生による犯行と見て大規模な捜査を行ったが、事件から14日後の4月1日、当時高麗大学4年生の文富植《ムンブシク》らが自首。文の自供を元に、光州事件の黒幕とされ、今回の事件にも関与していた金《キム》鉉奨《ヒョンジャン》ほか11名が逮捕された。

裁判所は判決文の中で、事件が国家安全保障と密接に関連するものと認定し、主犯の文と金に死刑判決（後に、大統領によって無期懲役に特別減刑）を言いわたした。

この事件は、１９８０年代に入り、世界的に冷戦が厳しさを増していく中で、韓国の学生運動が、それまでの単純な反独裁・民主化要求から、より北朝鮮に親和的な色彩を強めていくものへと転換していったことを示すものとして注目に値する。

こうした社会状況であったから、アメリカとの友好関係を国民に対してアピールし、韓国が西側陣営の一員であることを改めて強調するためのセレモニーとして、韓米修好１００年は、当時の韓国にとって重要な意味を持っていたのである。

全政権のアフリカ外交

全斗煥政権が発足する以前、アフリカ諸国の多くは北朝鮮の友好国であった。

　これはアフリカの新興独立諸国に対して軍事顧問団を派遣したり、国連加盟に際してのサポートを行うなどしたりする見返りとして、北朝鮮こそが朝鮮半島唯一の正統政府であることを認めさせてきた結果である。こうした第三世界外交は、1960年以降、中ソ対立により〝自主外交〟路線を歩まざるを得なくなった北朝鮮が、第三世界諸国を取り込むことで国際社会での立場を強化しようとしたことに由来している。

　1980年に発足した全斗煥政権は、経済力を背景に、こうした北朝鮮の第三世界外交に楔《くさび》を打ち込み、北朝鮮に対する国際的なシンパを切り崩すべく、積極的なアフリカ外交を開始する。このため、1982年5月には、リベリア（大西洋に面した西アフリカの国）の国家元首が訪韓。ついで同年6月にはザイール（現コンゴ民主共和国。アフリカ中部の大国）の大統領が訪韓した。

　さらに、8月には、全斗煥自身が、ケニア（インド洋に面したアフリカ東部の国）、ナイジェリア（西アフリカの大国）、ガボン（中部アフリカの産油国）、セネガル（大西洋に面した西アフリカの国）を歴訪した。

　これらの国々の元首と全斗煥が会談するたび、韓国郵政はここで紹介しているような両国元

◀全斗煥のアフリカ各国歴訪の記念切手。取り上げられている元首は、上がガボンのボンゴ大統領、下がケニアのモイ大統領、左ページ上がナイジェリアのシャガリ大統領、同下がセネガルのジウフ大統領。

首の肖像と国旗をあしらった記念切手を発行。このため、一時期、韓国の切手はアフリカ一色となったかの様相を呈していた。

　これに対して、北朝鮮は、それまでの〝縄張り〟であったアフリカ諸国が韓国の外交攻勢によって切り崩されていくことに深刻な危機感を感じ、その報復として、全斗煥のアフリカ歴訪の機会を捉えて彼の暗殺を計画する。脱北した元外交官の証言によると、計画の大筋は以下のようなもので、金正日が立案したという。

　暗殺の舞台としては、訪問国のうち最も経済規模の小さかったガボンが選ばれた。万一、北朝鮮による犯行が露見して国交断絶となっても、影響が小さいと判断されたためである。

　かくして、北朝鮮は、ザイールの北朝鮮大使館を拠点に、3名からなる暗殺チームを派遣。このうち、2名は日本の偽造パスポートを持ち、日本語で会話するなどして、日本人になりすまし、出入国記録に名前を残さないよう外交特権を利用して、自動車でガボンに密入国した。

　一味は、リモコン爆弾を利用して全を暗殺した後、首都リーブルビル近郊の港に停泊させていた特殊工作船・東建愛国号で脱出する手はずを整えていた。そして、暗殺の成功が確認されたら、朝鮮人民軍はただちに南侵する計画になっていたという。

　しかし、大統領の暗殺と武力南侵により、アメリカとの全面対決が起こることをおそれたソ連共産党書記長のブレジネフが、暗殺計画に強硬に反対。また、金日成も、暗殺事件によりアフリカ全体を敵に回すことを懸念し、金正日を説得したため、計画は中止された。

　とはいえ、これをもって全斗煥暗殺計画が完全に放棄されたわけではなかったことは、翌1983年のラングーン事件によって実証されている。

日韓 歴史教科書問題の発端

▲教科書問題が日韓の懸案事項となる中で発行された、安重根の200ウォン切手

1982年6月、日本のマスコミ各社は、高校の歴史教科書の検定で、文部省が（中国への）〝侵略〟を〝進出〟に書き換えさせたといっせいに報じた。

　これを受けて、中国と韓国が日本政府に抗議し、国際問題にまで発展した。以後、日本の歴史教科書の記述をめぐっては、しばしば、日韓両国の間で対立が生じることになる。

　当時、日本の教科書検定は、密室で完全に極秘裏に行われていた。文部省側は、検定済の見本の教科書を一組（150冊）、記者クラブに置いているだけで、説明も「×冊検定、×冊合格」「音楽にビートルズの曲が登場」「技術の教科書が大判に」といった程度しか行われず、検定内容の取材については、一切ノーコメントの姿勢をとっていた。

　このため、記者たちは執筆者に取材し、彼らから調査官とのやりとりを聞き、場合によっては、原稿を見せてもらって検定の実際を判断するということが行われていた。

　この取材を通じて、執筆者が〝侵略〟という原稿を提出していたにもかかわらず、実際の教科書で問題の箇所が〝進出〟となっていたために、検定によって記述が変えさせられたのではないか、という報道につながったのである。

　実際には、教科書会社の側が、文部省の意を汲んで（文部省は以前から〝侵略〟の表記は変更するのが望ましいとの検定意見をつけていた）、執筆者に無断で〝侵略〟を〝進出〟と書き換えており、問題の教科書に関する限り、文部省側の介入はなかったというのが真相である。したがって、一連のマスコミ報道は完全な誤報だったといえる。

しかし、この問題が大々的に報じられて中国・韓国の世論を刺激していたにもかかわらず、文部省側はきちんとした事実関係の釈明を行わず、そのことがかえって事態を悪化させる結果になったことは否定できまい。

現在まで、しばしば繰り返されている日本と中国・韓国との歴史教科書問題は、こうして始まったのである。

さて、真相がどうであれ、日本のマスコミ報道は韓国社会を強く刺激し、韓国では日本側の歴史認識を強く批判する世論が高揚した。

こうした世論を背景にして、1982年10月8日、韓国郵政は安重根《アンジュングン》の肖像を描く200ウォン切手（右ページ）を、国民が日常使う通常切手として発行した。

周知のように、安重根は、韓国が日本に植民地化されていく途上にあった1909年10月26日、前韓国統監・伊藤博文をハルビン駅で暗殺。その後、日本側の官憲に逮捕され、関東都督府地方法院で死刑判決を受け、翌1910年3月、旅順監獄で処刑された。

このように、安は、日本側からすれば、国家の要人を暗殺したテロリストだが、韓国では、独立運動の義士として広く尊敬を集めている存在である。

こうした安の肖像を通常切手に取り上げることで、韓国政府としては、現在の韓国が日本による植民地支配とそれに対する抵抗の上に成り立っていることを、あらためてアピールしようとしたことはいうまでもない。またこの時期、1919年の3・1独立運動に参加した独立運動家柳寛順《ユグァンスン》の切手（下図）や、李舜臣将軍の海戦と青山里の戦闘の切手など、抗日義士の切手発行が相次いだのも、同様の政治的文脈によるものといえよう。

▲柳寛順の切手

韓国車の輸出攻勢

韓国郵政は1983年2月、〝国産自動車シリーズ〟と題するシリーズ切手の発行を開始。その最初の1枚に現代自動車の〝ポニー〟が取り上げられた(下図)。

韓国の自動車産業は、当初、部品製造業として発生した。解放直後、旧日本軍の残した車両の補修用部品を生産することから始まり、朝鮮戦争の時期に、米軍車両(主にジープ)の部品供給、整備を手がけて発展したという経緯があったためである。

その反面、完成車メーカー(部品メーカーから部品を購入し組み立て、製品として市場に出す企業)の発生は遅れ、1955年になって、ようやく韓国初の国産完成車メーカー〝シバル自動車〟が設立された。しかし、同社は一部の部品を中古の軍用車に依存し、また組み立て方法は手工業的であったため形態が粗雑で安全面でも欠陥があった。

このため、1962年、政府は〝自動車工業保護法〟を制定。新規参入を防ぎ、寡占的利益を与えることによって完成車メーカーを育成するという政策を開始する。そして、1964年、〝自動車工業育成総合計画〟(系列化法案)を作成。既存の部品生産企業を系列化させ、1社のみを完成車メーカーとする体制を作ろうとした。このとき、完成車メーカーとして指定されたのが〝新進自動車〟である。

しかし、新進自動車による独

▲ 1983 年の切手に取り上げられた現代自動車のポニー(左)

占体制に対しては財界の不満が強く、1967年、現代財閥が〝現代自動車〟を設立して自動車業界に参入。さらに、同年、〝亜細亜自動車〟も参入する。また、1974年には、100%国産のエンジンを生産するという政府目標に応えた〝起亜自動車〟が参入し、韓国の自動車業界は4社体制となった。

1973年、政府は、純国産車の生産を目標として〝長期自動車工業育成計画〟を発表する。この計画は国産車の大衆化と輸出を目指したものであったため、①1975年の生産開始時に1500cc以下の小型車を国産化率95%以上にする、②新規工場は昌原《チャンウォン》機械工業団地に集中して建設する、などの条件がつけられていた。この条件をクリアして、1975年、韓国初の純国産車として登場したのが、現代自動車のポニーだったのである。

業界育成のための寡占体制を後押ししていた韓国政府の政策もあり、1981年まで、国産車の生産は現代自動車が独占を続けた。また、1976年にはアメリカで、1983年にはカナダで、ポニーの販売も始まっている。

ここで紹介している切手も、こうした背景事情の下、ポニーを広く内外に宣伝しようという意図のもとに発行されたものであるのはいうまでもない。

もっとも、当時のポニーは自動車として未熟な面も多く、長所は価格だけという状況だった。このため、1980年代半ばになると、〝安かろう・悪かろう〟のイメージが定着した韓国車は、一時、アメリカ市場から撤退同然の状況に追い込まれてしまう。

韓国車の品質が世界水準に追いつくのは1990年代に入ってからのことで、以後、韓国車は次第にアメリカとアジアの市場でシェアを拡大していく。

ちなみに、韓国最大の自動車メーカーである現代自動車は、現在、今や生産台数で世界10位、販売台数では世界7位の〝ビッグ・メーカー〟に成長し、かつての指南役であった三菱自動車を完全に抜き去っている。

全斗煥政権が、北朝鮮に対して友好的な第三世界諸国の切り崩しをはかって積極的な外交活動を展開したことは、すでに述べた通りである。

その一つの成果が、1982年8月に行われた大統領のアフリカ諸国歴訪で、〝縄張り〟を荒らされたことに激怒した北朝鮮側は大統領の暗殺を計画した。このときの暗殺計画はソ連のブレジネフ政権が北朝鮮に圧力をかけて中止させたが、1982年11月、ブレジネフが亡くなり、対米強硬派のアンドロポフ元KGB議長がソ連共産党書記長に就任。北朝鮮に対して有事の際の積極的支援を約束するようになると、北朝鮮は計画を復活させる。

ラングーン爆弾テロ事件

◀ラングーン事件で発売停止となった全斗煥東南アジア歴訪の記念切手

すなわち、北朝鮮側は、1983年9月、全の東南アジア歴訪中に彼を暗殺し、南で革命が起きるか、韓国軍が挑発してきたら南侵するという計画を立案。1983年10月9日、全が北朝鮮の長年の友好国であるビルマ（現ミャンマー）を訪問中、ラングーン（現ヤンゴン）のアウン・サン廟（アウン・サンをはじめ、独立運動の指導者9名が祀《まつ》られている）で爆弾テロを決行した。

事件の結果、最終的に21名が死亡、46名が負傷。犠牲者の中には、経済テクノクラート出身で若手のホープであった徐錫俊《ソクチュン》（副首相兼経済企画院長官）ら韓国側閣僚4名のほか、ビルマ側のアウン・チョウ・ミン（情報文化大臣）、タン・マウン（情報文化省次官）といった要人も含まれていた。

ただし、全大統領自身は会場到着が遅れたため、危うく難を逃れ、その意味では北朝鮮の陰謀は失敗に終わったといえる。

事件を受けて、全は、その後の歴訪を中止し、ただちに特別機で帰国する。これに伴い、事前に発行されていた全の東南アジア歴訪の記念切手（右ページ）は、急遽、発売が停止された。

一方、韓国政府は事件当日の10月9日午後、緊急閣議（国務総理の金相浹《キムサンヒョプ》が主宰）を召集。全軍と警察に「非常警戒令」を発令するとともに、「（事件は）全斗煥大統領の暗殺を狙った朝鮮民主主義人民共和国の陰謀」と発表し、朝鮮半島は一触即発の状態となった。

事件の犯人については、当初、北朝鮮の他にも、韓国の反政府勢力、ビルマ国内のカレン族などの少数民族反乱勢力、ビルマ共産党、ティン・ウ准将（ネ・ウィン前大統領に次ぐビルマのナンバーツーと目されながら失脚）の支持グループなど、さまざまな名前が挙げられ、はなはだしくは大統領による自作自演説まで飛び出すありさまであった。

しかし、ビルマ政府による調査の結果、事件は北朝鮮による犯行であることが確認される。そして、北朝鮮は国際社会から厳しく非難され、テロ国家との印象を世界に植えつけることになった。

ちなみに、事件以前のビルマは、社会主義諸国の一員として北朝鮮とも良好な外交関係を築いていた。しかし、事件を機にビルマは北朝鮮と断交し、北朝鮮の国家承認も取り消している。さらに、コスタリカ、コモロ、西サモアなども事件を契機に北朝鮮と断交するなど、北朝鮮はしだいに国際的な孤立の道を歩んでいくようになるのである。

ソ連の大韓航空機撃墜とレーガン大統領訪韓

▲レーガン訪韓の記念切手

朝鮮半島情勢が緊迫していた１９８３年11月、アメリカのレーガン大統領が韓国を訪問し、韓国郵政はこれに合わせて記念切手（下図）を発行した。

このときのレーガン訪韓の最大の目的は、大統領自身が冷戦の最前線としての38度線を視察することにあったが、このようなプランが立てられた背景には、この年の9月に起こった大韓航空機撃墜事件により、米ソの関係が一挙に緊張したという事情があった。

１９８３年9月1日、ニューヨークからアンカレッジ（アラスカ）を経由してソウルへ向けて飛行中だった大韓航空（ＫＡＬ）００７便のボーイング７４７ジャンボ旅客機がサハリン付近でソ連軍の戦闘機によって撃墜され、乗客乗員あわせて２６９名が亡くなった。

撃墜された大韓航空機は、正規の航路から外れてソ連領内に入り込んでいたが（その原因は不明）、国際慣例では、他国の民間機が自国の領空を侵犯した場合でも武力行使をしてはならないということになっていたため、ソ連側の行為は非人道的な蛮行として国際社会から激しく非難されることになったのである。

その一方で、事件をきっかけとして、カムチャッカ半島、オホーツク海、サハリンの一帯が米ソ間の熾烈な情報戦の場となっていることも明らかになった。

すなわち、ソ連は、この地域を戦略上の要衝と位置づけ、核ミサイルを搭載した原子力潜水艦の基地をはじめ、地対空ミサイル基地、空軍基地、ミサイル実験場、日米を対象とした電子情報収集施設などの重要な軍事施設を多数、配置していた。

当然、アメリカ側が事態を静観しているはずはなく、アメリカ軍偵察機ＲＣ１３５が１日20回以上、ソ連の軍事施設上空を偵察し、ミサイル実験場の海域に落下するミサイルの性能を探知することに努めていたほか、人工衛星による軍事偵察も行われていた。

このため、この地域に対するソ連側の警戒も厳重で、西側の民間航空機はこの地域一帯への飛行を避けていた。

それだけに、撃墜事件は、米ソの関係を一挙に悪化させ、その翌月におこったラングーン事件とあわせて、この時期の朝鮮半島は大いに緊張することになった。

レーガンが現職のアメリカ大統領として38度線を視察するために訪韓したのも、こうした国際情勢に対応したものだったのである。

こうしたことから、韓国側はレーガン訪韓を〝安保飛行〟とよび、社会主義陣営という共通の敵を前にした韓米の絆を強調。空港には、「ロナルド・Ｗ・レーガンに敬愛をこめて」と書かれたアーチ状の看板が取りつけられたほか、空港からソウル市内に向うハイウェーには、「韓米の緊密な友好」「米国と韓国は自由の戦士」「米国大統領とナンシー・レーガン夫人歓迎」「われわれ全員はロンとナンシーが好きだ」といった文面の大統領の歓迎の看板があふれ返っていたという。

なお、このときの訪韓にあわせて、レーガンは日本を訪れ、当時の中曽根康弘首相の日の出山荘で首脳会談を行っている。ただし、上記のような理由から、こちらは訪韓に比べるとアメリカにとっての政治的な重要度は低く、つけ足しのような意味合いが強かったことは否定できない。

ローマ法王訪韓

1984年、ローマ法王としては初めて、ヨハネ・パウロ2世が韓国を訪問した。これは、韓国カトリック教会の創立200年記念式典に出席するためのもので、ソウルでは103名の殉教者の列聖式が行われた。バチカン以外の地で列聖式が行われたのも、また103名が同時に聖人に列されたのも初めてのことで、東西冷戦下にあった当時の国際環境の中で、バチカンが冷戦の最前線としての韓国の存在意義を重要視していたことの現われとみてよい。

当然、法王の訪韓は国を挙げての一大イベントととらえており、韓国郵政は法王の肖像を描く記念切手（下図）も発行している。

◀ローマ法王訪韓の記念切手

韓国におけるカトリックの歴史は、1784年、外交使節の一員として北京に派遣された李《イ》承薫《スンフン》が、かの地で教理を学び、洗礼を受けて帰国したことに始まる。

その後、李王朝の下でカトリックは弾圧されていたが、1876年の開国に伴い、欧米諸国との外交上の必要から、キリスト教の禁止は解除された。この結果、韓国内でも、新旧キリスト教の宣教が本格化する。

その後、日本の植民地支配下で、プロテスタントが総督府との対決姿勢を鮮明に打ち出したのに対して、カトリック側は総督府に対して宥和的な姿勢をとった。たとえば、伊藤博文暗殺犯の安重根も熱心なカトリックの信者であったが、暗殺事件の後、韓国のカトリック教会は、日本への配慮から、事件を非難し、安の信者としての資格を剥奪している。

　このことが、解放後、アメリカの占領下に置かれたこととともあいまって、韓国においてカトリックがプロテスタントに対して劣勢にたたされる（現在、韓国のキリスト教徒のうち、3分の2強はプロテスタント）ことになった一要因と考えられる。

　さて、韓国人最初の司教は、日本植民地時代の１９４２年、ソウル教区長から司教に叙階された盧基南《ノギナム》であった。

　その後、８・15解放と朝鮮戦争の混乱を経て、韓国人自身によるカトリック教会の再建が進められ、１９６０年には、イエズス会の経営する西江大学が設立された。さらに、１９６９年には、金寿換《キムスファン》枢機卿が選任され、韓国人の司牧による韓国カトリック教会が実現する。

　１９６２年から65年にかけて開催された第２バチカン公会議で時代に即した新しい教会のあり方を示されると、韓国のカトリック教会も活動方針を刷新。プロテスタントと協力し反独裁運動を展開するようになる。この結果、１９７０年代の維新体制下では、カトリック教会も弾圧の対象となったが、かえって信者は拡大した。

　１９８１年、第５共和制の発足により社会的な安定を回復し、さらに、経済力の向上に伴いソウル・オリンピックの招致に成功したことを受けて、金枢機卿は、ローマ法王の訪韓を要請。これを受けて、１９８４年、法王の訪韓が実現したというわけである。

▲1984年1月4日発行の韓国カトリック教会200年の記念切手

88オリンピック高速国道の開通

◀オリンピック高速国道開通の記念切手

全斗煥政権下の1980年代の韓国は、1988年のソウル・オリンピックに向けて空前の建設ブームに沸いていた。

こうした状況の中で、ソウルを中心とした京畿地域とその他地方との格差を是正するための措置をとることが政府には強く求められるようになった。

そもそも、ながらく開発独裁体制を取っていた韓国では、経済効率を優先した結果、ソウルへの一極集中が極端に進められてきた。国民のおよそ4人にひとりがソウル市民であるという状況は、日本での東京一極集中をはるかにしのいでいる。

これに対して、高度成長の恩恵に必ずしも十分に浴することのできなかった地方都市では不満が鬱積していた。

実際、1980年5月の光州事件（全斗煥らの軍事クーデターをきっかけに起こった民衆蜂起）には、政治的な主義主張とは別に、歴代政府の開発政策で〝冷遇〟され続けてきた全羅南道の不満が爆発したという側面もあった。

それゆえ、政府にとっては、国際環境が緊張する中で国民各層の支持を得るためにも、地方の不満をなだめることが必要であり、そのためにも、地方に対してもオリンピックの恩恵を相応に配分することは不可欠であった。

1988年のオリンピックが、〝ソウル・オリンピック〟と呼ばれ、大半の競技がソウル江南地区で行われた一方で、大田、光州、大邱、釜山、水原、城南《ソンナム》、元堂《ウォンダン》といった各都市でも少数ながら競技が行われたのはそのためである。

さて、そうしたオリンピックによる地域開発が非京畿地域にもたらされた代表的な例としては、〝88オリンピック高速国道〟（12号線）を挙げることができる。

88オリンピック高速国道は、大邱と光州の間（正確には大邱広域市達城《タルソン》郡と全羅南道務安《ムアン》郡の間）を結ぶ高速道路で、１９８４年6月に開通した。ちなみに、大邱と光州は、どちらも、１９８８年のオリンピックの地方会場である。

道路の開通にあわせて発行された記念切手（右ページ）を見ていただくとおわかりのように、完成した高速道路は片側一車線（ただし、道幅・路肩は比較的広い）で、山間部を通っているためカーブが多い。

88オリンピック高速国道の開通により、慶尚北道の道庁所在地で韓国第3の都市である大邱と、全羅南道の道庁所在地である光州との間の交通は格段に便利になったのだが、考えようによっては、こうした重要都市間の道路網が、建国後40年近くも未整備のままであったことのほうが驚くべきことといえるかもしれない。

また、道路の名前にあえて〝88オリンピック〟との語句がつけ加えられているのも、１９８０年の光州事件の記憶が生々しく、全斗煥政権に対して複雑な感情を持っていた当時の光州市民に対して、オリンピックの旗印の下での国民の融和と団結をアピールする意図が込められた政治的な判断の結果と見てよいだろう。

なお、韓国の高速国道は、２００１年8月に大幅な路線・区間の制度変更が行われたため、現在の88オリンピック高速国道の正式区間は、古西《コソ》ＪＣＴ（全羅南道潭陽《タミャン》郡）から玉浦ＪＣＴ（大邱広域市達城郡）までの全長１８３キロとなっている。

全斗煥訪日

全斗煥大統領は韓国の国家元首として初めて、日本を公式訪問した。１９８４年９月６日から８日までの３日間にわたる訪問は、前年（１９８３年）１月、日本の中曽根康弘首相が韓国を公式訪問したことへの答礼である。

大統領の訪日に対して、韓国内の反応は、賛否が二分されていた。

賛成派が、両国の不幸な過去を清算し、新しい両国関係を形成するために大統領の訪日は不可欠であると主張したのに対して、反対派は、国民感情を考慮すれば大統領の訪日は時期尚早と反論した。

こうした国内世論は、大統領の訪日に際しては発行された恒例の記念切手（上図）にも少なからぬ影響を与えたようだ。

▲全斗煥訪日の記念切手

すでに何度か述べているように、通常、大統領の外国訪問を記念する切手は、両国の国旗を背景に、両国の元首ないしは首脳の肖像を並べるというのが定型のパターンだった。しかし、今回は全斗煥の肖像は取り上げられたものの、昭和天皇または中曽根康弘首相の肖像は取り上げられず、代わりに、日本を象徴するものとして富士山が描かれた。また、背後の国旗についても、太極旗のみが取り上げられ、日章旗は描かれていない。

解放から39年が過ぎたとはいえ、まだ日本植民地時代の体験者が多数生存していた時代である。対日感情も現在とは比べ物にならないほど複雑で、政府としては、国内での無用の摩擦を避けるためにも、記念切手のデザインをこうしたものとせざるを得なかったのであろう。

9月6日、出発に先立ち、全斗煥は金浦空港で次のように演説する。

「韓日間には不幸な歴史があり、忘れがたい痛手がわれわれの心の底に残っていることも、私はよく承知している。しかし、今は未来のため前進すべきときであり、いつまでも過去にとらわれて前進を拒むべきではない……韓日両国の関係はいまや新しい時代に入ったのである……このような新しい幕開けのため、日本訪問を決意した」

さて、9月6日の午後、全斗煥は東京に到着したが、その日の晩に開催された歓迎晩餐会で、昭和天皇は「今世紀の一時期において両国の間に不幸な過去が存在したことは誠に遺憾であり、再び繰り返されてはならないと思います」と述べた。

これに対して韓国政府は「意義ある表明であり過去に対する真摯な反省と見られる」とのコメントを発表する。国際慣例では、国家間では〝謝罪〟という表現を使わないことを考えると、日本の象徴である天皇が〝遺憾の意〟を示したことは、実質的に〝謝罪〟の表明であると見解である。

一方、一般の国民の間では、天皇の〝遺憾〟表明は物足りないとの声も少なからずあったが、以後、韓国内の対日感情が急速に改善されたこともまた事実であった。

さて、両国首脳の会談は6・7日の両日にわたって行われ、北朝鮮問題への対応や在日韓国人の地位向上、貿易不均衡の是正、産業技術協力の拡大、サハリン残留韓国人問題などが話し合われた。

そして、8日、「朝鮮半島における平和と安全の維持が、日本を含む東アジアの平和にとって重要であり……韓日両国間の幅広い経済協力関係を増進させ、貿易均衡を図ることが重要である」との両国首脳の共同声明が発表され、歴史的な全斗煥訪日は無事に終了した。

ソウル国際貿易博覧会

全斗煥が韓国大統領として初の訪日から帰国して10日ほど後の1984年9月18日、ソウル国際貿易博覧会が開幕した。このイベントは、貿易立国の韓国にとってきわめて重要な意味を持つもので、その開催にあわせて記念切手（下図）も発行されている。

1970～80年代にかけて、韓国経済は急速な成長を遂げてきたものの、1980年代半ばの段階では、中間財、資本財供給産業が十分育っていないため、輸出が増加し景気が拡大すると、その〝副作用〟として輸入も増加するという構造になっていた。

実際、1983年の韓国の業種別輸入依存度の統計を見てみると、電気機械、一般機械では中間需要の約40%が、精密機械にいたっては50%が、輸入品で占められている。

こうした状況であるから、1983年の統計でみると、韓国全産業の輸入誘発係数（最終需要が1単位増加した場合、どの程度輸入が増加するかを示す係数）は0・28となっており、同年の日本の0・11を大きく上回っている。さらに、韓国経済の生命線ともいうべき輸出に限って数字を見てみると、中間段階での輸入依存度が高い加工組立製品が主要輸出品となっていることもあり、輸入誘発係数は0・36にまではねあがってくる。

建国以来、韓国経済は、輸出面では対米依存度、輸入面では対日依存度が高かった。このた

◀ソウル国際貿易博覧会の記念切手

め、アメリカ向けの輸出が増加すれば、必然的に中間財、資本財を中心に日本からの輸入も増加するという構造になっていた。

　1980年代に入って韓国の対米貿易黒字が急速に拡大すると、アメリカは韓国に対して市場開放や為替レートの切上げ等を強く要求するようになった。これに対して、韓国側は、輸入や金融の自由化など、市場開放策を実施するとともに、鉄鋼、繊維等について、アメリカ向け輸出の自主規制を行い、現地生産をも拡大した。

　同時に、貿易収支の黒字基調定着を目指す韓国にとっては、対日貿易赤字を縮小させることも重要な課題であった。

　1970年代後半から1980年代前半の日韓貿易の統計を見てみると、韓国の対日貿易赤字は、1978年をピークにして1982年までは減少傾向にあったものの、1983年以降、再び拡大に転じ、1984年には約30億ドルに達している。

　このため、韓国側は、繊維製品や農水産物等について、日本の市場開放を強く要請。この問題は、全斗煥の訪日に際しても、重要な議題として取り上げられている。

　結局、韓国からの要請に応じて、日本側は、韓国の要求する品目の大半について、関税の引き下げを決定する。同時に、首脳会談の直後にソウルで開催された国際貿易博覧会に、輸入等促進ミッションを派遣している。

　その後も、韓国側は1985年には大型の輸出ミッションを日本に派遣し、日本側も韓国の対日輸出促進のため積極的な協力を行った。

　とはいえ、問題の根本的な解決には、韓国経済の基本構造を変える必要もあり、短期間でそれを行うのは困難であった。このため、韓国の対米黒字と対日赤字がセットで拡大していくという状況は、その後も解消されずに続いていくことになる。

政権発足直後の1981年1月以来、全斗煥大統領が2度目の訪米を行ったのは1985年4月のことであった。

前回の訪米に際しては、光州事件直後の混乱もあって、記念切手の発行は間に合わなかったが、今回は全の肖像と自由の女神を描く記念切手（下図）が発行された。

ちなみに、前年の大統領訪日の切手では、韓国内の国民感情に考慮して、日本側の昭和天皇や中曽根康弘首相の肖像は取り上げられなかったが、これを機に、大統領の外国訪問または外国元首の韓国訪問の記念切手に両国元首の肖像をツーショットで並べるという、従来型の記念切手のスタイルは原則として取

1985年の全斗煥訪米

◀全斗煥訪米の記念切手

られなくなっていく。今回の大統領訪米の記念切手も、そうした流れに沿ったものと見てよい。

さて、前回の訪米に際しては、光州事件の首謀者として死刑判決を受けた金大中の処遇が重要な問題となっていた。結局、金は政治的判断によって刑の執行を停止され、病気療養を理由にアメリカで亡命生活を送っていたが、大統領の訪米直前の2月7日、突如、政府の反対を押し切って帰国する。2月12日の総選挙に向け、1月18日、新韓民主党（新民党）が結成され、韓国内での野党勢力の再編が進んだため、韓国政界への復帰を狙っていた金としては、この機を逃すわけには行かなかったのである。

金の帰国に際しては、フィリピンでのアキノ上院議員暗殺事件の再現が懸念されたため、アメリカ側は、下院議員2名、国務省の前人権担当次官補、元海軍提督など20名を彼に同行させている。

帰国後、金は韓国政府によって自宅軟禁とされ、政治活動は全面的に禁止された。これに対して、アメリカ側が韓国政府による人権侵害に抗議するなど、金大中問題は、全斗煥政権にとって韓米間で喉に刺さった小骨のような存在となっていた。

大統領の訪韓は、こうした状況の下で4月24日から行われたものだが、首脳会談そのものは和やかなムードで無事に終了した。

ところが、大統領が訪米から帰国して早々の5月23日、75名の学生がソウル・アメリカ文化センターを占拠するという大事件が発生する。事件を起こした学生たちは、〝全国学生総連合光州事件闘争委員会〟を名乗り、民主化を求め、アメリカは1980年の光州事件を黙認したことを謝罪せよと要求し、センター2階の図書室に籠城したのである。

韓国政府は、事件の背後に北朝鮮がいるのではないか、アメリカとの関係が決定的に悪化するのではないかと、懸念し、ソウルは緊張状態に包まれた。

結局、事件はハンストに耐えられなくなったこともあって、5月28日、学生らはセンターの占拠を解除する。

一方、アメリカ側は、韓国政府が事件の鎮圧に軍隊を投入せず、学生側に死者が出ないまま比較的早期に解決したことで、韓国政府の対応を評価。韓国側が懸念した韓米関係の悪化は避けられた。

これに対して、野党勢力は、事件の原因は政府が光州事件の真相を国民に納得の行くようなかたちで究明しなかったことにあると主張。以後、政府も事件の真相究明に対して真剣に取り組むことを約束せざるを得ない状況に追い込まれた。

第8次南北赤十字会談が、前回から12年ぶりに開かれたのは1985年5月28日のことであった。2年前のビルマのアウン・サン廟での全斗煥大統領暗殺未遂事件を機に南北関係は最悪の状態にあったが、その後水害に遭った韓国へ北朝鮮が救援物資を送付したり、それをきっかけに韓国が南北経済会談を開催するなど、雪解けムードの中での開催である。

会談の結果、南北両政府は、離散家族の故郷訪問と芸術公演団の交換訪問の実施に合意した。

その背景には、1985年という年が、南北共通の慶事である光復（植民地支配からの解放）40周年の節目に当たっていたことも指摘しておいてよい。

光復40周年の離散家族再会

▲白頭山頂の天池を取り上げた光復40周年の記念切手

韓国で発行された光復40年の記念切手（上図）には、白頭山《ペクトゥサン》頂のカルデラ湖、天池とムクゲの花が描かれている。

いうまでもなく、現在、北朝鮮の領土となっている白頭山は、韓国人にとっても建国神話の故地として重要な意味を持っている。〝朝鮮全土〟を意味する言葉として〝白頭から漢拏（朝鮮南端の済州島にある山）まで〟との表現が用いられるのもそのためである。今回の記念切手に白頭山が取り上げられているのも、そうした全民族的なシンボルを取り上げることで、ソウル・オリンピックを目前に控えた状況の中で（この時点では、北朝鮮に対しても参加が呼びかけられていた）、北朝鮮との平和共存を強調しようとした意図があったものと考えてよいだろう。

さて、5月の南北赤十字会談で合意された離散家族の故郷訪問と芸術公演団の交換訪問は、当然のことながら、光復40年を記念するための格好のイベントとして位置づけられた。

このため、当初の予定では、南北双方は、光復節の8月15日をめどに、離散家族の故郷訪問等を実施すべく、実務レベルでの調整がはかられた。

しかし、5月末の会談から光復節まではわずか2ヵ月半しかなく、現実に、訪問の具体的な実務レベルでの調整を行うための南北の担当者の接触が板門店で行われたときには既に7月15日になっていた。このため、離散家族の故郷訪問等の実現は、最終的に9月20日までずれ込んでいる。

さて、板門店での実務レベル協議での合意事項によると、南北双方は、9月20日から23日までの3泊4日にわたり、ソウルと平壌を交換訪問することが決定された。

これを受けて、1985年9月20日午前9時30分、南北離散家族の故郷訪問が実現され、40年ぶりに、南北双方で離散家族は親族と直接の再会を果たした。その数は、南北双方で151名であった。

離散家族の故郷訪問事業は、このときの訪問をきっかけに、以後、継続して行われることが期待されていた。しかし、韓国国内での民主化運動が高揚して社会状況が不安定になったことや、1987年の北朝鮮による大韓航空機爆破テロ事件などもあり、実質的に途絶えてしまい、再開されたのは2000年のことであった。

一方、離散家族の故郷訪問団とともに、5月の南北赤十字会談で合意されていた、芸術公演団の同時交換訪問も実施された。

こちらに関しては、ソウル芸術団が平壌で、平壌芸術団がソウル国立劇場で、それぞれ、9月21・22日の両日、公演を行い、〝光復40年〟に花を添えている。

韓国、IMF 8条国へ

◀ソウルで開かれたＩＭＦ総会の記念切手

ソウルの中心部、市庁近くのプラザホテル（日本では、ドラマ「冬のソナタ」に登場したホテルといったほうが有名かもしれない）で、ＩＭＦならびに世界銀行の年次総会が開催されたのは１９８５年10月のことである。

ＩＭＦはInternational Monetary Fundの略で、日本語では国際通貨基金と訳される。１９４５年12月のＩＭＦ協定によって発足した機関で、「国際的通貨協力の推進、国際貿易の拡大とバランスのとれた成長の促進、為替安定の促進、多国間決済システム確立の支援、国際収支上の困難に陥っている加盟国への（適切なセーフガードの下での）一般財源の提供をその責務とする」（ＩＭＦ協定第1条）ことを目的としている。２００４年末の時点で１８４ヵ国が加盟している。

ＩＭＦの年次総会は、原則として、ワシントンＤＣで開催されるが、3年に1回はアメリカ以外の国で開催される。アメリカ以外での開催地としては、１９４７年のロンドンが最初で、東アジアでは、１９６４年に東京で開催されたのが最初である。

一方、世界銀行は、正式には国際復興開発銀行（ＩＢＲＤ：International Bank of Reconstruction and Development）という。資本調達が困難な加盟国や民間企業などに長期的な融資を行う機関で、資金は加盟国で世銀債券を発行して調達し、直接、民間企業に融資することになっている。

１９８８年のソウル・オリンピックを控え、先進国の仲間入りを目指していた韓国にとって、〝世界のお金の祭典〟ともいわれるＩＭＦ・世界銀行の年次総会の開催は、韓国経済の発展を国際的にアピールするための重要な機会ととらえられていた。

このため、韓国郵政は総会に合わせて、総会のマーク（南大門と太極マークが組み合わされている）を中央に大きく描いた記念切手（右ページ）を発行している。

一方、世界的に見ると、今回の総会は、直前の１９８５年９月にニューヨークのプラザホテルで開催されたＧ５（アメリカ・イギリス・西ドイツ・フランス・日本の先進５ヵ国蔵相・中央銀行総裁会議）で、アメリカが抱えていた〝双子の赤字〟を解消するため、各国が協調して為替レートをドル安に進めることに合意（いわゆるプラザ合意）した直後であったことから、プラザ合意への各国の対応に注目が集まっていた。

なお、プラザ合意によって、急激な円高・ドル安がもたらされたことで、日本経済はいわゆる円高不況に見舞われたが、韓国経済は、低金利・低原油価格・ドル安の〝三低好況〟に突入。前年までの景気低迷を脱して、一挙に好景気をむかえることになった。

その結果、１９８６年以降、韓国の経常収支は大幅に黒字となり、１９８８年11月、韓国は、国際収支の悪化を理由に為替制限ができない〝ＩＭＦ８条国〟に移行し、韓国ウォンは、外貨と自由に交換できるハードカレンシーになる。

こうして、韓国は名実ともに〝先進国〟の仲間入りを果たしたわけだが、１９８５年のＩＭＦ・世界銀行の年次総会は、その前兆を告げるイベントとなったとみなすこともできよう。

1986年の日韓関係

日本との国交正常化20周年にあたる1985年12月18日、韓国郵政は、富士山の脇を飛ぶ大韓航空機を描いた、国交正常化20周年の記念切手（下図）を発行した。切手の発行日はソウルで批准書が交換され、日韓条約が発効した日で、韓国で日本との国交正常化を記念する切手が発行されたのは、これが最初であった。

韓国での記念切手発行に先立ち、同年9月18日、日本では日韓国交正常化20年の記念切手（左ページ）が発行されている。日本側の記念切手には、韓国を象徴するものとしてムクゲの花が取り上げられている。なお、当時の日本国内では、北朝鮮に対して親和的な一部の〝進歩的知識人〟から、韓国との友好関係をうたいあげる切手の発行は、北朝鮮敵視政策であるとの批判が寄せられたが、一般の支持は得られなかった。

▲韓国が発行した韓日国交正常化 20 周年の記念切手

さて、両国が相次いで国交正常化の記念切手を発行した背景には、前年の全斗煥訪日をきっかけに互いに友好関係を増進させようとしていた両国政府の意図があったことは間違いない。

また、年が明けた1986年2月には、大宇自動車と日産自動車が商用車の生産で技術供与の契約を結ぶなど、日韓関係は1986年以降も順調に推移していくものと思われていた。

しかし、1986年9月、こうした良好な日韓関係に水を指すような事件が発生する。

すなわち、9月5日、中曽根康弘内閣の文部大臣だった藤尾正行が雑誌『文藝春秋』10月号の誌上で「日韓併合は伊藤博文と韓国を代表していた高宗《コジョン》との談判、合意に基づいて行われている。韓国側にもやはりいくらかの責任なり、考えるべき点はあると思う。もし合邦がなかったら、清国が、ロシアが、あるいは後のソビエトが、朝鮮半島に手をつけなかったという保証があるのか」との持論を展開していたことが発覚。さらに、『文藝春秋』に掲載されていた藤尾の文章には、日中戦争の際のいわゆる南京虐殺事件に関する〝放言〟や、「東京裁判は暗黒裁判だ」とする内容も含まれていたため、韓国ならびに中国政府が激怒している。

当時、首相の中曽根は、9月中の韓国訪問を予定していた。また、７月の衆参ダブル選挙での自民党の大勝を受けて、１９８７年10月まで自民党総裁の任期を1年間延長することを目論んでいたこともあり、近隣諸国との関係悪化を懸念して藤尾に発言の撤回と大臣辞任を要求した。ところが、藤尾は頑として受けつけず、9月８日昼の政府・与党首脳会議の場で、「日韓併合は韓国側にも責任」があったとする持論を延々と展開。このため、同日夜中曽根は藤尾を罷免している。

藤尾の罷免後、官房長官の後藤田正晴は、近隣諸国に無用の誤解を招いた藤尾発言を遺憾とし「近隣諸国との友好関係を維持前進させる外交姿勢に変更なし」との談話を発表。藤尾問題が解決したところで、9月11日、自民党の両院議員総会は、党則を改正して中曽根の総裁任期の一年間延長を決定した。

その後も、時おり藤尾発言に類する発言が日本の政治家によってなされているが、そのたびに、われわれは〝歴史認識〟の共有がいかに難しいものであるか、認識させられている。

▲日本で発行された国交正常化20周年の記念切手

江南の開発

「漢江総合開発計画」と題する切手（下図）が、1986年9月に発行された。切手には、この時期、急激に発展を遂げたソウル江南地区を代表する光景として、漢江鉄橋と63ビル（ユクサン・ビルディン）、遊覧船と高層ビル群、ソウルタワーとビル群が、それぞれ描かれている。

1970年代半ば、経済発展に伴い急激な都市化・産業化が進んだソウルでは、それまでの4大門（東西南北の大門）を中心とした江北《カンブク》地域の開発が限界に達していた。首都ソウルでの成功を夢見て上京する地方出身者が殺到し、人口が飽和状態となったためである。

このため、それまで漢江を南端としていたソウル地域（江北）を、漢江の南側、すなわち江南にまで拡大することで問題を解決するというプランが自然発生的に立てられることになる。

かつての江南地域は大根と白菜を主要な作物とする農村地帯で、漢江を往来する交通も不便であったが、この地域へのアパート建設に合わせて、1982年12月、地下鉄2号線第2期区間（総合運動場〜教大間の5・5キロ）が開通したことで、一挙に交通アクセスの便が改善される。そして、1984年5月の地下鉄2号線（環状線）全線開通により、地下鉄2号線の江南駅は1日の利用者が15万人を数える巨大ターミナルとなり、駅周辺の開発が急激に進むこと

▲「漢江総合開発計画」の切手

になった。

ちなみに、地下鉄開通以前の1974年から営業していた〝ニューヨーク製菓店〟は、その後、駅周辺の開発が進むに連れて街の商業圏の中心的存在になり、現在では、江南地区の有名な待ち合わせスポットとして日本の観光ガイドにも取り上げられるほどだ。

その後も、ソウル・オリンピックの競技施設が相次いで建設されたこともあって、江南地区のインフラ整備は急ピッチで進められ、地下鉄の江南駅の上空には、江北と江南を結ぶ漢南大橋から伸びる江南大路が通り、南部の良才洞や郊外の京畿道城南などと接続すると、さらに江南地域に人口が呼びよせられることになった。

オリンピック終了後の1990年代に入ると、江南の地域開発はさらに南の地域へも広がり、ソウル市の範囲を超えて京畿道南部地域にまで拡大した。

特に、オリンピック以後の大規模土木プロジェクトとして、1988年、政府は住宅建設200万戸計画を発表。ソウル圏への人口集中に伴う住宅不足を解消するため、京畿道内に、城南市盆唐《プンダン》、高陽《コヤン》市一山《イルサン》、安養《アニャン》市坪村《ピョンチョン》、富川《プチョン》市中洞《チュンドン》、軍浦《クンポ》市山本《サンボン》の五つの〝新都市〟（住宅の供給を目的に、ほとんど無から人工的につくられた、文字通り新しい都市）を建設する。

さらに、これらの新都市に続いて竜仁《ヨンイン》、水原などにアパート団地、大学、工業団地などが相次いで建てられ、1990年後半には、江南駅の東西を軸とした道路、テヘラン路周辺が韓国最大のオフィス街の一つとして発展した。

こうして、江南駅周辺を中心に、京畿道南部までを含む巨大な経済圏が建設され、現在にいたっているわけだが、切手に描かれている光景は、そうした江南の発展がスタートした初期の状況を記録するものとして、歴史的な資料としても興味深い。

オリンピックを前に政府は軟化

◀1986年から翌年にかけて発行されたオリンピックの寄付金つき切手（右ページとも）

オリンピック開催前年の1987年に入ると、韓国の政局は年末の大統領選挙に向けて流動化する。

すでに、前年の1986年2月には野党勢力が大統領の直接選挙（当時の韓国では、憲法の規定で大統領は国会議員による間接選挙になっていた）を要求して1000万人署名運動を開始していた。

これに対して、1987年4月13日、全斗煥大統領は〝護憲措置〟（発表の日付から4・13措置とも呼ばれる）を発表。憲法改正とその焦点となる大統領直接選挙制について論議の延期を表明し、問題を先送りしようとした。

大統領による護憲措置は野党勢力を強く刺激し、5月27日、彼らは〝護憲反対・民主憲法奪取国民運動本部〟（以下、国民運動本部）を設置。政府との対決姿勢を強めていった。

こうした中で、6月10日、全は大統領の後継候補として、陸軍士官学校時代の同期生で腹心の盧泰愚を指名。大統領直接選挙の実施は否定したものの、従来の大統領とは異なり自らは1期で退陣することを明らかにした。事態の沈静化をはかるためである。

ところが、同日、国民運動本部が組織した〝ソウル大学生拷問死糾弾　4・13措置撤回〟の大集会を警官隊が阻止し、学生らと激突するという事件が発生する。

ここでいう〝ソウル大学生拷問死〟とは、１９８６年4月に街頭デモで逮捕されたソウル大学生の朴鍾哲《パクチョンチョル》が、有罪判決を受けて執行猶予中の１９８７年1月14日、手配中の友人の居所について警察の取調べを受け、取調べ中に拷問で死亡したというもの。当初、当局は事件の揉み消しをはかったが失敗し、新聞各紙は警察による拷問死と隠蔽工作を大々的に報道していた。

当然、野党側は、この事件を〝軍事独裁体制〟の強権支配を象徴するものとして糾弾。事件に対する抗議活動は、大統領の直接選挙を求める民主化運動と結びつき、政府を大きく揺さぶっていた。6月10日に国民運動本部が〝ソウル大学生拷問死糾弾　4・13措置撤回〟の大集会を組織したのも、こうした背景事情によるものである。

さて、6月10日の盧泰愚後継指名と大集会の阻止は、民主化運動に一挙に火をつけることになり、翌11日に韓国全土で行われたデモには、のべ70万人が参加し、1万数千人が警察に連行されたという。さらに、6月26日には民主化運動はピークに達し、全国37都市で１８０万人が参加する国民平和大行進が行われた。

以前の韓国政府であれば、こうした民主化運動の高揚は、躊躇《ちゅうちょ》なく武力で弾圧したのだが、この時期は、翌１９８８年のオリンピック開催を控えて、国際世論への配慮もあって、強硬手段をとれない状況にあった。

実際、１９８６年から１９８７年にかけて韓国で発行された切手を見てみると、ここに示すようなオリンピックを題材とする切手がしばしば発行されており、当時の韓国政府が何よりもまず、オリンピックを無事に開催することを最優先にしていたことがうかがえる。

こうした中で、いよいよ、6月29日、与党の大統領候補であった盧泰愚が〝民主化宣言〟を発することになる。

6·29 民主化宣言

ソウル・オリンピックを翌年に控えた1987年6月、韓国国内は〝6月民衆抗争〟と呼ばれる民主化運動の高揚期を迎え、全国各地で大規模なデモがあいついで発生した。

民主化運動の高揚に対して、全斗煥大統領は戒厳令を施行し、これを武力で制圧することも考えていた。しかし、政府・軍の大勢は、戒厳令の施行には反対であった。戒厳令の施行で〝軍事独裁〟の対外イメージが強まれば、それを口実にソウル・オリンピックへの参加をボイコットする国が現れないとも限らないし、最悪、韓国が国際的に孤立しオリンピックの開催そのものを返上せざるをえなくなるおそれもあったためである。

◀1987年の「国軍の日」の記念切手

また、韓国にとって後見役ともいうべきアメリカも、民主主義世界の盟主という立場から、戒厳令の施行には断固反対であった。

こうしたことから、6月27日、全は戒厳令の施行を断念せざるを得なくなった。

これに対して、与党の大統領候補となった盧泰愚は、6月29日、「国民大和合と偉大なる国家への前進のための特別宣言」を発表し、与党の政治家として、大統領直接選挙制と言論の自由化を提案する。いわゆる〝6・29民主化宣言〟である。

そして、7月1日、手詰まりになっていた全が盧の提案を受け入れることを発表したことで、韓国は民主化に向けて大きく動き出すことになった。

もっとも、国民の民主化要求を大筋で受け入れたとはいえ、政府には、このまま野党勢力の伸張を許すつもりはなかった。

そのため、野党勢力を分断する目的で、７月９日、金大中の赦免・復権措置が発表される。それまで政治活動を禁じられていた金大中の復権を認めて彼を大統領選挙に立候補させ、おなじく野党の大統領候補であった金泳三と票の食い合いをさせるためである。

また、民主化運動の熱気にあおられて労働争議が拡大する中で、政府は労働法の改革を労働者に約束。労働運動に関しても、穏健派と急進派を分断させる作戦に出た。

これらはいずれも、野党勢力を分断した上で、急進的勢力に容共派ないしは親北派のレッテルを貼り、彼らに対する国民の支持を低下させようというものであった。

こうした状況の中で、９月30日、〝国軍の日〟の記念切手（右ページ）が発行されたのも、そうした政治的文脈に沿ったものと考えてよい。

光州事件を経て成立した全斗煥政権は、軍事独裁との内外からの批判を避けるためか、１９８０年以来、国軍の日に記念切手を発行してきたことはない。また、１９４８年に発足した韓国軍の建軍40周年は翌１９８８年であり、39周年にあたる１９８７年の切手発行はなんとも中途半端な年回りである。それにもかかわらず、あえて国軍の日の切手が発行されているのは、年末の大統領選挙をにらんで、韓国が北朝鮮の軍事的脅威にさらされているという現実を改めて国民に強調し、容共派・親北派が勢力を伸ばすことへの国民の警戒心を呼び覚ます狙いがあったためと思われる。

はたして、大統領選挙直前の11月29日、北朝鮮が大韓航空機爆破事件を起こすと、政府・与党のこうした選挙戦略は大いに功を奏し、金大中・金泳三の両陣営に分裂していた野党側は致命的な打撃を受けることになる。

大韓航空機爆破事件

◀金日成のモンゴル訪問の記念切手。北朝鮮は、ソウル・オリンピック妨害工作をやめる意思表示として、この切手を出したと考えられる。

大統領選挙を目前に控えた1987年11月、北朝鮮工作員の金勝一《キムスンイル》（日本の偽造パスポートで蜂谷真一と名乗っていた）と金賢姫《キムヒョニ》（同じく蜂谷真由美と名乗っていた）がバクダード発バーレーン経由ソウル行きの大韓航空機858便を爆破した。いわゆる大韓航空機爆破事件である。

当初、北朝鮮側は、事件は大統領選挙を控え与党候補・盧泰愚を当選させるための韓国側の自作自演であると主張したが、バーレーン当局に身柄を拘束され、韓国に移送された金賢姫（金勝一はバーレーンで取調べ中に服毒自殺した）の供述により、事件が金正日の指示によるソウル・オリンピック妨害のための謀略であったことが明らかになった。

事件の結果、国際社会は北朝鮮に対してテロ国家との印象を強くし、北朝鮮の国際的孤立はいっそう深刻となった。

特に、事件の実行犯がハンガリー経由でバグダードに入ったことから、ハンガリー当局は当初から事件が北朝鮮による謀略であることを察知し、ハンガリーを通じて事件の真相は社会主義諸国にも知れ渡った。そして、その結果、北朝鮮は社会主義諸国の反発も招き、事件直後、ソ連と中国がソウル・オリンピックへの参加を正式に表明することになる。

追い詰められた北朝鮮は、米韓合同演習（チームスピリット）をとらえて「朝鮮半島は戦争瀬戸際だ」と主張して戦争の危機の大々的な宣伝を行い、中国・ソ連に対して有事の際の支援を要請する。しかし、当然のことながら、中ソ両国はこうした北朝鮮の主張をまともに相手にせず、かえって、北朝鮮に対する反感を募らせることになった。

　こうした状況の中で１９８８年6月、北朝鮮の国家主席であった金日成がモンゴルを訪問した。金日成は鉄道を使い中国経由で2日かけてウランバートルへ到着したが、途中の全通過駅で金日成は中国側の〝出迎え〟を受け、要人が列車に乗り込んでウランバートルまで同行した。また、ウランバートル到着時には、ソ連側要人が金日成を出迎えたほか、帰路、ハバロフスク近郊でのソ連副首相との会談などが行われた。これらの機会をとらえて、中ソ両国は、北朝鮮に対して、これ以上ソウル・オリンピックを妨害するのであれば、平壌で開催予定の世界青年学生祭典（北朝鮮がソウル・オリンピックに対抗して企画したイベント）をボイコットする、として北朝鮮に圧力をかけたという。

　結局、北朝鮮も中ソ両国の説得を受け入れざるをえず、ようやく、ソウル・オリンピックに対する妨害工作は中止された。

　さて、１９８８年8月30日、北朝鮮は金日成の帰国から2ヵ月も経過してから、金日成のモンゴル訪問を記念する切手（右ページ）を発行した。上記のような政治的文脈を考えると、この記念切手は本来の目的のために発行されたというより、金日成のモンゴル訪問時に中ソ両国の行った説得を北側が受け入れたというシグナルを出すために発行されたと考えるほうが妥当であろう。

　ちなみに、ソウル・オリンピックの開幕は、この切手が発行されてから間もない9月17日のことであった。

Column

郵便作業の機械化

「漢江の奇跡」と呼ばれる高度経済成長の影響で、1960年代後半以降、韓国でも郵便物の取扱量が激増。このため、郵便局内の作業で最も労力のかかる郵便物の区分について、1970年7月1日から郵便番号制度が導入された。

　周知のように、郵便番号は全国の郵便局の配達担当区域に一定の番号を割り振っておき、利用者が郵便物に記載した番号を機械で読み取って区分作業を行うというシステムである。ちなみに、世界で最初に郵便番号制度を導入したのは1959年のイギリスで、日本では1968年に導入されている。

　現在、韓国の郵便番号は6ケタになっているが、当初は、3ケタないしは5ケタの番号を封書や葉書の上部に設けられた枠内に記入する方式が採用された。これは日本と同じシステムで、郵便番号の読み取り機が日本製であったことによる。

　ついで、1979年以降、日常的に使用される通常切手に関しては、印面の周囲に特定の色の枠を印刷し、その色によって郵便物の種別を機械で読み取る色検知システムが導入された。たとえば、同システム導入以前の1973年の10ウォン切手では、鶴のとまっている松の木は印面の底辺まで伸びているが（a）、システム導入後の1979年の切手では、読み取り用のため、木と底辺の間に色枠が設けられている（b）。

▲色検知システムの導入前後で図案が微妙に変化した切手の例

　色検知システムは日本で行われていたものを韓国でも導入したもので、読み取り機（郵便物の種別を読み取り、消印の押印作業まで行う）も日本製であった。このため、韓国切手の中には日本の郵便局の機械で読み取れるものもある。

　日本による経済的・技術的支援は韓国の経済成長を後押ししたが、郵便システムもまた例外ではなかったのである。

第6章

盧泰愚時代

1987～1992

1987年
憲法改正〈第6共和国〉
1988年
ソウル・オリンピック開催
1989年
林秀卿事件
韓ソ国交樹立
1991年
南北国連同時加盟
1992年
韓中国交樹立

▲「科学シリーズ」第5集として1990年4月21日に発行された金銅弥勒半跏像（左）と青銅剣の鋳型（右）

盧泰愚政権の発足

大韓航空機爆破事件の衝撃が韓国社会全体を覆っていた1987年12月16日、大統領選挙が実施された。

この年6月29日、与党・民正党の大統領候補であった盧泰愚が大統領の直接選挙正と言論の自由化を提案（〝6・29民主化宣言〟と呼ばれる）したのを現職大統領の全斗煥が受けいれるかたちで、10月27日、韓国では国民投票で憲法が改正された。その規定によると、大統領は直接選挙制となり、任期は7年から5年に短縮し、重任は認めないことが定められた。また、言論・集会の自由が明文化され、大統領の国会解散権と国家非常事態宣布権は廃止された。

このように、民主化ムードが高揚する中で、野党勢力が大統領候補を一本化することに成功していれば、全斗煥の盟友であった盧泰愚の大統領当選は非常に難しかったといわれている。

しかし、野党側は、統一大統領候補の座をめぐって金泳三と金大中が激しく対立。投票日直前の11月12日、金大中が金泳三と袂を分かって統一民主党を離脱し、平和民主党を結成して大統領選挙に出馬するなど、候補一本化に失敗。

さらに、北朝鮮による大韓航空機爆破事件で、韓国世論が〝容共派〟に対して警戒感を強めたこともあって、政府・与党の立場を背景に、潤沢な選挙資金をフルに活用した盧泰愚陣営（盧陣営が使った選挙費用は2

▲盧泰愚大統領就任の記念切手

億５０００万ドルにものぼったという）が勝利を収める結果となった。

　この選挙で大統領に当選した盧泰愚は、１９３２年、大邱に生まれた。18歳のときに朝鮮戦争が勃発すると陸軍に入隊し、陸軍士官学校では全斗煥と同じ第11期生になった。１９６１年5月の朴正煕の軍事クーデターの際には、全とともにいち早くこれを支持。朴政権下の１９６８年には、全を中心とした陸軍内の私的組織として〝ハナ会〟をつくり、軍内での発言力を増していくことになる。

　軍人としての盧は、防諜部隊将校としてキャリアを積み、空輸特戦旅団長、第9師団長などを歴任。１９７９年12月、朴正熙暗殺事件後の軍事クーデターの際には、全を支えて首都警備司令官に就任し、いちはやく全に大統領への就任を進言したといわれている。

　続く光州事件でも民衆弾圧において重要な役割を果たした盧は、１９８１年に軍を退役。以後、全斗煥の第５共和政下では、国民の民主化要求に対して柔軟な姿勢を示す与党内穏健派の中心人物となった。このため、一時的に全との盟友関係にひびが入ることもあったが、政務第2長官、体育相、ソウル・オリンピック組織委員長などを歴任して全の後継者としての地位を固め、１９８７年6月10日、全によって与党の大統領候補に指名された。上述の6・29民主化宣言は、国民の民主化要求が高まる中で、次期大統領候補としての公約という意味合いを持って発せられたものであった。

　さて、盧の大統領就任式は１９８８年2月25日に行われ、その前日、彼の大統領就任を記念する切手（右ページ）が発行された。切手のデザインは盧の肖像と五輪スタジアムを描くもの。オリンピックの組織委員長という実績を前面に押し出して大統領に当選した盧らしいデザインといってよいだろう。

セマウル疑惑

1988年2月、前年末の選挙で勝利を収めた盧泰愚が、第13代韓国大統領に就任した。

当初、前大統領の全斗煥は、かつての側近であった盧泰愚を与党の大統領候補に指名し、院政を布くことを企図していた。

これに対して、盧泰愚は選挙戦の過程で〝6・29民主化宣言〟を発し、国民の民主化要求を背景に権力の座に就いたこともあって、軍事独裁政権のイメージが強い全斗煥の第5共和制時代との断絶を、早急に国民にアピールする必要に迫られていた。

こうした盧の全離れの決定的な第一歩となったのが、盧の大統領就任早々、1988年3月31日に摘発されたセマウル疑惑である。

◀セマウル運動20年の記念切手

セマウルとはもともとは〝新しい村〟の意味で、1970年4月、当時の大統領、朴正煕が北朝鮮の千里馬運動に対抗するものとして、この名を冠した大規模な農村開発運動を提唱した。この運動は、1971年から、「勤勉」「自助」「協同」を基本精神として、全国規模に拡大され、農村の経済開発が本格的に進められていくことになる。

セマウル運動は、朴正煕の死後、全斗煥政権下でも継承され、農村の近代化、農家所得の増大、農業生産力の拡大といった所期の目的は、いちおう達せられた。

しかし、独裁政権下の大規模国家プロジェクトの常として、国民の間では、権力中枢に連なる有力者がセマウル運動を悪用して私腹を肥やしているとの噂が絶えなかった。

　盧泰愚政権は、こうしたセマウル運動をめぐる前政権の不正を摘発することで、全斗煥時代との決別を国民に印象づけようとした。そうしなければ、4月の国会議員選挙で与党側の議席減を最小限に食い止めることは不可能だったからである。

　かくして、3月31日、全斗煥の実弟でセマウル運動本部長であった全敬煥《チョンギョンファン》が、業務上横領など六つの容疑で大検察庁に逮捕された。

　これを機に、セマウル運動は、当初の目的を達していたこともあって、名実ともに終結に追い込まれる。

　ただし、当時の韓国世論はセマウル運動を短絡的に不正の温床と決めつけてこれを論難していたが、運動の実績には評価すべき点が少なからずあったことも事実である。そうした歴史に対する評価のバランスを取るためであろうか、セマウル疑惑のほとぼりが冷めた1990年には、韓国郵政はセマウル運動20年の記念切手（右ページ）を発行し、過去の運動の功績を再評価している。

　さて、大統領の実弟の不正蓄財事件に対して国民は激昂し、盧泰愚政権に対する院政を目論んでいた全斗煥の政治的影響力は完全に消滅した。

　もっとも、全斗煥時代の言論統制に対して鬱積していた国民の不満は、政府の予想以上に強く、4月の国会議員選挙では、全斗煥体制を支えていた議員の大半が落選。国会では与党が過半数を獲得できず、野党が多数派を占めるという異例の結果となった。

　こうした状況の下、韓国社会はいよいよ第5共和制の本格的な清算に向けて動き出すことになる。

▲1973年に発行されたセマウル運動のキャンペーン切手

盧泰愚政権発足後最初の国会議員選挙は１９８８年４月に投票が行われた。

その結果、第５共和制下で全斗煥を支えた議員のほとんどが落選し、与党は議会内少数派に転落。野党が過半数を占めるという韓国史上かつてない事態となった。

中でも、金大中のひきいた平和民主党は71議席を獲得し、一躍、野党第１党に躍進した。これを受けて、選挙後の国会には、野党第１党の党首となった金大中が、実に17年ぶりに出席。代表演説を行った。

このときの演説で、金大中は〝五共清算〟（第５共和制の総括）をとなえ、光州事件の徹底糾明と全政権の不正・腐敗を要求する。

憲法裁判所の設置

▲憲法裁判所１周年の記念切手

こうして、野党勢力が勢いづく中で、ソウル・オリンピック開会（９月17日）直前の９月１日、民主化運動の成果ともいうべき憲法裁判所が活動を開始する。

憲法裁判所は、１９８７年10月の憲法改正によって設置が決められたもので、憲法第１１１条によると、以下の業務を行うことになっている。

①法院の提請による法律の違憲性の審判
②弾劾の審判
③政党の解散の審判
④国家機関相互間、国家機関と地方自治団体間又は地方自治団体相互間の権限争議に関す

る審判
⑤法律が定める憲法訴願に関する審判など

また、憲法裁判所は大統領が任命した9名の裁判官で構成されることになっているが、このうちの3人は国会が選出した者を、また別の3人は大法院長（日本の最高裁長官に相当）が指名した者を、大統領は任命しなければいけないことになっているほか、憲法裁判所の長は国会が同意しなければ大統領が任命できないとされている。

この規定からもわかるように、憲法裁判所は、国民の権利・自由を擁護し、国家権力の濫用を牽制する独立の機関、端的に言えば、大統領の暴走を食い止めるブレーキ役という性質の機関である。長年、軍事独裁政権下で国民の権利と自由が抑えられてきたことへの反省を踏まえたものといってよい。

実際、憲法裁判所が発足する以前も、三権分立の建前から、大法院には違憲立法審査権が認められていたが、実際に大法院が違憲判決を下した例は10件程度しかなかった。

ところが、憲法裁判所の設置後は違憲判決が急増し、2003年までの15年間で違憲判断は約200件にも上っている。中には、拘置所において腰板しかないトイレは違憲との判決が出るなど、われわれの感覚からするといささか行き過ぎの感も否めないが、行政権力を徹底的に監視しようという姿勢は民主主義の基本に忠実であると評価することもできよう。

さて、憲法裁判所の開設は、ソウル・オリンピックの直前であったため、韓国郵政も余裕がなかったのであろう。このときには、記念切手は発行されなかったが、開設1周年に当たる1989年9月1日、韓国郵政は、『経国大典』（朝鮮王朝の法体系がまとめられた法典）をバックにした法の女神の像を取り上げた記念切手（右ページ）を発行し、民主化の成果を内外にアピールしている。

ソウル・オリンピックの開幕

「平和・和合・繁栄」のテーマの下、1988年9月17日から10月2日まで、夏季オリンピック大会がソウルで開催された。いわゆるソウル・オリンピックである。

　オリンピックの夏季大会は、前々回（1980年）のモスクワ大会を西側諸国の一部などがソ連軍のアフガニスタン侵攻に抗議してボイコットし、その報復として、前回（1984年）のロサンゼルス大会を東欧諸国がボイコットしたため、米ソの2大国が揃って出場したのは1976年のモントリオール大会いらい、実に12年ぶりのことであった。また、アジア地域の夏季大会の開催は、1964年の東京大会に続いて2度目のことであった。

◀ソウル・オリンピック開会式の様子をとりあげた「ソウル・オリンピック成功」の記念切手

　さて、ソウル大会には、159の国や地域から8465人（内訳は、男性6279人、女性2186人）が参加し、23競技237種目が行われた。

　開会式が行われたメインスタジアムは、ソウルの松浪区にあるソウル蚕室《チャムシル》総合運動場（通称・ソウル・オリンピックスタジアム。左ページ上）。1986年にオリンピックのプレ大会となったアジア競技大会に合わせてオープンし、当時の収容人員は10万人（現在は6万1000人程度に縮小されている）である。

　開会式では、ソウル芸術団による民俗舞踊をはじめさまざまな趣向が凝らされたが、客席が一番沸いたのは、聖火リレー（左ページ下）のランナーとして、往年の名選手、孫基禎《ソンギジョン》が満員のスタジアムに入ってきた瞬間であった。

孫は、南昇龍《ナムスンニョン》とともに日本統治下の１９３６年にベルリン・オリンピックのマラソン代表として出場。孫が金メダル、南が銅メダルという好成績を残した。

しかし、当時の朝鮮は日本の植民地であり、孫と南は〝日本代表〟としての出場であったため、表彰台で太極旗ではなく、日章旗を見上げるという屈辱的な体験を強いられた。

こういう事情があったため、孫は悲劇の英雄として、ベルリンでの金メダル獲得から約半世紀後の１９８８年、祖国で開催されたオリンピックの聖火ランナーとして〝ウイニング・ラン〟をする機会を得たのである。

さて、当時の孫は76歳という高齢であったため、トラックを半周した後、聖火を若い選手に渡して退場した。

ところが、その選手が聖火台に成果を点火した瞬間、聖火台の縁にとまって羽を休めていた鳩の群が一瞬にして炎に巻き込まれて一部が焼け死ぬというハプニングが発生。平和のシンボルが聖火で丸焼けになるとは何事かというクレームが相次ぎ、孫の〝ウイニング・ラン〟の感動もいささか水を浴びせられる格好になった。

こうしてはじまったソウル・オリンピックの開会式の模様は、大会終了後の１９８８年12月、韓国郵政が発行した〝ソウル・オリンピック成功〟の記念切手（右ページ）に取り上げられているが、当然のことながら、切手上には聖火に焼かれている鳩の姿は分からないよう、トリミング処理が施されている。

▲オリンピック・スタジアムを描く寄付金つき切手

▲聖火ランナーを描く寄付金つき切手

北朝鮮のオリンピック対抗策

ソウル・オリンピックは、若干のトラブルはあったものの、心配されていた北朝鮮による会期中の妨害工作もなく、１９８８年10月２日に閉幕した。

その直後の10月４日、大統領の盧泰愚は国会で演説し、南北首脳会談の平壌開催と南北不可侵宣言討議の受け入れを表明する。さらに、同月18日には、盧は国連で演説し、南北朝鮮と米・日・ソ・中の六者和平会談を提唱。南北首脳会談の実現、社会主義国との関係改善を訴えるなど、北朝鮮との関係改善に向けた積極的なアクションをおこしている。

その一方で、国内では、11月23日、〝五共清算〟キャンペーンを受けた前大統領の全斗煥が、「在任中に起きた不正・非理に対し謝罪し、全財産を国庫に献納する」との声明を発して江原道の山奥の寺に隠遁した。

こうして、オリンピックの成功によって自信を強めた盧泰愚政権は、内政・外交ともに安定期を迎えることになる。

一方、ソウル・オリンピックの成功を北朝鮮はどのように見ていたのだろうか。

大韓航空機爆破事件などのオリンピック妨害工作が頓挫し、国際的な孤立を深めていた北朝鮮は、翌１９８９年７月に開催の世界青年学生祭典を成功させることで、国民の求心力を高め、外交失地の挽回を図ろうとしていた。

▲平壌の“記念碑的建造物”を取り上げた北朝鮮の切手つき封筒。印面部分は柳京ホテル

そのために行われたのが、首都・平壌での大規模な土木プロジェクトである。

ソウル・オリンピックの開催決定を受けて、当初、北朝鮮は南北共催を主張して対外的な面目を保とうとしていた。その一環として、彼らは、１９８０年代初めまではアンコルと呼ばれていた平壌市西部一体の雑木林に青春街スポーツ村（サッカー競技場、バドミントン競技場、重量挙げ競技館、屋内プール、バレーボール競技館、バスケットボール競技館、卓球競技館、軽競技館、重競技館などから構成されている）を建設。さらに、平壌市東端の綾羅島《ルンラド》には五一《オイル》競技場（メーデー・スタジアム）を建設した。また、世界最大規模を誇るとされる巨大な三角形の柳京《ユギョン》ホテルの建設も進められた（右ページ）。

もっとも、国家の威信を示すための記念碑的建造物という性格が強く、実用性という点では大いに疑問符のつくものであった。

たとえば、スポーツ施設はどれも必要以上に巨大なもので、収容規模15万人といわれる五一競技場などは、広すぎて肝心の競技が見えないという批判もある。また、柳京ホテルにいたっては、途中で力尽きて工事が中断されたまま、現在なお、野ざらしのまま、まさにモニュメントとして平壌市内に放置されている。

こうした土木プロジェクトにかかった費用は、推定47億ドルとされるが、この金額は、一説によると、当時の北朝鮮のＧＮＰに匹敵する金額という。

当然のことながら、その負担は北朝鮮にとってあまりにも大きく、ただでさえ疲弊していた北朝鮮経済は、こうした記念碑的建造物の建設によってますます圧迫されることになったのである。

▲五一競技場を描く北朝鮮切手

世界青年学生祭典と林秀卿事件

北朝鮮が発行した林秀卿の切手▶

ソウル・オリンピックに対抗するためのイベントとして、北朝鮮は1989年7月1日から8日にかけて、「反帝国主義の連帯と平和親善」をスローガンとして、平壌で世界青年学生祭典を開催した（左ページ）。

世界青年学生祭典は、「反帝・反戦・平和・親善・連帯」を主なテーマに掲げ、社会主義諸国ならびに全世界の左翼系諸団体に属する青年学生たちの参加によって開かれてきた世界的規模の祭典で、スポーツのみならず、文化芸術・政治プログラムも組まれており、社会主義国におけるユニバーシアードと呼ばれることもあったが、オリンピックに比べると参観者にとっての娯楽性はきわめて低い。

その第1回祭典は、1947年にチェコスロバキア（当時）のプラハで開催され、以後、社会主義諸国の持ち回りで開催されてきた。1989年に平壌で開催されたのは、第13回祭典である。

北朝鮮当局の発表によれば、「世界5大陸の180ヵ国から集まった青年学生たちと60余の国際および地域機構祝典代表者たち、国家首班たちをはじめとする数多くの名誉賓客たち」が参加したことになっている。しかし、北朝鮮側が主張する〝参加者〟の中にはグリーンランド、モスクワのルムンバ友好大学、西ベルリン市などもカウントされており、発表された数字に水増しの感は否めない。

　こうした中で、韓国の学生組織、全国大学生代表者協議会（全大協）の代表として、韓国外国語大学フランス語科の学生、林秀卿《イムスギョン》が世界青年学生祭典に参加するために入北したことは、韓国社会に大きな衝撃を与えた。

　さらに、林は、世界青年学生祭典終了後、朝鮮の平和と統一のための示威活動として白頭山から出発した「国際平和大行進」を行い、8月15日、板門店を強行突破して韓国に入って、国家保安法違反で逮捕された。

　一方、北朝鮮は林の事例をもって〝南朝鮮〟も世界青年学生祭典に参加したと主張。林を〝統一の花〟、〝民族の娘〟として象徴化し、彼女の肖像を取り上げた記念切手（右ページ）も発行している。なお、シートの余白部分に、彼女が行進中に掲げていた「共に行こう　白頭から漢拏まで（朝鮮半島最北端の白頭山から韓国最南端の済州島・漢拏山までの意）、漢拏から白頭まで！」とのスローガンを表現して、済州島を含む朝鮮半島全図が描かれている。

　また、この事件は北朝鮮国内でも大々的に報じられたが、それにより、彼女は、北朝鮮の一般市民が目にする数少ない西側の若者の〝見本〟となり、亡命者の証言によれば、北朝鮮の若い女性の間では、一時期、彼女を真似た髪型が流行したこともあったといわれている。

　さて、ソウル地裁は、事件後、林に対して懲役10年（求刑15年）の判決をいいわたした。ただし、ソウル高裁はこれを懲役5年に減刑。さらに、1992年のクリスマス特赦によって、彼女も仮釈放されている。

　その後、彼女は新聞記者と結婚して子供にも恵まれ、普通の一市民として幸福に暮らしているようだ。

▲世界青年学生祭典の切手

韓ソ国交樹立と北朝鮮

◀1980年代、ソ連の歓心を買うために北朝鮮が発行したソ連ないしはロシア関係の切手（左ページとも）

ソウル・オリンピックに対抗して平壌で世界青年学生祭典を開催（1989年）した北朝鮮であったが、その成果は、ソウル・オリンピックとは比ぶべくもなかった。

その後、同年11月になると、東ドイツのベルリンの壁が突如崩れ、東欧の社会主義諸国がなだれを打って崩壊。同年末には、アメリカのブッシュ、ソ連のゴルバチョフの両首脳がマルタで会談し、東西冷戦の終結が宣言された。

こうした事態の変化を受けて、韓国の盧泰愚政権は積極的な外交攻勢を展開する。

その最大の成果として、1990年9月30日、韓国はついにソ連との国交を樹立する。

ところで、北朝鮮という国はそもそも、ソ連が衛星国として樹立したのが起源となっている。

第2次大戦後のソ連は、ナチス・ドイツとの血みどろの戦闘の記憶から、自国の周囲を防波堤になりうる衛星国で固めることを国家の基本戦略としていた。北朝鮮もそうした文脈に沿って、ソ連が子飼いの金日成を擁立して樹立した国家であり、建国後しばらくの間は北朝鮮みずから「ソ連が朝鮮を解放した」ことを公言していた。

その後、1963年のキューバ危機をきっかけに、ソ連の対米宥和路線が明らかになると、北朝鮮はソ連に対する不信感を持つようになる。また、ソ連が北朝鮮を社会主義諸国の国際分業体制に組み込むために北朝鮮に軽工業優先を迫ったことも、〝自主経済路線〟を標榜して独自の重工業化路線を歩もうとした北朝鮮との関係を冷却させる大きな要因となった。しかし、１９７０年代以降の経済状況の悪化により、北朝鮮が〝自主経済路線〟を実行することはもはや物理的に不可能となる。そして、１９８４年2月、金正日が「人民の生活をいっそう高めることについて」と題する演説を行い、実質的に北朝鮮国家として、外貨（ルーブル）を獲得するため、軽工業分野においてソ連との国際分業に参加し、従来の〝自主経済路線〟を放棄することを内外に表明した。

　こうした情勢の中で、経済的苦境から脱するためにソ連にすがらざるを得なくなった北朝鮮は、１９８０年代半ばになると、突如、ロシアの民話（右ページ）や、現代の宇宙航行学の基礎を築いたロシアの科学者ツォルコフスキーの業績を讃える切手（下図）を発行するようになった。その背景には、切手というメディアを用いて、ソ連との友好関係の強化をアピールしたいという思惑があったと考えてよい。

　しかし、１９８９年に東欧社会主義諸国が相次いで崩壊したとき、ソ連自身も自らの過大な軍事支出によって破産寸前の状態に追い込まれていた。このため、冷戦という従来からの国際秩序の枠組が崩壊した時点で、ソ連にとっては、藩屏としての北朝鮮国家を支え続けなければならない積極的な根拠は消滅していたのである。

　１９９０年９月の韓ソ国交樹立は、こうした環境の変化を考えれば、極めて自然なものであった。

　当然、北朝鮮側は「ソ連は社会主義国としての尊厳と体面、同盟国の利益と信義を23億ドルで売り払った」と非難したが、もはや、彼らには対ソ断交などの強い対抗措置を取る余力は残されていなかった。

南北統一サッカー

ソ連が韓国を承認した1990年9月から、翌1991年9月に韓国・北朝鮮が国連に同時加盟するまでの時期、南北双方は、互いの体面を傷つけることなく、相手の存在を実質的に追認できる環境を作る方策をさまざまに模索していたように見受けられる。

たとえば、北朝鮮は韓国を承認したソ連を激しく非難したものの、その際、韓国に対する非難は従来の公式声明の域を出ることはなかった。

実際、ソ連の韓国承認から間もない1990年10月には、予定通り、南北統一サッカーの第1戦が平壌で開催されている。

▲北朝鮮側が発行した「南北統一サッカー」の記念切手（左ページとも）

南北統一サッカーの企画は、1989年3月、北朝鮮が韓国に対して1990年9月に北京で開かれるアジア大会に南北統一チームでの参加を呼びかけたことが発端である。

このときは南北間の交渉はまとまらず、北京のアジア大会に統一チームが派遣されることはなかったが、大会の現地では南北共同応援が実現。こうした状況の中で、南北の五輪委員会副委員長の間で南北統一サッカーの開催が合意されたのである。

さて、1990年10月の南北統一サッカーの試合後、北朝鮮国家体育委員会委員長の金裕淳《キムユスン》と韓国体育部長官の鄭東星《チョンドンソン》は、卓球選手権をはじめ主な国際競技に際して、北京のアジア大会では実現しなかった統一チームで出場することで合意。ソウルで行われる第2戦後の10月24日に共同宣言文を採択した。

この結果、同年11月から翌1991年2月まで、4回にわたり南北体育会談が開催され、白地に青の朝鮮半島図を描く〝統一旗〟が統一チームの旗として採用された。なお、チーム名は、国際的にも広く用いられている「コリア」（英語表記〝KOREA〟）が採用され、朝鮮の代表的な民謡「アリラン」を統一チームの歌にすることなども同時に決定された。

北朝鮮郵政は、1990年10月の南北統一サッカーにあわせてここで紹介しているような記念切手を発行しているが、そこにはすでに統一旗が描かれており、正式決定以前に、統一旗が南北統一チームの旗となるとの暗黙の合意が南北間でなされていたことがうかがえる。

ちなみに、現在、韓国や北朝鮮で統一旗が描かれるときには、朝鮮半島のシルエットの西側に独島（日本でいう竹島のこと）がつけられているのが一般的だが、この切手が発行された時点では、統一旗には独島は表示されていない。やはり、近年、竹島の領有権や東海（日本海）の呼称をめぐって朝鮮半島のナショナリズムが高揚する中で、統一旗のシルエットも微妙に変化させられたと考えるのが妥当であろう。

なお、南北間のスポーツ交流は、1992年以降、金正日が対外強硬路線を打ち出したことにくわえ、1994年に金日成が亡くなったことなどもあり中断されてしまう。そして、それに伴い、統一旗もしばらくは使用されなくなっていた。

しかし、2000年6月の金大中と金正日の南北頂上会談の結果、同年9月のシドニー・オリンピックの入場行進を南北同時に行うことが決定され、その際、統一旗は、ふたたび、〝コリア〟の旗として用いられた。

鉄馬は走りたい

国連加盟を目前に控えた1991年9月11日、韓国は、「民族統一祈願」と題する切手（下図）を発行した。切手には、再開して抱き合う離散家族を背景に、臨津閣《イムジンガク》に展示されているSLが取り上げられている。

臨津閣は、ソウル市庁から北西方向約54キロ、板門店からは南側14キロの地点にある。1971年の南北共同声明を受けて建築が始められ、6000坪の土地に地下1階、地上3階の建物が建設された。北朝鮮地域を見ることのできる展望台のほか、北朝鮮に関する各種資料を展示した北韓館（1980年5月30日）と、朝鮮戦争時に使われた戦車や飛行機などを展示している屋外展示場がある。

◀国連加盟の直前に発行された「民族統一祈願」の切手

さて、切手のSLだが、臨津閣では「鉄馬は走りたい」との有名なフレーズと共に展示されたもので、南北分断によって新義州への鉄道が走行不能となったことを象徴的に示すモニュメントでもある。

もっとも、臨津閣内の展示はシンボリックなもので、実際の鉄道中断点は、京元線（本来はソウルと北朝鮮の元山《ウォンサン》を結ぶ鉄道）の新炭里《シンタルリ》駅で、同駅のホームには「鉄道中断点　鉄馬は走りたい」の看板がある。

さらに、軍事境界線に近い南方限界線（軍事境界線の南北2キロに設けられた非武装地帯の南側で、韓国側が武器を置くことのできる最北端の地域）には、旧月井里駅《ウォルジョンニ》（現在は、当然のことながら、鉄道の駅としては機能していない）が再現され、戦争で破壊された客車の残骸と、おなじく「鉄馬は走りたい」の看板が掲げられている。

一方、背景に取り上げられた写真は、光復40周年を記念して1985年9月に離散家族の再会が実現した際に撮影されたものと考えられる。

南北の国連同時加盟を目前に控えたこの時期に、こうした切手が発行された背景には、南北が別個に国連に加盟することによって、南北の分断が完全に固定化されるのではないかとの世論の批判をかわそうという狙いがあったものと見てよいだろう。

1980年代に入ると韓国と北朝鮮との格差はあらゆる面で埋めがたいものとなっていた。これを受けて、1989年9月、盧泰愚政権は「韓民族共同体統一方案」を発表。最終的に朝鮮半島に一つの民族共同体を建設するにしても、〝統一〟は漸進的・段階的に進めるべきで、そのためには、まず、南北が敵対と不信、対立関係を清算し、相互信頼の中で南北和解を制度的に定着させていきながら、実質的な交流協力を通じて和解と共存を追及していくことが必要であるとの立場を明確にした。

要するに、朝鮮半島に南北二つの政府があるという現実を前提にその宥和を図ろうというもので、南北が別個に国連に加盟するという方針もその延長線上にある。

しかし、南北両政府の国連加盟に関しては、韓国民の間でも、分断を固定化し、〝統一〟という民族の悲願をないがしろにするものではないかとの批判が少なからずあった。

このため、韓国政府としては、国連への加盟が、ただちに、究極の国家目標としての〝統一〟を放棄したことにはつながらないことを示さざるを得なくなり、いささか唐突に、このような切手を発行する必要に迫られたと解釈するのが自然であろう。

南北の国連同時加盟

1991年9月17日、韓国と北朝鮮が国連に同時加盟を果たした。

ここで国連と朝鮮問題との歴史的な経緯について簡単におさらいしておこう。

国連が朝鮮問題に関与するようになったのは、1947年9月の第2回国連総会において朝鮮問題が議題とされたのが最初である。

1945年12月、第2次大戦の戦後処理をめぐって米英ソ3国外相会議は、朝鮮を5年間の信託統治下におくと決定したが、この信託統治案をめぐって、朝鮮の国論は賛託と反託に二分されて激しい対立が発生。また、朝鮮独立の方式を討議するための米ソ共同委員会も不調に終わった。このため、アメリカは国連に朝鮮問題を持ち込み、国連臨時朝鮮委員団の監視下に選挙を実施し、選挙後、朝鮮の正統政府を樹立するとの決議を採択させた。これに対して、北朝鮮のソビエト体制化をほぼ完成させていたソ連は、国連臨時朝鮮委員団の38度線以北への立ち入りを拒否。この結果、全朝鮮での総選挙が不可能となったため、1948年5月、南朝鮮で単独選挙が行われ、同年8月、大韓民国が成立した。こうした経緯があったため、国連は韓国を朝鮮半島唯一の合法政府として承認している。

それゆえ、北朝鮮は、当初、国連を非難し続けていた。特に、1950年6月に勃発した朝鮮

▲韓国が発行した国連加盟の記念切手

戦争で、国連が北朝鮮を侵略者と規定し、国連軍を派兵したため、国連に対する北朝鮮の姿勢はますます硬化した。

しかしながら、１９６０年代になって中ソ対立が激化すると、中ソ両国と等距離外交を選択せざるを得なくなった北朝鮮は、第三世界外交に活路を見出すようになった。その際、新たにアジア・アフリカ諸国が加盟するようになった国連は、北朝鮮にとって格好の外交の場となった。

こうした状況の変化を踏まえ、北朝鮮は１９７３年、国連の専門機構である世界保健機構（ＷＨＯ）に加盟したほか、国連に常任オブザーバー代表部を設置。第三世界の非同盟中立諸国を通じて国連決議に自国の利益を反映させるための積極的な外交を展開した。このような、国連を舞台とする北朝鮮の外交攻勢は、１９８０年代に入ってからも継続的に行われた。

とはいえ、ソウル・オリンピック以前の北朝鮮は、国連加盟に関しては、１９７３年の「祖国統一5大方針」に規定されているように、韓国との連邦制を実現した後、単一議席で加盟すると主張し続けていた。

しかし、ソウル・オリンピックの成功により、韓国と北朝鮮との実力差が国際的にも明らかになると、韓国だけが国連に単独加盟し、その結果、北朝鮮が別途国連に加盟することは不可能になる危険性がでてきた。

このため、１９９１年5月、北朝鮮側は、韓国の提案した国連への南北同時加盟を「一時的難局を打開するための、やむなく講じる措置」として受け入れ、同年9月、南北朝鮮の国連加盟が実現された。

なお、国連へ同時加盟した南北朝鮮であったが、韓国が記念切手を発行している（右ページ）のに対して、北朝鮮は記念切手を発行していない。こうしたところからも、国連への同時加盟に対する両者の温度差をうかがい知ることができる。

"従軍慰安婦" の政治問題化

◀尹奉吉の "義挙" を讃える切手

『朝日新聞』1991年8月11日付の紙面に、「女子挺身隊」の名で戦場に連行され、売春行為を強いられた〝朝鮮人従軍慰安婦〟のひとりが名乗り出た、との報道が掲載された。

いわゆる慰安婦問題の発端は、『私の戦争犯罪・朝鮮人連行強制記録』（1981年・三一書房）の著者・吉田清治が、1943年に軍の命令で「挺身隊」として、済州島で女性を〝強制連行〟し慰安婦にした〝体験〟を発表したことにある。『朝日新聞』はこの問題を1991年から翌年にかけて繰り返し報道し、その過程で上述の記事が飛び出したのだ。

日中戦争ならびに太平洋戦争の時代、日本軍は戦地に慰安所を設けていた。これは、現代の視点からすれば問題があるが、公娼制度が認められていた当時にあっては〝必要悪〟とみなされていた。また、戦地という特殊な状況であるから、開業する公娼業者に対しては、移動や営業状態の監督などで軍が関与していたのは当然である。それゆえ、本来の論点は、現地の慰安婦たちが、本人の意思に反して、日本軍により組織的に集められたのかどうか、という点にある。

この点に関して、1991年8月15日付の『ハンギョレ新聞』は『朝日新聞』に取り上げられた女性の証言として「生活が苦しくなった母親によって14歳の時に平壌のあるキーセン検番（日本でいう置屋）に売られていった。3年間の検番生活を終えた金さんが初めての就職だと思って、検番の義父に連れていかれた所が、華北の日本軍300名余りがいる部隊の前だった」と報じている。これを読む限り、この女性のケースは、当時の日本国内でもしばしば見られた気の毒な身売り話と同じで、日本軍が組織的に朝鮮人女性を動員したとは認められない。

しかし、〝軍によって強制連行された朝鮮人慰安婦〟の物語は韓国社会に大きな衝撃を与え、一般の韓国世論は植民地時代の〝蛮行〟に憤激。1992年1月に訪韓した宮澤首相は首脳会談で謝罪を繰り返すことになった。

1992年、韓国郵政が〝尹奉吉《ユンボンギル》（1932年4月、上海で日本の天皇誕生日祝賀式典で爆弾テロを行った人物）義挙60年〟（右ページ）、〝壬辰倭乱（豊臣秀吉の朝鮮出兵）400年〟（下段下図）、〝李奉昌《イボンチャン》（1932年1月、東京で昭和天皇に爆弾を投げた人物）死去60年〟（下段上図）といった切手を相次いで発行しているのは、当時の韓国社会の空気を色濃く反映したものと考えてよいだろう。

さて、宮澤首相が韓国から帰国すると、日韓両国でこの問題についての本格的な調査が開始された。その結果、吉田の著書で〝慰安婦狩り〟の舞台とされた済州島の城山浦では、植民地時代を知る老人たちが「250余の家しかないこの村で、15人も徴用したとすれば大事件であるが、当時はそんな事実はなかった」と語って吉田の証言を否定。さらに、現地調査を行った現代史家の秦郁彦が、地元の女性から「何が目的でこんな作り話を書くのでしょうか」と聞かれ答えに窮したこともあったという。

こうして、〝慰安婦狩り〟の物語は虚偽であったことが判明するのだが、なんとも後味の悪い出来事であった。

▲李奉昌の〝義挙〟を讃える切手

▲壬辰倭乱400年の記念切手

黄永祚のバルセロナ金メダル

ソウルに続く1992年の夏季オリンピックは、7月25日から8月9日までスペインのバルセロナで開催された。

バルセロナ大会では、韓国選手団は金12、銀5、銅12の計29個のメダルを獲得。国別の金メダル獲得数では7位に入る健闘を見せた。中でも、男子マラソンでの黄永祚《ファンヨンジョ》の優勝は韓国民を大いに熱狂させた。

当時の黄は、バルセロナが4回目のマラソンという新鋭で、前年（1991年）、デビュー戦となったソウル・マラソンを2時間12分35秒で制した後、同年のワールド・ユースを2時間12分40秒で優勝。さらに、1992年2月の別府大分マラソンで2時間8分47秒の記録を出して2位に入賞して注目されていた。

▲孫（左）と黄（右）のそれぞれのゴールの瞬間を描いた「オリンピックマラソン優勝者」の記念切手

バルセロナでのレースは、ゴールまでの残り8キロの地点から、黄と日本の森下広一のデッドヒートとなり、最終的に、黄が22秒差で森下を振り切っている。

ところで、黄が日本人選手を振り切っての優勝したことを、当時の韓国メディアは〝56年間の恨を晴らした〟と報じ、国民のさらなる熱狂をあおっていた。

ここでいう〝56年間の恨〟とは、植民地時代の1936年に行われたベルリン・オリンピックのマラソンで孫基禎が金メダルを獲得したものの、当時の朝鮮半島は日本の植民地で（統治下に）あったため、彼が〝日本人〟として表彰された事件のことである。

大会後、『東亜日報』が表彰台に立つ孫のシャツの胸にあった〝日の丸〟を塗りつぶした写真を本人の意思とは無関係に掲載。これが植民地当局の逆鱗に触れ、『東亜日報』は停刊処分になり、孫自身も厳しい日本の官憲の監視下におかれた。

この事件が、韓国民にとって植民地時代の屈辱の歴史を象徴するものとして語り継がれていることは、すでに述べた通りである。

ところで、解放後も、こうした屈辱の歴史はそのまま保存され、１９７０年には、韓国の国会議員がベルリン五輪スタジアム優勝者記念碑の〝JAPAN〟の文字をノミで削り、〝KOREA〟と彫り直したものの、国際オリンピック委員会（ＩＯＣ）の意向で〝JAPAN〟に復元される事件も起きている。これに対して、アメリカでは、１９８６年に韓国系住民の請願をいれて、カリフォルニア州にある歴代五輪マラソン優勝者記念碑をはじめ、五輪記録集などが修正され、孫の国籍は〝KOREA〟に改められたが、日本オリンピック委員会は「記録上の国籍を変更してほしい」という孫の希望を無視し続けている。

バルセロナでの黄の優勝が〝56年間の恨〟と結びつけられたのも上記のような事情があったためで、そうした国民感情を反映して、韓国郵政は１９９２年10月10日に孫と黄のそれぞれのゴールの瞬間を描いた〝オリンピックマラソン優勝者〟の記念切手（右ページ）を発行している。

▲バルセロナ・オリンピックの切手

韓中国交樹立

バルセロナ五輪の男子マラソンで黄永祚が優勝したことの興奮が冷めやらぬ1992年8月24日、韓国と中国の国交が正常化され、韓国は台湾と断交した。

国交正常化は、主として中国側の決断によるものであった。

朝鮮戦争の際、中国は北朝鮮の崩壊を防ぐために人民志願軍を派遣して、韓国軍・国連軍と戦ったことから、中朝関係は〝血の盟約〟とも呼ばれていた。それゆえ、中国にとっては、朝鮮半島の南北両政府が互いに相手を非合法政府として対立しているのであれば、北朝鮮を支援することは自明の理であった。

しかし、1989年に東欧の社会主義政権が相次いで崩壊し、新政権はこぞって韓国を承認。1990年には韓国とソ連の国交正常化も実現されたが、1991年にはソ連そのものが消滅してしまった。

こうした状況の中で、1991年9月の南北国連同時加盟を受けて、同年末、韓国と北朝鮮が相互の存在を認め合う合意書に調印すると、中国は韓国と水面下の交渉を開始する。

この時期、中国が外交方針を大きく転換した背景には、東欧の新政権を中心に台湾が積極的な外交攻勢を展開していたという事情がある。

当時の台湾は、中国と国交を結んでいたニジェールとの復交、旧ソ連諸国、ポーランド、ベトナムなどとの代表部設置に動い

▲韓中海底ケーブル開通の記念切手

ていた。また、南北朝鮮の国連への同時加盟という実績を踏まえて、将来的には国連復帰をめざす方針も決定している。こうした台湾側の動きは、〝一つの中国〟論を掲げる中国政府にとっては容認できないものであり、そのためには、台湾を韓国との断交に追い込み、国際的に孤立させる必要があった。

　もちろん、経済発展を遂げた韓国との国交正常化が、発展途上にあった中国経済に好影響を及ぼすということも、当然、考慮されている。

　一方、韓国側にしてみれば、１９９2年末の大統領選挙を前に、盧泰愚政権としてはそれまで追求してきた〝北方外交〟（社会主義諸国との関係改善）の総仕上げとして、当時残っていた唯一の社会主義大国、中国との国交正常化は絶好の花道になるものであった。

　こうして、8月24日、韓国の外相、李相玉《イサンオク》が中国を公式訪問し、国交樹立の議定書に調印した。この結果、韓国が台湾と断交する代償として、中国は、１９６１年の中朝友好協力相互援助条約に関して、その効力は否定しないものの、北朝鮮への軍事支援は北朝鮮が武力侵攻を受けた場合に限ることを強調。朝鮮戦争のような北朝鮮による対外侵攻には一切協力しないことを公言した。

　これに対して、中韓の国交正常化はいずれ避けられないものの、早くて１９９2年末と考えていた北朝鮮が大きなショックを受けたことは間違いない。しかし、すでにソ連という支援国を失っていた北朝鮮にとっては、唯一残された支援国である中国と対立・断交するのは自殺行為であり、中韓国交正常化の現実を受け入れる以外の選択肢はなかった。

　韓国と中国の国交樹立を直接的に記念する切手は、それぞれ、台湾、北朝鮮に対する配慮から発行されていない。ただし両国の国交樹立を受けて進められていた韓中間の海底ケーブルが１９９６年2月に開通した際には、両国の国旗を描く切手が発行されており（右ページ）、この切手が実質的に共産中国との友好をアピールする最初の韓国切手となった。

Column

寄付金つき切手

切手の額面に寄付金を上乗せして販売する寄付金つき切手は、韓国では、朝鮮戦争の休戦後まもない1953年8月1日に発行された赤十字募金の切手（a、b）が最初である。

切手は、野戦病院を描くものと兵士を支える看護婦を描くものの2種類で、いずれも10ファンの額面に5ファンの寄付金を上乗せして15ファンで販売された。朝鮮戦争の体験が生々しい時期の切手だけに、韓国国民に与えたインパクトも強かったものと思われる。

ついで、李承晩時代の1957年から朴正煕政権末期の1977年の20年間に災害救援の名目で8件の寄付金つき切手が発行されている（c）。また、軍人大統領である朴正煕時代には、ベトナム派遣将兵や民防衛隊の支援、ヘリコプターやサーチライトの献納運動などの名目で寄付金つき切手が発行されることもあった（157ページ）。

▼（a、b）赤十字募金の切手

1988年のソウル五輪開催を控えた1985年3月から1988年5月までの期間には、巨額の開催資金を捻出する一手段として11回にわたり28種もの寄付金つき切手（262〜3ページ、277ページ）が発行された。これらの切手はオリンピック終了後の1989年3月4日以降、寄付金部分も額面に参入して使えるようになったが、この変更に伴う損失（寄付金相当分は結果的に韓国郵政が負担することになる）が韓国郵政の会計上、どのように処理されたのかは不明である。

▼（c）1965年の水害救済募金切手は、世宗を描く40ファンの通常切手に寄付金10ファンを上乗せしたもの

第7章

金泳三時代

1992～1997

1992年
金泳三大統領に選出、文民政権時代へ
1993年
北朝鮮、ノドン1号発射
大田万博開催
1994年
金日成死去
1995年
朝鮮半島エネルギー開発機構（KEDO）設立
光復50年
1996年
OECD加盟
1997年
金融危機

▲1993年11月発行の第21回UPU（万国郵便連合）大会議の記念切手。金弘道（キムホンド）の「舞童図」が取り上げられた。

文民政権時代の開幕

▲金泳三の大統領就任記念の切手

盧泰愚政権が発足した1988年以降は、それまでと比べると、野党の政治勢力が著しく伸張した時代であった。

そもそも、政権発足直後の1988年4月に行われた国会議員選挙では全斗煥の前政権を支えた議員の大半が落選し、野党が国会で多数を掌握。中でも、71議席を獲得して第1野党に躍進した平和民主党は、党首の金大中が光州事件の徹底解明と全政権の不正・腐敗追及を要求し、〝五共清算〟(第5共和制の総括)を訴えるなど、保守勢力との対決姿勢を鮮明にしていた。

このため、厳しい国会運営を迫られた盧政権は金大中を排除する目的で、野党保守派の金泳三と金鍾泌を取り込み、金大中を孤立させる作戦をとった。こうして、1990年1月、民正党(盧泰愚)、民主党(金泳三)、共和党(金鍾泌)の3党合同が実現。議員数221名を数える安定与党の民主自由党(民自党)が発足した。

民自党に対しては、金大中の排除という1点で誕生した〝野合政権〟という批判も強く、金泳三の与党入りに反発する旧民主党の一部は、1990年6月、彼らと袂をわかって民主党を再建する。

一方、金大中の平和民主党も手をこまねいていたわけではなく、1991年4月、左派リベラルの新民主連合を吸収して新民主党を結成。さらに、金泳三から離れた旧民主党の勢力を取り込んで、同年9月、民主党の名前を引き継いで、大統領選挙に向けて、盧泰愚・金泳三と戦う体制を整えようとした。

しかし、外交面では中ソとの国交回復や国連加盟などの華々しい成果が上がっているとはいえ、国内ではオリンピック後の経済の落ち込みが深刻になっている（１９９０年、韓国の国際収支は赤字に転落する）中で、こうした既成政治家の権力ゲームに対して不満を持つ国民も少なくなかった。

このため、１９９２年3月の国会議員選挙では、金大中の民主党が躍進。さらに、現代財閥の鄭周永が創設した統一民主党が保守層の票を取り込んで予想外に健闘したこともあって、与党の民自党は大敗する。

危機感を抱いた民自党は、同年5月の党大会で、〝金大中に勝てる唯一の候補〟として金泳三を大統領候補に選出した。金大中の人気は国民の文民政権待望論によるところが大きく、必ずしも金大中個人の人気ではないと考えた民自党は、民主化運動の指導者であった金泳三を前面に押し出すことで、あえて与党の安定感よりも、軍人出身の盧泰愚のイメージを払拭する戦術を取ったのである。

はたして、この戦略は大いに功を奏し、１９９２年12月の大統領選挙では、金泳三が金大中に２００万近い差をつけて圧勝し、敗れた金大中は政界引退の意向を表明する。もちろん、政界進出への野望を抱いていた鄭周永も惨敗し、彼の統一国民党は解散した。

こうして、１９９３年2月25日、金泳三が大統領に就任し（右ページ）、韓国は国民待望の文民政権の時代に突入する。大統領就任式にあわせて発行された記念切手は、朝鮮半島北端の白頭山頂の天池を背景に、新大統領の肖像を描くもの。盧泰愚時代の国連への南北同時加盟という実績をふまえて、新政権が新たな北朝鮮政策を展開していこうとする意欲が反映されている。

“歴史の建て直し”政策

新大統領に就任した金泳三は、1993年2月25日の就任式で「歴史の建て直し」を訴え、文民政権を待望していた国民の高支持率（就任直後の支持率は87％に達したという）を背景に、旧政権の腐敗・不正を本格的に追及し始めた。

その手始めとして、3月7日、陸軍司令官と保安司令官が更迭され、3軍の将軍10人余が不正・腐敗で逮捕された。その結果、全斗煥・盧泰愚の両政権を支えていた軍部の一心会系幹部は一掃され、全・盧のふたりの大統領経験者も、1995年11月には在任中の収賄容疑で逮捕されることになる。

また、軍部の粛清と併行して、金泳三政権は公務員改革にも乗り出し、1993年5月には、公職者倫理法を改正。主要公職者9万人の財産登録を義務づけるとともに、財産公開で不正蓄財の疑惑が持たれた公務員3000人が逮捕・解任された。

その一方で、新政府は、前政権の時代までに国家保安法違反容疑で逮捕・拘留されていた4万人余に対して、釈放・減刑・復権などの特赦を実施。〝民主化〟の推進を国民に対してアピールしている。

ところで、このときの特赦の対象となった人物のうち、一番の大物といえば、なんといっても文益煥《ムンイッカン》であろう。

文は、旧満州の間島地域で、独立運動家の父のもとに生まれた。韓国神学大学を卒業後、ア

▲北朝鮮が発行した文益煥の切手

メリカのプリンストン大学で学び、1955～69年には韓国神学大学の教授も務めている。その後、維新体制下での言論統制に対する国民の潜在的な不満が鬱積する中で、〝持てる者と持たざる者〟〝民主化と独裁〟といった単純な二元論に基づくざっくばらんに語る説教で人気を博し、韓国の反体制勢力に強い影響力をもつようになった。

1980年5月、いわゆる光州事件がおこると、金大中らとともに内乱陰謀事件の共犯者として逮捕され、懲役15年の判決を受けたが、1982年末に釈放された。この投獄経験により、文は1980年代中盤、全斗煥政権下で民主化運動のカリスマ的存在となった。

しかし、1987年6月の民主化宣言の後、具体的な政治ビジョンを提示できず、その人気と社会的影響力は急速に衰退。このため、あせった文は、南北宥和の旗手を目指して1989年3月、世界青年学生祭典（北朝鮮がソウル・オリンピックに対抗して開催）直前の平壌を突如訪問したが、帰国後、国家保安法違反容疑で逮捕・起訴され、有罪判決を受けて服役した。

この事件を機に、かつての民主化運動のカリスマであった文は、単なる無謀な容共分子へと転落し、韓国内での影響力を完全に失う。

1993年3月、金泳三が、政治的には彼の宿敵である金大中の系列に属していた文を特赦で仮釈放したのも、もはや文が完全に〝過去の人〟になり、韓国社会に対する影響力を完全に喪失していたためである。

なお、1990年8月、北朝鮮は彼に対して〝祖国統一賞〟を授与してその行為を顕彰しているが、これは、韓国内の親北派との〝連帯〟を強調することで、韓国内の世論の分断を狙ったものと考えてよい。ちなみに、北朝鮮では、文の死後6年を経過した2000年、祖国統一賞受賞者として文を描く切手（右ページ）を発行している。

盧泰愚政権は発足早々、ソウル・オリンピックという一大イベントがあったが、金泳三政権の場合、これに相当するのが1993年8月7日から11月7日までの3ヵ月間にわたって大田で開催された万国博覧会（万博）であろう。

今回の万博は、1893年に当時の朝鮮政府がアメリカのシカゴで開催された〝世界コロンブス博覧会〟（コロンブスのアメリカ到達400年を記念して行われた）に出展し、初めて万博に参加したことから100周年の節目ということで企画されたもので、1990年に国際博覧会条約（BIE）に基づく正規の万博（特別博）として承認された。

大田万博

◀大田万博をPRする切手。1991年（左図）、1992年（左ページ上）、1993年（左ページ下）に発行のもの。

万博の舞台となった大田広域市はソウルから約150キロ南の地点にあり、ソウルと慶尚道、全羅道を結ぶ交通の分岐点となっている。

朴正熙政権時代の1973年、儒城区《ユソン》の2777平方メートルの地域が〝研究学園団地〟（現在の大徳《テドク》研究団地）に指定されたことから、科学技術都市としての開発が進み、韓国科学技術院（KAIST）をはじめ、原子力研究所、電子通信研究院、生命工学研究院など17の政府関連研究機関と忠南大学校、韓国情報通信大学院大学校などの高等教育機関、さらにサムソン、LGなどの民間研究所が相次いで建設された。現在では人口160万人を擁する韓国第4の都市に成長している。

今回の万博は、〝The Challenge of a New Road to Development.〟（新しい発展の道への挑戦）のスローガンの下、急速に発展を遂げた韓国の最先端テクノロジーを内外にＰＲすることが最大の目的であったから、韓国随一の科学技術都市である大田が会場に選ばれたのも自然な成り行きであった。

さて、万博会場は甲川《カプチョン》に面した90ヘクタールの土地（対岸が屯山《トゥンサン》新市街地である）に設定され、そのうち25ヘクタールがパビリオンのスペースに割り当てられた。万博へは、当初、１１５ヵ国が参加の意志を表明していたが、最終的な参加国は１０８ヵ国で、これに23の国際機関が加わった。

韓国郵政は、万博の開催が正式に決まった１９９０年に万博公認の記念切手を発行したのを皮切りに、１９９１年から１９９３年まで、３年にわたって万博をＰＲするための記念切手を発行している。

１９９１年に発行された切手（右ページ）では、万博会場の具体的なイメージを示すものは〝万博のシンボルタワー〟だけだったが、１９９２年の切手（左上）では、各国パビリオンのシルエットが描かれ、さらに、会期初日の１９９３年８月７日に発行された切手（左下）では個別のパビリオンの建物が描かれるなど、準備の進捗状況にあわせて切手のデザインも変化しているのが面白い。

なお、会場跡地は現在、科学をテーマとした韓国国内唯一のテーマパーク、ＥＸＰＯ科学公園となっている。かつての万博施設を利用した地球館、電気エネルギー館、宇宙探検館、クムドリ遊園地などは、休日になると多くの家族連れが訪れている。

環境保護運動の高まり

▲ 1993 年に発行された環境保護のキャンペーン切手

大田万博（1993年8月から11月にかけて開催）は、自然環境保護に対する世界的な関心の高まりもあって、リサイクル館が設けられるなど、〝環境〟への配慮が強調されたイベントであったが、この時期は、韓国の環境保護運動にとって大きな節目にあたっていた。

　韓国では、1960年代以降、朴正熙政権下の開発独裁政策により、重化学工業が急激に発展したが、環境への配慮は置き去りにされ、1970年代には各地で公害が激化した。しかし、民主化以前の抑圧的な政治体制の下では、市民による抗議行動は実質的に非合法化されていたため、大規模な反公害の市民運動の形成は難しかった。このため、環境保護運動の大半は、公害被害者による中央政府への抗議行動というかたちで、反政府系の民主化運動と結びつくことが多かった。

　もちろん、政府も公害問題や環境問題について何もしなかったわけではなく、1980年には環境庁を設置して環境問題への取り組みを開始したが、ソウル・オリンピックを控えて〝開発〟が優先された時代であっただけに、企業に対する規制はどうしても甘くなりがちであった。

　その後、民主化運動が盛り上がるにつれて、環境に対する市民の関心も高まり、各地の公害被害者運動は、単なる政府への抗議活動から、専門家を交えた（本来の意味での）環境運動へと発展していった。そして、1987年の民主化により市民団体が合法化され、市民の政治参加の道が大きく開かれるようになると、各地で環境運動の団体が相次いで結成され、反原発や有機農業、環境学習など幅広い分野に拡大していった。

　環境保護団体をはじめとする韓国NGOの活動が、①マスメディアを通じて世論に訴え、改善を促す、②デモ、ハンガーストライキ、立てこもりなどの直接行動も辞さない、③強力な政策提言能力を駆使し、あらゆる機会を通じて政府に対案を提出する、といった特色を備えているのは、上記のような彼らの出自によるところが大きい。

　さて、1993年に発足した金泳三政権は、政権基盤の弱さを補うため、市民運動を取り込もうとした。これを受けて、それまで反公害運動を進めてきた51の地域連合によって、韓国環境運動連合（KFEM）が結成される。当初、7000人程度でスタートした同連合は、1999年には、東川《トンチョン》ダム建設反対キャンペーンを成功させ、その後も核廃棄物処理施設反対運動、干潟保護運動などを展開し、現在では8万3000人以上の会員を抱えるまでに成長した。

　こうした時流の変化を受けて、盧泰愚政権時代の1990年にも環境保護のキャンペーン切手（左図）が発行されている。ただし、この切手は漠然と〝環境保護〟のイメージを訴えるもので、PR効果という点では十分な成果があがっていたとは考えにくい。

　これに対して、金泳三政権発足後の1993年に発行されたキャンペーン切手（右ページ）は、水質保全ならびにのゴミ減量という具体的な課題を国民に訴えるもので、前回に比べてPR効果は格段に向上したものと考えられる。その背景には、やはり、KFEMをはじめとする環境保護団体による政府への提言があったとみてよいだろう。

▲盧泰愚政権時代の環境保護キャンペーンの切手

北朝鮮の瀬戸際外交

◀北朝鮮が発行した「祖国解放戦争勝利40周年」の小型シート

1992年、北朝鮮では憲法が改正され、それまで、中央人民委員会に属していた国防委員会が〝国家主権の最高軍事指導機関〟として独立。国防委員長は一切の武力を指揮統率する権限を有し、国家主席に次ぐナンバーツーのポストとなった。

これは、金日成から金正日への権力の世襲が最終段階に入っていた事情を踏まえ、金日成の存命中に金正日を国防委員長として推戴し、金正日の権威を朝鮮人民軍の中にも扶植するための措置で、1993年4月、金正日がこのポストに就任している。

これに先立つ1991年12月には、金正日は朝鮮人民軍最高司令官に就任しており、国防委員長への就任とあわせて、彼は名実ともに北朝鮮の軍事力を掌握することになった。

こうして朝鮮人民軍を掌握した金正日は、いわゆる〝瀬戸際外交〟を展開する。

すなわち、1992年5月の板門店での北朝鮮兵士による越境銃撃事件、1993年3月の「準戦時体制」の宣布（同年の米韓合同軍事演習、チーム・スピリットに対応したものと見られている）、核拡散防止条約（NPT）からの脱退、同年5月の「ノドン1号」ミサイルの日本海能登半島沖への発射実験などが、その具体的な事例として挙げられる。

これらは、いずれも日韓両国

の背後にいるアメリカを直接交渉の舞台に引きずり出すため、あえて対外強硬政策を展開するという発想に基づくものである。

しかし、当然のことながら、こうした〝瀬戸際外交〟は、東アジア全体の緊張を著しく高めることになった。それゆえ、危惧を抱いた金日成は、事態収拾のためにみずから乗り出し、同年6月には、金正日の朝鮮労働党政治局常務委員・党書記の資格が一時停止されている。

こうした状況の中で、1993年7月、北朝鮮では、〝祖国解放戦争（朝鮮戦争）勝利40周年〟の各種祝賀行事が大々的に行われ、その一環として、「金正日最高司令官を最高主権者として推戴する大軍事パレード」が企画された。

これにあわせて、〝戦勝記念日〟（7月27日）に発行された小型シート（右ページ）には、前年（1992年）4月の朝鮮人民軍創建60周年に際して行われた軍事パレードとそれに応える金正日、さらに「朝鮮人民軍最高司令官・金正日同志」との文字が入れられている。これらが、軍事指導者としての金正日のイメージを内外に印象づけるためのものであるのはいうまでもない。

しかし、前述のように、金正日の〝暴走〟を懸念した金日成の意向により、パレードは直前になって、急遽、軍事パレードではなく「平和的市民パレード」として行われた（ただし、切手は当初の計画通りのものが発行されている）。

なお、パレード当日、主席壇上に姿を見せた金日成の両脇には、シアヌーク・カンボジア国王とアラファトPLO議長が並んでいたが、これは、当時、国連・アメリカの意向を受けて和平推進路線を採っていたふたりの指導者を招待することによって、金日成自身が国際社会への強調・和平の意思を明らかにしたものとして注目された。

こうして、北朝鮮国内では〝瀬戸際外交〟をめぐりせめぎあいが続く中、朝鮮半島は一触即発の危機といわれた1994年を迎えることになる。

1994年危機と戦争記念館

◀戦争記念館開館の記念切手

金日成の晩年にあたる1993年から94年にかけて、朝鮮半島は一触即発の危機にあると考えられていた。

米韓合同軍事演習（チーム・スピリット）の再開に対抗しての「準戦時体制」の宣布、核拡散防止条約（NPT）からの脱退、93年5月の「ノドン1号」ミサイルの日本海能登半島沖への発射実験など、北朝鮮が展開した〝瀬戸際外交〟が、その原因である。

実は、北朝鮮側の攻勢は、〝事態打開のため〟との名目でアメリカとの直接対話（その最終的な目的が経済支援の獲得にあることはいうまでもない）の糸口を得ようというものだったのだが、アメリカは朝鮮有事に向けた対応を急ぐことになる。

このため、1994年4月中旬に再開されたチーム・スピリットでは、パトリオット・ミサイルが釜山に揚陸されたほか、兵員は枠ぎりぎりの3万7000人にまで増員され、さらにアメリカ第7艦隊が海上に待機するなど、実戦を想定した大規模なものとなった。ちなみに、今回のチーム・スピリットにあわせて、アメリカは1900項目にのぼる支援要請のリストを作成し、日本政府に対して後方支援を要求している。

さらに、5月になると、在韓米軍総司令官ゲーリー・ラック大将が、「北朝鮮は国境地帯に8400の大砲と2400の多連装ロケット発射台をすえており、ソウルに向けて最初の12時間に5000発の砲弾を浴びせる能力がある。もし戦争となれば、半年がかりとなり、米軍に10万人の犠牲者が出るだろう」との分析を発表。アメリカ本国政府も〝第2次朝鮮戦争〟勃発による被害予想（最初の3ヵ月で米軍5万人と韓国軍50万人が死傷し、全面戦争になれば死者は100万人に達するとされる）を検討するなど、朝鮮有事は現実のものと考えられるようになった。

このように緊迫した空気の中で、1994年6月、龍山洞の漢江と臨津江が合流する地点、旧大韓民国陸軍本部跡に、戦争記念館がオープンする（右ページ）。

戦争記念館は、祖国のために闘って亡くなった兵士たちを讃えるために作られたもので、展示の内容は、当然のことながら、朝鮮戦争に関するものが主流である。

戦争記念館そのものは、以前から各分野の専門家に何度もアドバイスを受けて準備が進められていたものだが、第2次朝鮮戦争の危機が深刻に懸念されていた中での開館は、結果的に、極めて時宜にかなったものとなったといってよい。

さて、緊張した状況が続く中で、アメリカのクリントン政権は戦争回避のためのギリギリの外交交渉として、6月15日、カーター元大統領を平壌に派遣する。

事前の予想では、カーター訪朝には成果があまり期待されていなかったが、アメリカとの対話再開のきっかけをつくるという〝瀬戸際外交〟本来の目的を達した北朝鮮は、各国の予想に反して、金日成みずからがカーター斡旋を受け入れて、寧辺《ニョンビョン》の核開発関連の複合施設の全面凍結と対米交渉再開に応じることを発表。第2次朝鮮戦争が回避されたことに世界はいったん安堵する。

しかし、カーター訪朝から1ヵ月と経たない7月8日、金日成が急死するという衝撃の事件が起こり、朝鮮半島情勢はふたたび先行き不透明な状況に陥ってしまう。

金日成の死去

◀北朝鮮が発行した金日成追悼の小型シート

朝鮮有事の可能性が高まっていた1994年6月15日に訪朝したジミー・カーター（元アメリカ大統領）は金日成（北朝鮮国家主席）と会談し、北朝鮮に対して寧辺《ニョンビョン》の核開発関連の複合施設の全面凍結と対米交渉再開を呑ませ、北朝鮮の核問題に関して米朝の〝枠組合意〟を事実上成立させた。

これを受けて、7月25日に金泳三（韓国大統領）と金日成との南北首脳会談がセットされ、朝鮮半島は緊張緩和に向けて一挙に動き出すかに見えた。

しかし、その直前の7月8日、金日成が急死し、こうした一連の動きはすべて頓挫してしまう。

金日成の死に関しては、北朝鮮当局は、執務中に起こした心臓発作が死因であると発表しているが、ここであらためて、金日成の生涯について簡単にまとめてみよう。

金日成は、1912年4月15日、平壌西方の万景台《マンギョンデ》に生まれた。本名は金成柱《キムソンジュ》（同音の聖柱とも）である。

さて、成柱少年は、12歳で家族とともに南満州（中国東北部）へ移住。吉林毓文中学校在学中に共産主義に興味を持ち、抗日運動に参加したという。1931年10月、当時のコミンテルンの一国一党原則に従い中国共産党（以下、中共）に入党。1932年には、中共の指導下で、豆満江沿岸で遊撃隊を組織して抗日武装闘争を展開した。

1937年、いわゆる普天堡《ポチョンボ》

戦闘で日本側警察部隊と交戦するなどの活躍をみせたが、日本側の弾圧のため、1940年ごろ、ソ連領ハバロフスクに逃れ、以後、日本の敗戦までソ連極東方面軍の指導下で政治・軍事訓練を積んだ。

1945年9月、ソ連占領下の北朝鮮に伝説の抗日英雄〝金日成将軍〟として帰国。ソ連軍占領当局の意を汲んで、北朝鮮の共産主義化に尽力し、1946年2月の北朝鮮臨時人民委員会（事実上の北朝鮮政府）発足時には北朝鮮における権力を掌握した。

1948年、朝鮮民主主義人民共和国の成立とともに首相に就任。翌年には朝鮮労働党委員長を兼ね、ソ連・中国の承認の下、1950年、〝祖国解放戦争〟の名の下に朝鮮人民軍を南侵させ、朝鮮戦争を開始した。

朝鮮戦争を通じて権力の集中を進めた彼は、1953年に朝鮮戦争が休戦になると、本格的に反対派の粛清に乗り出し、1967年ごろまでに独裁体制を完成。1972年には、政府・党・軍の権力を集中して国家主席に就任し、〝偉大なる首領様〟として北朝鮮国家における事実上の神の地位を獲得した。

〝偉大なる首領様〟金日成の死は北朝鮮の国家と国民に大きな衝撃を与えたことはいうまでもない。

たとえば、金日成の死から2年後の1996年に発行された金日成追悼の小型シート（右ページ）には、金日成の訃報に接して、万景台（平壌の近郊、金日成の生家のある地域で、北朝鮮では〝革命聖地〟の一つとされている）にある金日成の銅像前に集まって哀悼の意を示す平壌市民の姿が取り上げられている。巨大な銅像とその前にアリのように群がる市民の姿は、かれらにとって、金日成がいかに〝偉大なる首領様〟であったか、われわれにもまざまざと見せつける光景といってよいだろう。

KEDOの設立

◀ハナロ原子炉完成の記念切手

金日成が亡くなる直前の1994年6月、北朝鮮の核問題に関する米朝間の〝枠組合意〟は事実上成立していたが、それが正式の合意文書としてジュネーブで調印されたのは、同年10月22日のことであった。

その眼目は以下の通りである。

(1)北朝鮮の黒鉛減速炉(核弾頭の原料となる高純度のプルトニウムが精製される原子炉)の軽水炉への転換

(2)米朝両国の政治的・経済的関係の完全な正常化:貿易・投資の障壁緩和、連絡事務所の開設など

(3)朝鮮半島の非核化と平和、安全保障への努力:アメリカによる核兵器の不使用、南北非核化共同宣言の実施のための措置など

(4)国際的な核不拡散体制の強化への努力:北朝鮮は核不拡散条約(NPT)を脱退せずに、核査察の受け入れを含む国際原子力機構(IAEA)の保障措置協定を履行する

このうち、(1)の軽水炉への転換に関しては、その見返りとして以下のことが決められていた。

①〝国際共同事業体〟を組織し、2003年までに韓国型軽水炉2基を建設し、そのうちの1基を稼動させて200万キロワットの電力を供給する

②軽水炉完成までは、アメリカが毎年50万トンの重油を
　供給する

これを受けて、１９９４年11月18日、北朝鮮は黒鉛減速炉と関連施設を全面凍結する措置を講じたことを発表。同月と28日には、早くもＩＡＥＡがこれを確認している。

ところが、米朝合意では北朝鮮に建設される軽水炉が韓国型のものとされることになっていたことに対して、北朝鮮側が〝韓国型〟という名称にクレームをつけ、11月30日の米朝専門家協議は紛糾。その後、翌１９９５年3月には枠組合意に定められた〝国際共同事業体〟として、韓米日にニュージーランド、オーストラリア、カナダを加えた〝朝鮮半島エネルギー開発機構〟（ＫＥＤＯ：Korean Peninsula Energy Development Organization）が設立されるが、〝韓国型〟軽水炉に対する北朝鮮側の反発は収まらず、米朝実務者協議も暗礁に乗り上げてしまう。

ところで、ＫＥＤＯが北朝鮮への韓国型軽水炉の提供を決めたのは、およそ46億ドルの軽水炉の総工費のうち、70％にあたる32億２０００万ドルを負担する韓国の意向が強く反映されたからである。ちなみに、北朝鮮への国際支援のうち、日本の負担額は9億２０００万ドルであった。

当時、韓国の原子力発電は改善の余地の多いものであったが、韓国政府は原発ビジネスを将来の輸出産業として育成することをにらんでおり、国際社会の注目度が高い北朝鮮への軽水炉支援は韓国製の原子炉を世界にアピールする絶好の機会と考えていた。

ＫＥＤＯの設立にあわせるかのように、１９９５年4月、韓国原子力研究所がハナロ研究用原子炉を完成させ、それを内外に周知宣伝するための記念切手（右ページ）が発行されたのも、こうした韓国の原子力政策に沿ったものであったことはまちがいない。

光復50年

第2次大戦の終戦から50周年にあたる1995年、日韓両国ではさまざまな立場から、過去の歴史を清算しようとする試みが行われた。

まず、日本側で注目すべきものとしては、「戦後50周年の終戦記念日にあたっての村山首相談話」（いわゆる村山談話）が挙げられる。

これは、1995年8月15日の戦後50周年記念式典において、当時の首相、村山富市が、閣議決定に基づいて、日本が第2次大戦の終結以前に行った〝侵略〟や〝植民地支配〟に対して公式に謝罪したもので、以後の日本国政府の公式の歴史的見解として引用されている。

村山談話は、「深い反省に立ち、独善的なナショナリズムを排し、責任ある国際社会の一員として国際協調を促進し、平和と民主主義とを押し広めて行かなくてはならない」との立場から、日本の使命として「唯一の被爆国としての体験を踏まえて、核兵器の究極の廃絶を目指し、核不拡散体制の強化など、国際的な軍縮を積極的に推進する」と誓っている。

◀光復50年の記念切手

そのうえで、韓国を含むアジア諸国に対する日本の「植民地支配と侵略」については、「疑うべくもない歴史の事実」と位置づけているほか、いわゆる従軍慰安婦への償いなど個別の戦後処理課題については「引き続き誠実に対応して行く」ことが約束されている。

　村山談話は、「痛切な反省の意を表し、心からのお詫びの気持ちを表明いたします」との表現に見られるように、首相の公式談話としては率直に過去に対する「謝罪」の意思を示したものであったが、その対象が広く〝アジア諸国〟に対して向けられたものであったことから、〝韓国に対する直接の謝罪〟ではないとする批判も韓国内にはあった。

　一方、韓国側の「光復50周年」の記念イベントとしては、記念式典や記念切手（右ページ）の発行のほかに、旧朝鮮総督府庁舎の撤去が注目を集めた。

　旧朝鮮総督府の庁舎は、１９２６年、景福宮（朝鮮王朝の王宮）の敷地内に建造された。４階建てで中央には大きな吹き抜けがある。総督府の庁舎は、宮殿正門の光化門を撤去し、宮殿正面に建設されることで、市街地から宮殿を見えなくしていた。これは、植民地支配を行う日本側が、自分たちこそ朝鮮半島の支配者であることを人々に視覚的に印象づけるための措置である。

　１９４８年８月に大韓民国政府が発足すると、旧総督府の庁舎は政府庁舎となり、中央庁と呼ばれることになったが、屈辱の歴史を象徴するものとして韓国内では撤去を求める声が少なくなかった。その一方で、建築そのものの価値を認め、歴史を忘れないためにも保存すべきという意見も根強く、ながらく、国立中央博物館として利用されていた。

　しかし、最終的には、かつての王宮をふさぐ形で建てられていることが決め手となって、韓国政府は、１９９５年８月の光復50周年を期して旧王宮前からの撤去を決定。一時は、移築も検討されたが、臭大な費用がかかるため、結局、尖塔部分（現在、天安市郊外の独立記念館で展示されている）のみを残して庁舎は全て解体された。なお、跡地には旧王宮の一部が復元され、現在は同宮の正面入口となっている。

5・18特別法と法の不遡及原則

1995年は、1895年3月25日の法律第1号として裁判所構成法が公布されたことに加え、韓国に西欧式の近代司法制度から100周年の節目の年にあたっており、その記念切手（下図）も発行された。

ところが、この年、韓国では近代司法制度の根幹を揺るがすような事件が発生する。

1995年10月、国会で野党議員が前大統領の盧泰愚の300億ウォンの借名口座を暴露。前大統領の秘密口座は、1993年に実施された金融実名制（すべての金融取引を自分の名前のみで行うようにする制度で、アングラ・マネーの一掃を目指したものだった）によって凍結された。

◀近代司法制度 100 年の記念切手

秘密口座の露見により、11月16日に盧は収賄容疑で逮捕されたが、これ以降、金泳三はそれまでの「軍事政権の歴史的評価は後世にゆだねる」という立場を転換し、いわゆる〝歴史の建て直し〟に着手する。

1992年の大統領選挙に際して、盧泰愚から与党候補の金泳三陣営に巨額の政治資金が流れていたことは公然の秘密であり、前政権の不正を追及すれば現政権も相当なダメージはさけられなかった。このため、金泳三政権は、国民の批判をそらすため、全斗煥政権の過去を蒸し返すことにしたのである。

この結果、1979年の朴正熙元大統領の暗殺から粛軍クーデター、そして1980年5月の光州事件へと続く一連の流れに関して、金泳三政権は、全斗煥と盧泰愚の責任を追及することを決定。12月3日に全斗煥を粛軍クーデターの叛乱首謀容疑で逮捕したうえで、光州事件の関与者を処罰するための「5・18特別法」を成立させ、粛軍クーデターから1993年の盧泰愚退任までに行われた犯罪の時効を停止した。

こうして、全・盧のふたりは刑事被告人となったわけだが、全は「特別法」は「法の不遡及」の原則に違反するとして、憲法裁判所に違憲審査を請求する。

近代法の大原則では、実行時に適法であった行為を事後に定めた罰則で遡って処罰すること、または、実行時よりも後に定められたより厳しい罰に処すことは禁止されている。これを法の不遡及といい、〝成功したクーデター〟を10年以上も経ってから裁くのは、この原則に反するのではないかというのが全の主張である。

これに対して、憲法裁判所では9人の裁判官の意見は、合憲に賛成が4人、反対が5人と反対派が多数であった。しかし、反対が違憲判断を下すのに必要な6人に満たなかったことから、全の請求は退けられたのである。

こうして、1996年2月、「特別法」は合憲とされ、翌3月からの公判がスタート。同年8月に下された一審判決では全が死刑、盧が懲役22年6月。同年末の二審判決では全が無期懲役、盧が懲役17年となり、1997年4月の三審判決もこれを支持して裁判は1年ほどで完了した。

判決確定後の1997年12月、光州事件の被害者であった金大中が次期大統領に当選すると、金泳三は金大中と協議の上、全と盧の赦免を決定する。

こうして、金泳三政権による「歴史の建て直し」は終結した。しかし、一連の経緯からは、政治的な思惑や国民感情によって韓国では現在なお、司法制度が恣意的に運用されかねない危険性が完全には払拭されていないことが明らかになり、国際的な信用を損ねた面があることは否定できない。

2002年FIFAワールドカップの開催決定

国際サッカー連盟（FIFA）は、1996年5月31日、サッカーの2002年FIFAワールドカップは、日韓両国で開催されることを決定、発表した。

2002年のワールドカップ大会の開催地に関しては、1986年、当時のFIFA会長であったジョアン・アベランジェがアジア・アフリカ地域での開催（それまでは、欧州と米州での交互開催だった）を提案。これを受けて、まず日本サッカー協会が大会招致に名乗りを上げた。

当時、日本にはトヨタカップ（欧州と南米の優勝クラブが戦うクラブ世界一の決定戦）の開催実績があったことに加え、サッカー協会としても、ワールドカップの開催を低迷する国内サッカーの活性化につなげたいという思惑があった。また、欧米諸国の間でも、アジア地域では圧倒的な経済力とインフラ設備を誇る日本でのワールドカップ開催は無難な選択と見られていた。

これに対して、日本の大会招致計画を知った韓国は、〝アジア初〟の名誉をかけ、1993年11月、大会招致に名乗りを上げ、翌1994年には招致委員会を発足させて猛烈な巻き返しを開始。韓国政財界は現代財閥を中心に、豊富な資金力に物を言わせて精力的な招致活動を展開。南北の共同開催案を持ち出すなど、国際社会に対するアピ

▲ワールドカップサッカー開催決定の記念切手

ールも抜かりなく行った。

　こうして、１９９５年２月、２００２年大会の開催国として日韓両国が正式に立候補を表明。これを受けて、ＦＩＦＡでは、１９９６年６月１日の臨時理事会の投票で２００２年大会の開催国を決定することになった。

　ところが、臨時理事会の直後に予定されていたＦＩＦＡ会長選挙をめぐって、南米出身のアベランジェ会長の再選問題をめぐって、会長の再選を阻止しようとする欧州の理事が、会長の意向であった日本での大会開催に反対。日韓の共同開催を強く主張し始める。もちろん、南米出身の理事たちは会長の再選を支持し、その意向を汲んで日本での単独開催を支持。この結果、ＦＩＦＡは事実上の分裂状態に陥り、中間派のアフリカ出身理事の票をめぐる攻防の末、欧州リーグに多数の選手を送り出しているアフリカ諸国の大半は欧州に加担し、日韓の共同開催という流れが決定する。

　開催国を決定する投票日前日の定例理事会前のパーティー会場で、趨勢を悟ったアベランジェ会長は、定例理事会で日韓両国による共同開催案を自ら提案せざるを得なくなり、日韓両国にその旨が打診された。これに対して、日本側もこの提案を拒否すれば、韓国の単独開催か、開催地決定の延長と中国開催の可能性があったことから、これを受け入れる以外に選択肢はなかった。一方、韓国側も、当時、経済状況が急速に悪化しつつあり、とうてい、日本からの援助なしではワールドカップを開催できる状況にはなかった。

　こうしたさまざまな事情が絡み合い、１９９６年５月31日、２００２年大会の日韓共催が正式に決定、発表された。

　なお、この決定を受けて、韓国郵政が「ワールドカップサッカー２００２」の記念切手（右ページ）を発行したのは、１９９６年８月１日のことである。

韓国郵政は1996年5月1日、陸軍士官学校開校50年の記念切手（下図）を発行した。韓国の陸軍士官学校は各界で活躍する指導者を多数輩出してきた教育機関であるから、韓国郵政が節目の年に記念切手を発行するのも至極当然のことといえるのだが、今回の切手には、一つ注目すべき点がある。

それは、切手上に〝智・仁・勇〟という漢字が表示されていることである。

1948年の大韓民国政府成立と同時に、韓国ではハングル専用法が施行され、公文書はハングルで作成されるのが建前となった。とはいえ、自由主義国家の建前として、政府が国民に漢字の使用を禁止することはできないため、国民の漢字使用を黙認する代わりに、漢字教育を厳しく制限し、一世代をかけて漢字を知らない世代を育成するという方針が採られてきた。

ハングル専用派と漢字復活派の対立

▲陸軍士官学校開校 50 年の記念切手

しかし、1990年代に入って、実際に国民の多くが漢字を知らないという状況になると、その弊害を指摘する声も少なからず上がるようになる。

こうした状況の中で、元陸軍参謀総長の李在田《イジェジョン》やソウル大学教授の鄭秉学《チョンビョンハク》を中心とした漢字教育振興会（1998年に全国漢字教育推進総連合会に改組）は漢字復活運動を展開した結果、道路標識や駅やバス停の看板に漢字を併記させ、住民登録証の氏名欄に漢字を併記させるなどの成果を勝ち取っていく。陸軍士官学校を題材とした切手に漢字が取り上げられているのも、李の意向を汲んだものと見るのが自然だろう。

その一方で韓国郵政は、この切手に対するハングル専用派の反発を考慮して、「独立新聞（ソウルで発刊された純ハングル文の新聞）創刊100年」と「ハングル550年」の2点の記念切手（下図）を発行している。

ハングル専用派の組織というと、1921年に朝鮮研究会として発足したハングル学会が挙げられる。もともとハングルの普及を目的とした学術団体だったが、植民地支配下での民族運動とも密接に関わり、解放後は次第に漢字廃止を求める圧力団体へと変質していった。その過程で、同会の主張は教育界に浸透し、教育部（日本の文部科学省に相当）に大きな影響をあたえるようになったのみならず、全国教職員組合（日本の日教組に相当）にも「漢字教育は児童・生徒の負担を増やすだけであり、韓国語に漢字は必要ない」と主張させることに成功する。

さらに、1987年の民主化宣言とともに、軍政時代、民主化を主張して職を追われた新聞記者を中心に設立された『ハンギョレ新聞』（現『ハンギョレ』）が、民族主義の立場から漢字を一切使わないことを売り物に、統一よりも反共を優先する保守層（その多くは、実は漢字復活派である）を批判する論陣で部数を伸ばすなど、ハングル専用派は〝革新〟勢力と結びついて社会的影響力を強めていった。

このように、ハングル専用派と漢字復活派の対立は、政治的党派の対立とも絡んで社会的に微妙な対応が求められる問題となっている。行政機関がその板ばさみで苦労することもしばしばあり、記念切手もまた、そうした韓国社会の潮流とは無縁ではいられないのである。

▲「ハングル550年」（上）ならびに「独立新聞100年」（下）の記念切手

OECD加盟と著作権問題

◀「世界著作権の日」の切手

韓国が経済開発協力機構（ＯＥＣＤ）への正式加盟を実現したのは１９９６年12月のことであった。

東西冷戦下では、西側陣営の〝先進国〟クラブの様相を呈していたＯＥＣＤだが、１９９０年代に入って東西冷戦が終結すると、東欧諸国や新興工業国も加盟するようになり、遅ればせながら韓国も加盟することになったというわけである。

こうして、韓国は〝先進国〟として名実ともに世界から認知されることになったわけだが、その結果、いままでの韓国社会の常識が国際的には非常識として是正を迫られる場面も少なからず出てきた。著作権をめぐる諸問題は、その典型的な事例であろう。

韓国では、現在でも一部の市民団体が「著作物といっても、それは文化の中で生まれ育ってきたもの、すべての人々が豊かな文化の産物を利用できるようにするべき」と主張していることに見られるように、特定の個人・団体に著作権が帰属するということへの理解が必ずしも社会的なコンセンサスになっているわけではない。特に、１９８０年代までは、「コピーのどこがいけないんだ」という論調が堂々とまかり通っており、いわゆる偽ブランド商品がソウルの中心部でも白昼、堂々と売られているというありさまだった。

当然、こうした韓国社会の状況は日本や欧米諸国から批判の対象となっており、1988年のソウル・オリンピックを控えた1987年7月からは、遅ればせながら、韓国でも本格的な著作権法が施行されることになった。

しかし、その後も一般国民の意識は従来のままで、1990年代には、いわゆる〝ガンダム事件〟が起きている。

この事件は、1993年に日本の創通エージェンシーが韓国でアニメ『ガンダム』の商標登録を行っていたにもかかわらず、韓国の玩具メーカーがこれを無視して『ガンダム』の名称を無断で使用して商品を製造・販売していたというもの。問題の韓国企業は、「『ガンダム』とは、空想上のロボットの一般的名詞であり、ロボット玩具に『ガンダム』以外の名称をつけると消費者に誤解を与える」と主張し、1998年には、あろうことか韓国特許庁がこれを認めてしまった（同年中に決定は取り消されたが）というものである。

こうした状況は、当然、〝先進国〟として許容されるものではないから、韓国政府も国民に対する啓発活動を積極的に行うようになっているほか、1997年には、「青少年を日本の文化影響から保護する」との名目（〝日本人の権利を保護するため〟という正論には、一部の反発も予想されたため、こういう名目が唱えられた）で行われた日本製コミックの海賊版の大規模な検挙が行われ、100万部を超える海賊版が摘発されている。

1997年4月に発行された「世界著作権の日」と題する切手（右ページ）も、こうした流れの中で、政府として、切手を使って著作権保護の重要性を国民にアピールする狙いがあったものと考えてよい。

もっとも、こうした啓発活動の効果は、現時点では、必ずしも十分なものとはいえず、以前よりはかなり改善されてきているとはいえ、現在でも、日本や欧米諸国が韓国の類似商品に悩まされている状況は続いており、この問題をめぐる韓国と国際社会の溝の深さを埋めていくのは容易ならざるものであることをあらためて痛感させられる。

光州ビエンナーレ

1997年9月1日から11月27日にかけて、第2回光州ビエンナーレが開催された。

ビエンナーレ（biennale）とは、もともとはイタリア語で〝2年に1度〟の意味だが、実際には2年に1度開かれる国際美術展のことを指している。

韓国でのビエンナーレ開催は、1995年の光州での開催が最初のことで、現在では釜山でも開催されている。

第1回の光州ビエンナーレが開催された1995年は、1980年のいわゆる光州事件の責任追及が始まった時期にあたっていた。こうした中で、光州市民は、自らの文化的伝統（もともと光州は書画で知られた文人の都だった）を誇示するため、首都ソウルの頭越しに国際美術展を開催することを企画したのが、ビエンナーレの始まりだった。

当時の市内各所にはビエンナーレのロゴとともに「民主精神の地、光州」等の標語が掲げられ、大統領の金泳三は、反中央の気風が強い光州市民の〝攻撃〟をおそれて、視察予定を二転三転させ、開会式の出席も取りやめたという。

しかし、1997年の第2回ビエンナーレに関しては、年末に行われる大統領選挙をにらんで、光州を道庁所在地とする全羅南道が地盤の野党候補、金大中の勢いを封じるには、政府としてもこの地域に対する宥和措置を取らざるを得なかったのだ

◀1997年の光州ビエンナーレの記念切手

ろう。オープン2ヵ月前の7月1日、韓国郵政がビエンナーレの記念切手（右ページ）を発行して事前の周知宣伝に協力しているのも、そうした思惑によるものではないかと推測される。

　さて、1997年の光州ビエンナーレは、中外公園内のビエンナーレ展示館を中心に、光州市立美術館、教育広報館など市内の数ヵ所にまたがって開催された。市内のいたるところには、ポスターが貼られ、交通標識にもビエンナーレへの道順が掲げられているほか、オープニング前夜には市の繁華街でパレードも繰り出されるなど、光州全市を挙げてのイベントである。

　このときの総合テーマは「地球の余白」。メイン会場となったビエンナーレ展示館では、陰陽五行説に基づき、「速度／水」「生成／土」「混性／木」「権力／金」「空間／火」の5テーマを設定し、テーマごとに世界各国から102組のアーティストの作品が展示された。このほか、光州市立美術館では、解放後の韓国における視覚文化の軌跡をたどる「日常、記憶そして歴史」展や、シャーマニズムと現代美術の関係を探る「生の境界」展などが、また、教育広報館では、韓国内の若手作家の作品を集めたアペルト展が、それぞれ開かれた。

　もっとも、会場を訪れた参観者の中には、作品にベタベタとさわったり、映像の前で踊り出したりする者が少なからずあったようで、美術展そのものが一般の韓国人にとってはなじみのないものであったようすがうかがえる。

　ちなみに、ビエンナーレの開催は、本来は2年に1回が原則だが、第2回ビエンナーレが終了してまもなく、韓国は通貨危機に見舞われたこともあり、1999年の開催は見送られてしまった。ただし、第3回は、翌2000年に無事開催され、以後、2年に1回という本来のペースが維持されている。

後にＩＭＦ危機と呼ばれることになる経済危機は、1997年1月23日、大手鉄鋼メーカーの韓宝《ハンボ》鉄鋼が約5兆ウォンの負債を抱えて倒産したのが直接の引き金となった。その後、三美《サムミ》（鉄鋼）、大農《テノン》（食品）、真露《ジンロ》（酒造）、起亜《キア》（自動車）、サンバンウル（衣料）、テイル（精密機器）などの大企業が、あいついで事実上の倒産状態（巨額の不渡りを出したものの、銀行が一定の期間不渡りの処理を猶予している状態）に陥り、韓国経済は文字通りパニックとなる。

当時の韓国の巨大企業は典型的な財閥企業で、所有と経営は分離されておらず、オーナー一族が経営の実権を掌握していた。

金融危機

▲漢城銀行100年の記念切手

彼らは政権当局に巨額の献金を行うことで特恵的な融資を受け、「タコ足経営」と呼ばれる多角経営であらゆる分野に進出していたが、その負債総額は明らかに彼らの返済能力を超えていた。起亜や真露の倒産が、本業ではそれなりの実績を上げていながら、銀行から巨額の融資を受け、特殊鋼や流通業などの専門外の業種に経営を拡大したことが原因であったことは、その典型的な事例である。

一方、金融機関の側も、人事などあらゆる面で政府の統制を受けていたため、政府と関係の深い財閥企業の経営に対する十分なチェックを行うことができず、そのことが、企業の経営実態を無視した無謀な融資の原因となっていた。当時、韓国の金融機関では貸与資金全体の約17%が不良債権化していた。日本で深刻な金融危機が懸念されていた時期でさえ、不良貸与比率は３%を超えなかったから、事態の深刻さは容易に想像できよう。

こうした状況の中で、１９９７年5月、ヘッジファンド（少数の投資家から私的に大規模な資金を集めて運用する投資団体）の攻勢でタイ・バーツが売り浴びせられると、タイ当局は為替市場でこれに応戦したものの、外貨準備が底をつき、タイは通貨危機に陥った。これをきっかけに、東南アジア全域で各国通貨が大幅に下落し、アジア経済は大きな打撃を受けた。アジアの市場で異変を感じた国際格付機関のムーディーズは、7月に入り、韓国の格付をＡ１からＡ３まで落とした。このことがきっかけになり、株価は急落。あいつぐ大型倒産で落ち込んでいた韓国経済はいっそう冷え込むことになる。

さらに、9月末の時点で韓国の外債は１２００億ドルあったが、そのうちの55%に相当する６６０億ドルが１年以内に満期を迎える短期債務であったことから、国際市場では、韓国の短期債務に対する取り付けラッシュが発生。その結果、韓国の外貨保有高は２００億ドルを割る水準（これも帳簿上の額であり、実際はかなり下回る）にまで落ち込み、11月に入ると、ムーディーズの格付もＢａａ２にまで落ち込み、韓国に対する市場の信用は完全に失墜した。

このため、韓国政府は11月21日、ついに緊急支援としてＩＭＦ（国際通貨基金）に２００億ドルを要請。以後、韓国経済はＩＭＦの管理下で、財閥解体など、抜本的な構造改革を余儀なくされていった。

こうして、１９９７年は韓国の金融史上、最悪の一年となった。なお、この年は、１８９７年に韓国最初の近代銀行として漢城銀行が創立されてから１００周年にあたっており、2月には記念切手（右ページ）も発行されているが、皮肉なことに、韓国金融界の前近代的な体質の問題点が一挙に噴出した年として歴史に残ることになった。

韓国切手のレファレンス①

切手の名称や発行日、デザインなどについての基本的な情報を調べる場合に欠かすことができないのが切手のカタログである。

切手のカタログというと、切手の値段表というイメージを持っている人も多いが、本来、カタログの役割は、旅行者にとっての地図や外国語を使用する際の辞書と同様、参考図書であって、切手の評価はあくまでも二義的なものでしかない。

韓国の切手について調べる際のカタログとしては、まず、ソウルの郵文館（Korean Philatelic Company）が刊行しているKPC-Korean Postage Stamp Catalogueを参照するのがよいだろう。

同書は、毎年発行されているオールカラーのカタログで、李氏朝鮮時代の１８８４年に発行された最初の切手から前年12月まで（２００８年版の場合は２００７年末まで）に発行されたすべての切手、葉書、航空書簡、クリスマス・シールについて、切手の名称や発行日、印刷の方式や用紙の種類、原画作者などの情報が記されているほか、郵便料金表も掲載されている。

本文の表記は基本的に韓国語だが、切手の名称については英訳もつけられている。

また、１９９９年以降（これから発行予定のものも含む）の記念・特殊切手に関しては、韓国郵政（大韓民国郵政事業本部）のウェブサイト（http://www.koreapost.go.kr）も便利だ。ウェブサイトの切手のページでは、切手の画像とともに、プレスリリースがそのまま転載されているので、それぞれの切手の発行目的やデザインについて、かなり詳細な情報を得ることができる。英語版もあるのも日本人にとってはうれしい。

郵文館のカタログと併せて利用すれば、初期から現在にいたるまでの韓国切手の概要を把握することが可能となる。

◀郵文館発行の２００８年版カタログ

第8章

金大中時代

1997～2002

1997年
韓国、IMF管理下に
1998年
北朝鮮、テポドン発射
2000年
金大中、ベルリン宣言を発表
南北頂上会談
金大中、ノーベル平和賞受賞
2001年
仁川国際空港開港
2002年
FIFAワールドカップ開催
小泉首相訪朝

▲「韓国伝統食品シリーズ」の第1集として2001年6月15日に発行されたキムチの切手

金大中政権の発足

◀金大中大統領就任の記念切手

1997年5月、野党第1党の新政治国民会議（国民会議）を率いる金大中が党の大統領候補に選出された。翌6月には、野党第2党の自由民主連合（自民連）が金鍾泌《キムジョンピル》を党の大統領候補に選出。一方、与党・新韓国党では、7月に元国務総理の李会昌《イフェチャン》が京畿道知事の李仁済《イインジェ》を決選投票で破って大統領候補に選出され、本格的な選挙戦がスタートした。

当初、李会昌の支持率は50%近くあり、他候補を大きく引き離していたが、7月末にふたりの息子が〝体重不足〟で兵役免除されていたことが発覚し、支持率は急落。さらに、8月に入ると、ソウル市長の趙淳《チョスン》が民主党からの大統領選挙出馬を宣言。9月には、李仁済が新韓国党を脱党し、独自に出馬を表明するなど、選挙戦は次第に混戦模様となった。

こうした中で、選挙公示を前にした11月、国民会議と自民連の間で、金大中を統一候補とし、金鍾泌は出馬しないとの合意（DJP連合）が成立。与党側も新韓国党と民主党が合併してハンナラ党を結成し、李会昌を統一候補として趙淳は出馬を辞退することになった。ただし、李仁済はこの候補者調整には加わらず、あらたに国民新党を立ち上げて大統領選挙に出馬。金大中、李会昌、李仁済の有力3候補が争う構図が確定した。

選挙戦では、金大中陣営がいままで何度も大統領選挙に挑戦し、破れているというキャリアを逆手にとって、〝準備された大統領〟をキャッチフレーズとして掲げた。これが、功を奏し、金大中はみずからの出身地域である全羅道と〝盟友〟金鍾泌の出身地域である忠清道での票を手堅く固め、浮動票の多い首都圏でも支持を集めて大統領に当選した。なお、金大中と李会昌との得票差は40万票弱。得票率にして1・6％しかなかった。

金大中は、1925年12月、全羅南道の木浦沖合、荷衣島の出身。朝鮮戦争の休戦後まもない1954年に国会議員に初当選し、反李承晩派の実力者である張勉の引き立てにより、野党政治家として頭角を現した。1960年代以降は朴正熙政権の掲げる開発独裁政策に対して民主化を主張する野党政治家として活躍。1970年9月には民主党の大統領候補になり、翌1971年の大統領選挙では現職の朴正熙に97万票差まで迫る健闘を見せた。その結果、朴政権からは危険人物視され、交通事故を装った暗殺工作に遭遇。さらに、1972年の10月維新後は国内での政治活動が事実上封じられたため、日米両国に滞在しながら民主化運動に取り組んだ。1973年8月、東京に滞在中、韓国中央情報部によって拉致され、暗殺の危機に遭ったが、アメリカの介入により解放され、ソウルで軟禁状態に置かれた〝金大中事件〟は日本人にとってもなじみが深い。

朴正熙暗殺後の1980年2月、公民権を回復し、政治活動を再開したが、全斗煥の新軍部によって5月に逮捕される。その抗議に端を発した民主化デモを軍部が鎮圧して流血の惨事となったのが光州事件である。事件後は、軍法会議で死刑判決を受けたものの、無期懲役に減刑後、刑の執行を停止されて米国に出国した。

1985年に帰国した後、1987年に公民権を回復し、同年末の大統領選挙では盧泰愚に挑んだが敗退。さらに、1992年の大統領選挙でも金泳三に敗れ、政界引退を表明したが、1995年に新政治国民会議を結成して政界に復帰し、1997年の大統領選挙で悲願の当選を果たし、1998年2月25日の政権発足となったのであった（右ページ）。

金大中は、全羅道出身の史上初の大統領であった。

このため、既得権益を持つ政治家や高級官僚とのしがらみが薄かった彼は、IMF体制という〝時の運〟も味方して、韓国社会の抜本的な改革に乗り出すことになる。

金大中政権の改革の基本は、金融の健全化や企業経営の透明化、公共部門の規制緩和と民主化、健全な労使関係などの構造改革と規制緩和である。

具体的には、放漫経営で危機に陥った大銀行を、大統領権限によって容赦なく整理・解体したことや（その結果、金融機関の全従業員の30％が解雇されたが）、連結決算によって財閥の経営責任を明確にし、家族的な

IMF体制下での改革スタート

▲政府樹立50年の記念切手

一族支配経営を改善させたこと、政府機関の整理統合と通信や電力部門の民営化、外国人の土地所有規制や投資規制の撤廃などが改革の成果として挙げられるだろう。

規制緩和を進めていくうえで重要になるのは、官僚機構の改革であるが、この点についても金大中政権は大胆であった。

そもそも、IMF体制に移行せざるを得なくなるまでに経済状況が悪化した要因は複合的なものであったとはいえ、旧来の官僚組織が事態を悪化させたことは疑いようのない事実であった。

実際、1997年の早い段階で対策を講じていれば経済危機のダメージは相当軽減すること

ができたはずだが、当時の金泳三大統領は財務部から何も報告されておらず、気が付いた時には手遅れになっていたのである。

新政権は、こうした官僚の〝不作為の罪〟を徹底的に糾弾し、財務部を解体し経済部と統合した。

同時に、官僚統制の根幹として人事改革にも着手し、官界に根強かった慶尚道優先の慣例を排除した。具体的には、陸軍参謀総長を皮切りに、軍、国家安全企画部、検察、警察などの治安政府機関をはじめ、各政府機関の慶尚道重視人事を徹底的に排除し、非慶尚道出身者を政府機関の重要なポストに大幅に登用した。

陸軍参謀総長こそ大統領と同じく全羅道の出身であったが、その他の人事は、従来に比べるとはるかに地域的なバランスの取れたものであった。このことは、経済危機にあたり、政府の公正さを国民にアピールするうえで、非常に大きな効果をもたらした。

また、新たに登用された人材は旧来の官庁の悪弊に染まっていない場合が多かったことから、役所の対応も大きく変わり、窓口を訪れた市民に対して職員が立ち上がってお辞儀をするという場面も見られるようになったという。これは、権威主義的な性格が強く、市民に対する横柄な態度がまかり通っていた従来の韓国の官公庁では、考えられない変化であった。

金大中政権の発足から半年ほど後の1998年8月14日、韓国郵政は「政府樹立50年」の記念切手（右ページ）を発行した。

切手には、太極旗の下を駆ける人々の姿が描かれており、国民とともに経済再建と改革へ向けて走り出す政府の姿勢をアピールしようとしたものと考えられるが、この点では、金大中政権の5年間は着実に成果を挙げたと評価して良いだろう。

金大中政権のIT戦略

金大中政権の金看板の一つは「情報戦略」であった。

前任の金泳三政権も韓国社会のIT化にはそれなりの関心を払っていたことは、前政権時代の末期に企画された「情報文化の月」と題する切手（下図）に、「原始人のラブレター」「早馬と烽火」「李朝末期の旧型ポストと旧型電話」とならんで、「未来の情報文化」としてコンピューター・ネットワークのイメージが取り上げられていることからもうかがえる。ただし、IMF体制以前の韓国では、いわゆるIT産業は新興勢力でしかなく、財界の主流は従来どおり、財閥系の重厚長大産業が幅を利かせていた。

これに対して、財界主流とのしがらみにとらわれなかった金大中は、経済危機を乗り切るためには情報化が重要なことを強調し、「知識基盤国家の建設」を訴え続けた。そして、大統領就任後は、全国民がインターネットを使う時代を目指すという基本方針の下、インフラの整備と国民教育に重点を置き、IT産業の育成に本格的に乗り出したのである。

金大中政権の経済政策は、基本的には、政府は個人と企業の支援者であり協力者（従来のような保護者ではない）としての役割を果たすべきという理念に基づき、規制緩和と構造改革を推し進めるものであった。その一環として、政府はベンチャー企業の起業と育成にも力を入れ

▲「情報文化の月」の切手

たが、そうしたベンチャー企業の多くがＩＴ関連企業であり、彼らを保護育成することが結果的に韓国社会の高度情報化を促すというモデルが考えられたのである。なお、ベンチャー企業に対する優遇措置には、いわゆる構造改革によって財閥系企業からリストラされたホワイトカラー層に対する失業対策という面もあったことは見逃せない。

　こうしたＩＴ化政策の総合的かつ具体的なプランとして、１９９９年３月、韓国情報通信部が発表したのが、２００２年までの４年間に総額28兆ウォンを投資する「サイバーコリア21」構想（Cyber Korea 21）である。

　同構想では、ＩＴ関連産業のＧＤＰ比率を２００２年までに先進国並みに引き上げ、１３６兆ウォンの生産額と１００万人の新規雇用（情報通信で30万人、関連ニュービジネスで70万人）の開拓が具体的な数値目標とされた。また、ＩＴ教育に力が注がれていたことも大きな特徴で、２００１年４月までに全ての小中高校に合計１００万台のパソコンが学校に配備され、教室へのインターネット接続も１００％完了している。ユニークなのは、軍隊内や少年院においてもＩＴ教育を徹底したことで、とにかく「全国民」がインターネットを使いこなせる環境を作り出そうという韓国政府の強い意欲がうかがえる。

　その後、サイバーコリア21は順調に実行に移され、韓国社会のＩＴ化は急速に進められた。スタートから１年後の２０００年３月１日、金大中大統領は３・１節の記念演説で「私の任期中に全国民がコンピューターを持ち、インターネットを使う。韓国は知識10大強国になる」と発言したが、この演説の後半部はともかく、前半部に関しては、その目標はほぼ達せられたと評価してよい。

　こうした状況の中で、旧型メディアである切手や郵便も動員され、２０００年４月22日には、サイバーコリア21を宣伝するための切手（下図）も発行されている。

▲サイバーコリア 21 を宣伝する切手

金大中政権によって進められたＩＴ化政策は、産業界のみならず、政府・官公庁にも大きな影響を及ぼした。

まず、電子政府のシステムが整備されたことで、各種申請手続が大幅に簡素化されたほか、利用者は申請受理の進捗状況を確認することもできるようになった。また、官公庁が市民の要求や苦情もメールで受けつけ、すぐに対処する体制が整えられ、電子化による行政事務処理は飛躍的に向上した。

さらに、ＩＴ化の進展による最大の産物として、国会議員選挙が大きく様変わりしたことも見落としてはならないだろう。

従来の韓国では、国民の直接投票による大統領選挙に関して

落選運動の影響

◀国会開院50周年の記念切手

は、国民の関心は非常に高かったものの、選挙区ごとに行われる国会議員の選挙に対する関心は決して高いものではなかった。ところが、インターネットの発達により、個々の議員の活動内容を国民が把握しやすくなったことで、不適格な議員に対して国民が率直に厳しい視線を浴びせる環境が整えられることになった。

こうした環境の変化が表面化するのが、２０００年４月の総選挙である。

このときの総選挙に際しては、４６０の市民団体が「２０００年総選挙市民連帯」（総選連帯）を結成。与野党１１４名の立候補者を不適格者と認定し、落選運動を開始した。

すなわち、総選挙連帯は、①不正腐敗した政治家、②過去の選挙法違反、③軍事クーデターへの関与、④職務怠慢な議員、⑤地域間の対立感情を煽り立てた政治家などの項目に該当する候補者を不適格者と認定。その実名を公表し、マスコミはそれを報道した。

もっとも、総選挙連帯の中核を担っていた市民団体は左派的な性格が強いこともあって、上記の5項目に加えて、不適格候補の条件には、漢字復活を主張する者が含まれているなど、必ずしも、全国民的な支持を集めているわけではなかった。

こうしたこともあって、総選挙連帯による落選運動は、韓国の選挙法87条（労働組合以外の一般団体の選挙運動禁止）に抵触するのではないかという批判も国民の間には根強くあったほか、中央選挙管理委員会も、不適格者名簿の公表は違法との判断を下していた。

しかし、落選運動そのものに対しては好意的な国民も多かったことから、総選挙連帯は選挙法の改正を政府に要求。大統領も「市民団体の運動は時代の流れ」と発言してこれを支持する姿勢を示したことから、公職選挙法は改正され、選挙公示後もインターネット上で立候補者への実名批判が許されることになった。

こうして、政治家が本人や親族の不正（その大半は兵役逃れや不法蓄財についての告発であった）を隠しておくことはきわめて困難になり、２０００年の総選挙では、不適格者とされた立候補者の7割が落選するという結果になった。

ちなみに、金大中政権の発足からまもない１９９８年5月30日、韓国の国会は開院50年を迎え、韓国郵政はその記念切手（右ページ）も発行しているが、この時点では、国会議員の多くは、来るべき２０００年の総選挙が従来とは全く異なった戦いとなることを予期していなかったのではなかろうか。

テポドンの発射

金大中政権の対北朝鮮政策は、圧力と制裁よりも対話と交流を重視する宥和政策であった。ところが、政権発足から半年余がすぎた1998年8月、こうした対北朝鮮政策を根本から揺るがす大事件が発生する。すなわち、テポドン1号の発射事件である。

余談だが、〝テポドン〟という呼称は、アメリカが衛星によって、このミサイルの存在を確認した地名（大浦洞）から命名したコードネームで、〝光明星（1号）〟というのが、北朝鮮側の正式名称である。

1998年8月31日、北朝鮮は、事実上の弾道ミサイル発射実験として、人工衛星の運搬手段のかたちで3段ロケットを発射した。ロケットは、津軽海峡付近から日本列島を越え、途中、第1段目は日本海に、第2段目は太平洋に落下した。

◀北朝鮮が発行した〝テポドン〟打ち上げ成功の記念切手

ここで、ミサイルとロケットの関係について確認しておこう。「飛び道具」としての広義のミサイルには、いわゆるロケット（狭義には「飛び道具」の推進体を指す）も含まれるが、一般にはロケットの先端部に爆発物を搭載した軍事目的の「飛び道具」をミサイルと呼び、先端部に人工衛星などが搭載されていれば「宇宙ロケット」と呼ぶ。

このように、宇宙ロケットとミサイルは本質的に同一の技術であり、北朝鮮側の主張するように、人工衛星を打ち上げるための平和目的のロケットだから周辺諸国への脅威にはならないという説明はなんら説得力を持たない。

また、たとえ人工衛星の打ち上げであったとしても、日本上空を飛翔することでロケットの一部が日本に落下して被害をもたらす可能性は否定できないわけで、事前の通告なしに、日本方向に向けて発射実験を行った北朝鮮の対応は非難されてしかるべきであろう。

さて、北朝鮮の発表によれば、光明星1号は１９９８年8月31日12時7分に発射され、4分53秒後に人工衛星を磁気軌道に正確に進入させ、人工衛星は「金日成将軍の歌」と「金正日将軍の歌」のメロディと「主体朝鮮」とのモールス電信を地球に伝送したことになっている。

人工衛星の打ち上げは、その国の科学技術の発展という点で輝かしい業績であることは間違いないから、北朝鮮当局がテポドンの発射実験にあわせて、記念切手（右ページ）を発行し、その〝成功〟を内外に広くアピールしようとしたのも不思議はない。しかし、北朝鮮当局の主張するような電波を発する人工衛星の存在は、現在までいっさい確認されておらず、日米韓の専門家の間では、テポドン1号は、第3段ロケットの加速が足らず、衛星の切り離しに失敗して爆発したものと推測されている。

いずれにせよ、テポドン1号の打ち上げにより、北朝鮮は多段式ロケットの分離技術を確立したわけで、このことは、彼らの主張する〝宇宙ロケット〟がアメリカ本土までをも射程距離に入れた〝核ミサイル〟に転用される可能性が生じたことを意味し、極東の安定にとって極めて憂慮すべき事態であることは間違いない。

ちなみに韓国の場合は、最初の衛星打ち上げは金泳三政権下の１９９２年8月に成功したＫＩＴＳＡＴ－１である。ただしこれは科学実験用低軌道衛星であったから、国際社会から一人前の衛星保有国とはみなされなかった。

韓国が世界22番目の衛星保有国として認知されるようになったのは、１９９５年8月5日、米国フロリダ州のケープカネバラル空軍基地で放送通信用衛星ＫＯＲＥＡＳＡＴ－１（通称ムグンファ1号）の打ち上げに成功してからのことである。

ＯＰＬＡＮ ５０２７−９８

◀建軍 50 年の記念切手

金大中政権は、北朝鮮に対して宥和的な外交政策（太陽政策）を掲げていたが、このことは、ただちに北朝鮮を〝主敵〟とする韓国の軍事・国防政策の変更をもたらしたわけではない。

朝鮮半島有事の際の韓国防衛のための米韓連合軍司令部の基本戦争計画はＯＰＬＡＮ５０２７と呼ばれており、米韓の合意を経て、２年毎に更新されることになっている。

ＯＰＬＡＮ５０２７は、もともとは、北朝鮮の侵略を停止させ、非武装地帯（ＤＭＺ）の反対側に押し返すことを基本方針としていた。

北朝鮮が再び、韓国に対して戦争を仕掛けてくる場合、彼らは韓国がその国力を完全に動員するか、アメリカからの増援が到着し、配備される前に、米韓連合軍を撃破しようとすることが予想される。このため、核問題をめぐって１９９４年に米朝間の緊張が高まり、〝第２次朝鮮戦争〟の危機が懸念される中で立案されたＯＰＬＡＮ５０２７−94では、北朝鮮が戦争を仕掛けてきた場合には、韓国軍は航空兵力を動員して北朝鮮の攻勢を鈍化させ、FEBA Bravo（ＤＭＺ南方32～48キロ）で防衛線を安定させたうえで、アメリカの増援を待って、報復攻勢を実行するという基本方針が立てられた。この報復攻勢は、東海岸から北方の元山に上陸する部隊とソウルから北上する部隊が共に平壌を目指し、北朝鮮側を屈服させるというものである。

その後、1998年8月のテポドン1号の発射実験に見られるように、北朝鮮の核開発が極東地域全体にとって深刻な脅威となったことをふまえて、アメリカは、OPLAN5027の基本方針を変更する。

すなわち、1998年後半に採用されたOPLAN5027－98では、北朝鮮が戦争遂行を準備しているという確固たる証拠を探知した場合には、長射程砲及び空軍基地を含む北朝鮮の軍事基地に対する先制攻撃をするということが盛り込まれていた。そのうえで、計画では、北朝鮮軍を休戦ラインまで追い返すだけでなく、北朝鮮国家そのものを完全に制圧し、最終的には朝鮮半島を統一する方針が掲げられていた。

また、日本のオウム真理教による地下鉄サリン事件の例を踏まえて、ソウルへの生物・化学兵器による攻撃（韓国軍は、神経ガスを搭載した北朝鮮のミサイル50発により、ソウル住民1200万人の4割弱が犠牲になると見積もっていた）に対する対策も真剣に検討されたのも改定された計画の特徴である。

1998年10月に発行された建軍50年の記念切手（右ページ）には、DMZの国境警備隊と白頭山が取り上げられているが、この構図は、北朝鮮側が休戦ラインを越えて侵攻してくれれば、韓国側は北朝鮮国家を殲滅して白頭山にいたるまでの朝鮮半島を統一する準備があることを誇示するものであったと見ることも可能であろう。

当然のことながら、北朝鮮側はOPLAN5027－98を〝北朝鮮侵略のための戦争シナリオ〟として激しく非難し、米朝関係は緊張するのだが、こうした北朝鮮に対する〝ムチ〟が確保されていればこそ、金大中政権は、太陽政策という〝アメ〟を見せることができたということは見落としてはならないだろう。

金剛山観光開発

盧泰愚政権下の１９８９年に韓国の財界人として始めて北朝鮮を訪問した現代《ヒョンデ》財閥の創始者、鄭周永《チョンジュヨン》は、自身が江原道通川《トンチョン》郡（現・北朝鮮領）の出身ということもあって、もともと対北朝鮮事業に強い関心を持っていた。

　１９９８年に金大中政権が発足すると、同年６月、鄭は食糧援助のための牛５００頭を引き連れて板門店経由で北朝鮮に向かい、北朝鮮当局と金剛山観光事業の開始の約束を取りつける。

　しかし、対北朝鮮交渉の常として、その後、事態がなかなか進展しなかったため、業を煮やした鄭は、同年10月、再び北朝鮮に乗り込み、金正日と直接交渉して金剛山観光の開始を約束させた。その結果、11月18日、韓国江原道の東海港から金剛山観光の第1便が出航することになった。

▲鄭敾（チョンソン）の「金剛内山図」を取り上げた 1999 年の「切手趣味週間」の切手

　金剛山は、軍事境界線（北緯38度線）近く、北朝鮮の江原道の東海岸にある山岳景勝地。最高峰の毘盧峰（１６３９メートル）をはじめ、１万２０００もの峰からなるダイナミックな渓谷地帯で、その範囲は東西40キロ、南北60キロにも及んでいる。

　花崗岩が長い年月をかけて風化・浸食された奇岩の数々は、古来より多くの伝説の舞台となるなど、朝鮮民族にとっては単なる景勝地にとどまらず、民族の象徴ともいうべき存在とされている。

　この金剛山観光を皮切りに現

代財閥は対北朝鮮事業を本格的に開始し、１９９９年２月には、対北朝鮮事業専門企業として現代峨山《ヒョンデアサン》が設立された。

現代側は、金剛山観光を実施するため、観光客ひとりあたり一定の額（当時の料金で2泊3日の場合、米ドルで80ドル）を納入することになっているが、そのことが、北朝鮮の現体制を延命させることに繋がっているとの内外の批判も強い。

また、現代側は巨額の観光料の見返りとして、金剛山観光の独占開発権を得たものの、旅行者は当初期待されたほどには集まらず、さらには、対北朝鮮事業をめぐる現代グループ内部の対立もあって、純粋にビジネスとしてみた場合、金剛山観光事業が成功を収めているとはいいがたいのが実情である。

それでも、２００３年９月に軍事境界線を直接越える陸路観光が始まってからは観光客の数も次第に増加し、金剛山の地で南北離散家族の再会事業が行われるなど、金剛山観光の政治的・社会的効果には無視できないものがあるという見方が韓国内では根強い。

韓国では、現在でも毎年8月（１９９７年以前は11月）の〝切手趣味週間〟にあわせて名画切手を発行しているが、金剛山観光の開始後、最初の切手趣味週間が行われた１９９９年の名画切手には、金剛山を題材とする水墨画が取り上げられているが（右ページ）、この題材選定に際しては、太陽政策の目玉として金剛山観光事業を後押ししようという韓国政府の意図が反映されていたと見るのが自然であろう。

▲2000年の「切手趣味週間」の切手にも金剛山を題材にした鄭敾の「仏頂台」が取り上げられた

ベルリン宣言

2000年3月9日、金大中大統領は外遊先のベルリンで講演を行い、対北朝鮮政策に関する「ベルリン宣言」を発表した。その主なポイントは以下の通り。

（1）韓国は北朝鮮が経済的困難を克服できるよう手助けする準備がある。道路、港湾、鉄道、電力、通信など社会間接資本の拡充や投資保障協定と二重課税防止協定などの投資の環境整備、食糧難の抜本的な解決のための北朝鮮農業の構造改革など、政府当局間の協力が必要な事項については、北朝鮮からの要請があれば、韓国はこれを積極的に検討する準備がある。

▲韓国が発行した「南北頂上会談」の記念切手

（2）韓国の当面の目標は、統一よりも平和定着である。したがってわが政府は、和解と協力の精神で力が及ぶ限り、北を手助けしていく。

（3）北朝鮮は人道的見地から、離散家族問題解決に応じるべきだ。

（4）これらすべての問題を効果的に解決するため、南北当局間の対話が必要だ。

ベルリン宣言の発表を受けて、3月17日、北京で特使級の非公開接触がおこなわれた。その結果、南北頂上会談の実施が合意され、会談では、1971年の「7・4南北共同声明」の祖国統一3大原則（自主・平和・民族大団結）を出発点とすることも確認された。

北朝鮮側が南北頂上会談の受け入れに応じた背景には、なによりもまず、経済的苦境を脱するために韓国からの経済支援が必要であったという事情がある。

さらに、金大中政権による太陽政策の結果、韓国内で北朝鮮に対する宥和的な世論が形成されてきたことに加え、１９９９年末から２０００年初頭にかけて、韓国内を騒然とさせた老斤里《ノグルリ》事件問題の影響もあったろう。

朝鮮戦争勃発直後の１９５０年７月、アメリカ第７騎兵連隊所属の部隊が、忠清北道永同郡黄澗《ファンガン》面・老斤里の京釜線鉄橋付近にいた韓国人避難民の中に北朝鮮兵が混じっていると疑い、避難民を鉄橋の上に集めて射殺するという事件が発生した。犠牲者の数は３００名といわれている。その後、事件の存在は長らく伏せられていたが、１９９４年に韓国人の生存者が体験記を出版する。この体験記は、出版当時はそれほど話題にならなかったが、１９９９年9月にＡＰ通信が事件のことを大々的に報じたことで、一挙に事件への注目が集まり、同年10月には在韓米軍が現地調査を実施。最終的に、２０００年1月、韓米両国政府が米軍による民間人虐殺行為を公式に認め、クリントン大統領は「老斤里で韓国の民間人が命を落としたことに深い遺憾を表明する」との声明を発表したことで決着したが、一連の経緯を通じて、韓国内では、かつてないほど反米感情が高まった。

さらに、２０００年4月の国会議員選挙で、政権与党の民主党は、太陽政策に批判的な野党ハンナラ党に１１9対１３３で敗れていた。このため、世論の支持を得て巻き返しを図るためにも、金大中政権は南北頂上会談という切り札を早急に使う必要に迫られた。もちろん、北朝鮮に親和的な金大中の政治的影響力が弱まることを望まない北朝鮮もこれに同意する。

こうした思惑が絡み合い、２０００年6月13日、金大中と金正日の南北国家元首による直接会談（右ページ）が実現することになったのである。

南北頂上会談

2000年6月13日から15日にかけて、韓国の大統領、金大中は平壌を訪問して北朝鮮の最高実力者、朝鮮労働党総書記の金正日と会談。いわゆる南北頂上会談が行われた。

その3日間の動きをたどってみることにしよう。

13日の午前8時15分、青瓦台を出発した金大中は、8時55分にソウル空港に到着。「会うことじたいに大きな意味がある」「半世紀以上対決で一貫してきた南北が和解と協力で会うことだけでも大きな前進」との声明を発表する。

大統領を乗せた専用機は、9時18分にソウルを出発し、10時30分に平壌郊外の順安空港に到着。10時38分、タラップを降りて金正日と歴史的な握手を交わした。

◀北朝鮮が発行した「南北頂上会談」の記念切手

その後、大統領と総書記は朝鮮人民軍の儀兵隊を閲兵。子供たちから花束を受け取った大統領は「金正日国防委員長と共に南北全同胞が平和で幸せに暮らせる道を見つけるために誠意を尽くす」「始まりが半分。私の平壌訪問で全同胞が和解と協力、平和統一の希望を抱くよう真に願う」との声明を発表。10時50分、ふたりが同乗した自動車は大統領の宿泊先である百花園《ペッカウォン》招待所へと向かった。この間、沿道にはおよそ60万人の市民が歓迎のために動員され、蓮池洞《ヨンジドン》入口で女性労働者から大統領と夫人に花束が贈呈された。

11時45分ごろ、一行が百花園

招待所に到着すると、総書記は「今、世界が注目しています。大統領がなぜ訪北したのか、金委員長はなぜ受け入れたのかという疑問です。2泊3日の間に答を出さねばなりません」と発言した。

この日の午後、大統領は万寿台議事堂に最高人民会議常任委員会委員長の金永南《キムヨンナム》を儀礼訪問したほか、万寿台芸術劇場で平壌市芸術家の公演を観覧。午後7時から9時すぎまで、人民文化宮殿での晩餐会に出席した。

翌14日は、午前中、大統領は金永南と南北最高位級会談を行った後、万景台学生少年宮殿で子供たちの公演を観覧。昼食後、午後3時から百花園招待所で総書記と単独会談を行った。会談は途中で休憩をはさんで続けられ、6時50分に両首脳の間で原則合意が成立した。8時から木蘭館での大統領主催の答礼の宴の後、11時20分、両首脳が南北共同宣言に署名した。

共同宣言は、今回の頂上会談が「祖国の平和的統一を念願する全民族の崇高な意志により」行われたものであることを明らかにした上で、①統一問題を自主的に解決していくこと、②統一のため、南側の連合制案と北側の緩やかな連邦制案がお互い、共通性があったと認め、今後、この方向から統一を志向していくこと、③離散家族、親戚訪問団を交換し、非転向長期囚問題を解決すること、④経済協力を通じて、社会、文化、体育、保健、環境など、諸分野の交流を活性化させること、などがうたわれていた。また、答礼のため、金正日がソウルを訪問することも盛り込まれている。

その後、大統領は翌15日午後1時に百花園招待所での総書記主催の歓送宴会終了後、4時25分ごろ、専用機で平壌を出発。5時27分にソウルに帰着した。

なお、会談終了後の2000年10月、北朝鮮は握手する両国首脳を描く記念切手（右ページ）を発行。今回の会談が成功裏に終わったことを祝している。

非転向長期囚の送還

金大中と金正日の南北頂上会談を受けて、6月27日、平壌で南北赤十字会談が行われ、8月15日の解放記念日にあわせて離散家族100名ずつがソウルと平壌を交換訪問することならびに、9月2日（日本が降伏文書の調印を行った日で、旧連合諸国では対日戦勝利の日とされている）に韓国にとらえられている非転向長期囚を北朝鮮に送還することについて、南北間での合意が成立した。

　このうち、非転向長期囚については、若干の説明が必要であろう。

　非転向長期囚とは、韓国国内でスパイ活動やゲリラ活動をしたとして捕まり、その後も政治的転向を拒否して長期間、服役した北朝鮮出身者のこと。6月の南北頂上会談の際に北朝鮮側がその身柄引渡しを求めていたことに応えるかたちで63名が2000年9月に北朝鮮に送還された。

◀北朝鮮が発行した「非転向長期囚」の切手は、辛光洙を英雄として扱っている

　送還された元服役囚の中には、日本人の原敕晃《ただあき》さんの拉致に関わった北朝鮮の工作員、辛光洙《シングァンス》も含まれていたことから、当時、日本国内では韓国の対応に対して不満の声もあがっている。

　辛光洙は、日本の植民地時代の1929年、日本の静岡県で生まれ、1945年の解放後に北朝鮮に渡った。1950年、朝鮮戦争が勃発すると北朝鮮義勇軍に志願入隊。軍功が認められ、休戦後の1954年にルーマニアのブカレスト工業大学に留学した。

帰国後、北朝鮮の工作員として訓練を積み、１９７３年以降、能登半島から日本国内に不法入国。東京、大阪、京都などを拠点に対南工作に従事したほか、１９８０年6月には宮崎県で原さんを拉致し、原さんになりすまして日本のパスポートを取得。アジア各国で出入国を繰り返していたが、１９８５年にソウルで韓国当局によって逮捕され、死刑判決を受けた。しかし、１９９９年末に恩赦で釈放され、２０００年9月、非転向長期囚として北朝鮮に送還されている。

なお、辛の帰国当初、北朝鮮による拉致事件は、日本国内では〝知る人ぞ知る〟というものでしかなく、むしろ、辛のことを軍人大統領時代に民主化運動で逮捕された活動家と考えていた日本の政治家も少なくなかった。このため、彼らは辛を含む〝在日韓国朝鮮人の政治犯〟の釈放を求める署名を韓国政府に提出したが、その結果、北朝鮮側が日本人の拉致を認めた２００２年以降、署名した国会議員たちは国民の批判を受けている。

さて、北朝鮮に帰国した非転向長期囚たちは祖国では英雄扱いされ、全員に祖国統一賞が授与されたほか、9月5日には金日成競技場で数万名の平壌市民を動員した歓迎市民大会も行われた。また、２０００年12月には、非転向長期囚の帰国を記念する切手も発行されたが、その小型シートの余白には、帰国した元長期囚たちの顔写真が印刷されている。その中には、辛光洙の写真もあり、北朝鮮当局が拉致事件の実行犯を〝英雄〟として扱っていることがうかがえる（右ページ）。

なお、現在、日本の警察当局は、辛を国際指名手配し、北朝鮮にも身柄の引渡しを求めているが、北朝鮮側は現在のところ、これに応じていない。

▲右ページ図シート余白、下から3列目右端の辛の顔写真拡大図

アジア欧州会合第3回首脳会合の開催

ASEM3の記念切手▶

アジア欧州会合第3回首脳会合（ASEM3）は、2000年10月19日から21日まで、ソウルで開催された。

アジア欧州会議（ASEM）は、1994年10月、シンガポールのゴー首相がアジア欧州首脳間の直接対話構想をフランスのバラデュール首相に提案したことから始まったもので、第1回の首脳会合は、1996年3月にタイのバンコクで開催された。参加国は、アジア側からASEAN加盟7ヵ国と日中韓、欧州側からEU加盟国と欧州委員会である。

首脳会合では、政治対話の促進、経済及び金融協力の強化、その他様々な分野における協力の三つの分野について、参加したアジア及び欧州の首脳の間で活発な議論が行われ、21世紀に向けたアジアと欧州との協力の強化を強調した議長声明がとりまとめられたが、今回の会合で特に重要なのは、ASEMの今後10年間の方向性を示す「アジア欧州協力枠組み2000（AECF2000）」の採択と「朝鮮半島の平和のためのソウル宣言」の発出である。

このうち、「朝鮮半島の平和のためのソウル宣言」のポイントは以下の通りである。

1．朝鮮半島の平和と安定がアジア太平洋地域及び世界全体の平和と安定に緊密に結びついているとの見解を共有する。

2．これまでの朝鮮半島の緊張

を緩和するための南北の取り組みを考え、6月の南北頂上会談を歓迎するとともに、この歴史的な一歩を踏み出した金大中大統領と金正日国防委員会委員長の勇気とビジョンに祝意を表する。

3．朝鮮半島の恒久平和及び最終的な統一を目標とし、人道問題とりわけ離散家族の再会、経済協力及び軍事問題についての対話を含め、南北共同宣言を実施するに際して双方が既にとった措置を賞賛する。また、この点に関する更なる進展を期待する。

4．南北間の継続的な対話の重要性を認識し、南北間で進行中の和解及び協力のプロセスを支持するとともに、引き続き南北両国が地域の平和及び安全保障のために、対話の進展をはかることを期待する。また、この文脈で、北朝鮮とアメリカとの関係改善の動きを歓迎する。

5．朝鮮半島において、信頼を醸成し、かつ、平和及び安全保障を促進するための措置に貢献するとのASEM参加国の意思を確認する。また、朝鮮半島エネルギー開発機構に対する支持を確認するとともに、ASEMおよびASEM参加国と北朝鮮との関係を改善する努力を強化する。

このように「朝鮮半島の平和のためのソウル宣言」は、金大中のノーベル平和賞受賞と並んで、ASEMとして南北頂上会談の成果にお墨付きを与えるものであった。なお、韓国郵政はASEM3の開催にあわせて記念切手（右ページ）を発行した。

切手に取り上げられているのは、ソウル梨花女子大学所有の『耆社契帖』の一部である。耆社とは李氏朝鮮時代初期の1394年以降、正二品、年齢70歳以上の高官を優待するために行われた行事のことで、切手に取り上げられた『耆社契帖』は1719年の行事の記録である。韓国の伝統文化を広く諸外国に紹介するとともに、各国要人をもてなす意味を込めて、切手の題材に選ばれたのだろう。なお、切手の発行日は、会議初日ではなく、「朝鮮半島平和のためのソウル宣言」が出された10月20日である。

金大中、ノーベル平和賞を受賞

金大中のノーベル平和賞受賞を記念する切手▶

金大中大統領へのノーベル平和賞の授与は、２０００年12月10日、ノルウェーのオスロ市庁舎で行われた。

ノーベル平和賞は、他のノーベル賞がすべてスウェーデンにある機関によって決定されるのと異なり、ノルウェー・ノーベル委員会が決定する賞で、ノーベル委員会の元・現委員と顧問の他、平和賞受賞者、議員、法学・政治学・歴史学・哲学の教授、国際仲裁裁判所・国際司法裁判所判事などが推薦した5名をノルウェー国会が指名する。委員会は毎年１００件を超える推薦を受け、外部からの一切の干渉なしに受賞者を決定し、毎年10月半ばに受賞者を発表する。

金大中の場合は10月13日に受賞が発表されたが、韓国郵政は突貫作業で準備を進め、授賞式前日（当日の10日は日曜日だった）の12月9日に記念切手（上図）を発行した。

金大中の受賞理由としては、韓国における長年の民主化闘争の経歴と、２０００年6月の南北頂上会談に象徴される朝鮮半島の緊張緩和への貢献、という2点が挙げられている。

金大中は、朴正熙政権下で野党指導者として民主化闘争を展開してきたことで、大統領に就任する以前から、たびたび、ノーベル平和賞の候補に挙げられてきた。特に、全斗煥政権下で死刑判決を受け、国際的な救援運動が展開された際には、ノーベル平和賞の受賞は、彼の闘いを支援するものとして、かなり現実味を帯びて語られていた。

野党の指導者だった1993年から1994年にかけて、金大中はシンガポールのリー・クアンユーとの間で〝アジア的価値〟をめぐって論争する。その際、〝アジア的価値〟を掲げて民主主義を制限したことでシンガポールは経済発展を達成したとするリーに対して、金は、〝アジア的価値〟を理由に人類普遍の価値である民主主義と人権を制限することは許されないと主張。その〝アジア〟らしからぬ政治哲学・政治姿勢のゆえに、彼はアメリカを中心とする西側世界で高い評価を得ている。

このように、アジアにおける民主主義と人権のシンボル視されてきた金大中だが、大統領に就任以来、彼が進めてきた太陽政策は、その副作用として、それまでのような北朝鮮批判をタブー視する風潮をもたらした。

この結果、大統領就任以前は世界的な人権活動家であったはずの金大中が、北朝鮮で行われている圧政と抑圧には目をつぶり、同胞の人権と民主主義の問題にはなんら救いの手を差し伸べない／差し伸べられない、という皮肉な結果をもたらすことになった。

当然のことながら、北朝鮮の人権問題に真剣に取り組んでいる人々からは、金大中のこうした〝変節〟と、それを後押しするようなノーベル平和賞の授与に対しては批判も根強く、さまざまな議論が巻き起こった。

さらに、金大中の退陣後、受賞理由の一つとなった南北頂上会談の実施にあたって、金大中政権が現代グループを巻き込んで北朝鮮に不正送金を行っていた疑惑も明らかになったことから、金のノーベル平和賞は〝金で買ったもの〟という批判も起こっている。

こうしたことから、次第に、金大中のノーベル平和賞受賞については韓国国内でも冷めた見方が広がり、韓国人初のノーベル賞という威光も次第に色あせてしまった。

仁川国際空港の開港

▲仁川国際空港開港の記念切手

韓国の新たな空の玄関として仁川国際空港が開港したのは、２００１年３月29日のことであった。

それまで、韓国の国際空港として機能していたソウル近郊の金浦国際空港は、１９５８年に大統領令で国際空港に指定され、朴正熙時代の１９７１年から本格的にハブ空港として用いられていたものだが、韓国の急激な経済成長に伴い、航空量の激増に対応できなくなっていた。

このため、１９８７年、ソウル・オリンピックの開催を翌年に控えて、金浦空港第2滑走路の運営が開始されたものの、首都近郊の空港の宿命として、航空機の騒音が深刻な社会問題として浮上。周辺の環境から考えて、金浦空港のこれ以上の拡張は不可能と判断した盧泰愚政権は、１９８９年1月、新空港建設の方針を決定する。

これを受けて、１９８９年６月から１９９０年４月までに、ソウルの都心から１００キロ以内の距離にある京畿道と忠清南道地域の22ヵ所について予備調査が行われ、これが７ヵ所、ついで３ヵ所に絞り込まれ、国際民間航空機構（ＩＣＡＯ）の検討基準による、空域、障害物、気象、騒音、土地利用現況、交通アクセスと将来の拡張性等の詳細な検討を経て、１９９０年6月14日、永宗島《ヨンジョンド》（仁川広域市内）が首都圏の新国際空港の最適地として決定された。

建設予定地の決定を受けて、

1990年11月から1991年12月まで基本設計がおこなわれたが、その際、韓国企業は大型空港設計に対する経験が不足していることから、海外の専門企業と国内企業がコンソーシアムを形成し共同で作業が進められた。

建設計画の最終的な確定は、1992年2月のことで、その後、用地買収、公有水面埋め立て免許取得、環境評価などを経て、1992年11月、空港用地1170ヘクタールの埋め立て工事が開始された。

空港の基本施設は2000年6月に完成し、翌7月から空港運用のリハーサルが開始され、2001年3月29日にめでたく新空港の開港になった。この間、1996年3月に新空港の正式名称が「仁川国際空港」と決められ、1999年1月には運営母体として仁川国際空港公社が設立されている。

さて、仁川国際空港は、大韓航空およびアシアナ航空のハブ空港として使われており、滑走路は3750メートル2本が供用中である。

韓国政府は、仁川をアジアにおけるハブ空港として育成するため、成田のみならず、日本海側の地方空港と仁川を結ぶ航空便を積極的に就航させている。このため、成田や関空を経由せず、地元空港から仁川を経由して欧米へ旅立つ日本人も少なくない。

新空港開港時に発行された記念切手（右ページ）に取り上げられた旅客ターミナルは、地上4階・地下2階建てで面積は50ヘクタール。総工費は1兆3816億ウォンである。建物の外観は大型船舶の帆をイメージし、空気と水の力学的な流れが表現されているという。

なお、2001年の仁川国際空港の開港に伴い、金浦国際空港は原則として国内線専用空港となったが、その後、日韓の往来が急増したことをふまえ、羽田＝金浦間のチャーター便の運航が開始され、再び国際空港としての機能を発揮し始めている。

「韓国訪問の年」に指定された2001年の主要行事の一つとして、8月10日から10月28日まで、京畿道の利川《イチョン》(現代陶工の拠点)、驪州(韓国最大の生活陶磁器の産地)、広州(朝鮮王朝時代の王室官窯があった土地)の3地域で、「土でつくる未来」というテーマの下に世界陶磁器エキスポが開催された。

朝鮮半島は古来、中国の影響下に独自の陶磁文化を発展させてきたが、近代以降、李氏朝鮮王朝の衰退とともに、窯業も低迷期に入り、注目すべき新作も登場しなくなっていた。

これに対して、1940年に「日本民芸美術館設立趣意書」を発表して民藝運動を展開した

世界陶磁器エキスポ

◀世界陶磁器エキスポ開催の記念切手

柳宗悦《やなぎむねよし》は韓国の伝統的な陶磁器を再評価したが、太平洋戦争から解放、独立を経て朝鮮戦争にいたる混乱の中で、韓国の陶芸復興はなかなか進まなかった。利川を拠点に解放以前から活動していた柳海剛《ユヘガン》が1959年に高麗青磁を復活させ、また、池《チ》順鐸《スンタク》が白磁の名品を発表するなど、芸術・文化活動としての陶芸が復興したといえるようになるのは、朴正煕時代に入り、社会状況が安定する1960年代になってからのことである。

もっとも、柳海剛・池順鐸の両巨頭の活躍はあったものの、産業としての韓国窯業は零細な個人の工房の寄せ集めの域を出ず、日本のように大規模な地場産業としては成立していなかっ

た。このため、1988年のソウル・オリンピック開催にあわせて、利川市は約7億ウォンの事業費を出資して「伝統陶磁器村」（現在の利川陶芸村）を建設し、陶芸作家たちの窯を集めたほか、展示館などの観光関連施設を建設した。利川陶芸村は、龍仁の韓国民俗村とあわせて、ソウル近郊の「1日観光コース」として外国人観光客にも大々的に紹介され、韓国の陶芸を国際的にアピールしただけでなく、地場産業としての窯業の育成にも大いに貢献している。

世界陶磁器エキスポは、こうした経緯を踏まえて、韓国政府と京畿道が全面的に支援し、国際陶芸アカデミー（IAC）他の国際団体の公認の下で企画されたもので、1999年3月に財団法人としての世界陶磁器エキスポが設立され、イベントとしての企画運営がスタートした。そして、2000年10月のプレ・エキスポ開催を経て、2001年8月、完成したばかりの利川世界陶芸センター、広州朝鮮官窯博物館、驪州《ヨジュ》世界生活陶磁館の3ヵ所を主会場とするイベントの開催にいたったというわけである。

なお、会期の初日にあわせて発行された記念切手（右ページ）には、韓国では人気の白磁ではなく、高麗青磁が取り上げられているが、これは、韓国の陶芸復興の歩みを考えれば、妥当な選択といってよいだろう。

さて、世界陶磁器エキスポは、世界80ヵ国以上から作品が出品され、韓国初の世界的な陶磁器行事として成功を収め、イベントの組織委員会は2001年末をもって解体された。しかし、その経験を活かして、韓国窯業界のさらなる発展をおしすすめるため、2002年1月、財団法人としての世界陶磁器エキスポが再編され、2001年のイベントを第1回にカウントして2年に1度の京畿道世界陶芸ビエンナーレを継続開催することとなった。その後、同ビエンナーレは、2003年と2005年と順調に回を重ね、世界有数の国際陶芸展としての地位を確立している。

第1次女性政策基本計画の5年間

◀「女性週間」の切手

韓国社会には、良くも悪くも儒教的な価値観が染み付いており、現在でも「男女有別」「女必従夫」「夫唱婦随」などの男尊女卑的な考え方が根強い。

韓国民主化の成果ともいうべき1987年の憲法では、男女の平等という原則の下、女子の労働は、特別の保護を受け、雇用・賃金及び勤労条件において、不当な差別を受けない（第32条第4項）、国は、女性の福祉と権益の向上のために努力しなければならない（第34条第3項）、国は、母性の保護のために努力しなければならない（第36条第2項）など、国として男女平等を推進するための方針が盛り込まれた。さらに、1995年9月に北京で開かれた国連主催の世界女性会議の結果を踏まえ、当時の金泳三政権は、「女性の地位向上のための10大課題」を発表。その目玉として、同年12月、「女性発展基本法」が制定され、1996年6月30日から施行された。同法は、政府が5年ごとに女性政策基本計画を策定することや、中央行政機関と広域自治団体は毎年施行計画を策定・施行することを義務づけており、憲法に定められた男女平等の理念を実現するための具体的な施策が採られることになった。そして、それに伴い、家族法（民法の親族・相続編）に残っていた、儒教的な慣習に基く不合理な規定、女性に不利な規定の改正が進められるなど、男女平等の制度的な実現に向けて、一定の成果が挙げられた。

しかし、1997年の経済危機とそれに続くIMF管理体制の下で、企業の倒産等が相次ぎ、その中で女性がまず解雇対象となるケースが多発するなど、女性の就業環境が極めて悪化した。

そこで、金大中政権発足後の1998年2月28日、政府組織法が改正され、大統領直属女性特別委員会が発足。行政機関には女性政策担当官部署が設けられ、全省庁と地方自治団体が女性政策に参画する体制が整えられた。

また、女性発展基本法に基づく「第1次女性政策基本計画」（1998～2002年）も策定され、1999年には「男女差別禁止及び救済に関する法律」ならびに「男女雇用平等法」が制定・施行された。その結果、官民を問わず、雇用、教育、施設、サービス等の利用における差別や法律や政策の執行における差別、セクシュアル・ハラスメント等の禁止や被害女性の救済措置を定めた点で画期的なもので、女性を取り巻く環境は大きく改善された。

2002年7月1日に発行された「女性週間」の切手（右ページ）は、第1次女性政策基本計画の終了にあたって、「女性週間」（女性発展基本法によって、国民的に男女平等の促進等に対する関心を高めるために指定すると規定されている）の機会をとらえて、金大中政権下での女性政策の成果をアピールするために発行されたものである。その背後には、年末の大統領選挙を控えて、女性有権者の支持を取りつけようという与党側の思惑もあったとみることも可能であろう。

もっとも、現実の韓国社会では依然として儒教的な女性観は根強く、さまざまな局面で女性が不利な扱いを受ける状況は残っており、今後とも、伝統的な価値観とのバランスを取りながら、男女平等を推進していくことが重要な課題であることは、いうまでもない。

2002FIFAワールドカップの開催

◀日韓共催ワールドカップの記念切手

2002年5月31日から6月30日まで、日韓共催の2002FIFAワールドカップが両国あわせて20の会場で開催された。サッカーのワールドカップのアジアでの開催は初めて、2国共催も初めて、21世紀になってからの初めての大会、と初物づくしの大会である。

日韓大会の開催は、1996年5月に決定されたが、その後、韓国の経済低迷によって、日本単独開催の可能性もあった。1997年後半、韓国はアジア通貨危機に巻き込まれて経済危機に陥り、IMFの管理下に入ったためである。しかし、その後は、日本を中心としたIMF経由の金融支援や金大中政権による財閥解体などの構造改革によって、大量の失業者は発生したものの、経済は急速に回復し、なんとか、韓国の開催返上は避けられる見通しとなった。

ただし、経済危機からの脱却は、アメリカ向け輸出が牽引役となっていたため、2001年9月にアメリカで同時多発テロが発生し、アメリカ向け輸出が大幅に減少すると、韓国経済は再び失速。この結果、韓国でのスタジアム建設は大きく滞ることになる。

韓国での大会開催都市は、日本と同じ10ヵ所。国内の大都市（ソウル特別市と国内6ヵ所の広域市）を網羅しており、人口の少ない江原道を除いて全国に万遍なく配置されており、地域対立を煽らないよう、慎重に配慮された結果であった。

もっとも、韓国の国としての規模は、人口では日本の約4割、ＧＤＰ（国内総生産）では日本の約6分の1しかない。したがって、日本と同じスケールでスタジアムを建設し、整備するのは、韓国経済が好調なときであっても国力に比して大きな負担であり、ましてや、経済状況が落ち込んでいる時には、客観的に考えれば不可能なことである。

しかし、２００1年9月の同時多発テロの時点では、すでに大会開催まで1年を切っており、すでにチケットの販売が始まっており、もはや、開催地の変更は不可能であった。このため、日本政府は、韓国での大会開催は韓国経済回復の起爆剤になるとの判断から、30億ドルを韓国に融資。この資金によってスタジアム建設が続けられることになり（下図）、日韓共催がようやく実現した。

こうして、5月31日、ソウルワールドカップ競技場で大会の開会式が行われた。開会式に続いて行われたフランスとセネガルの開幕戦では、初出場のセネガルが前回優勝国のフランスを1－0で破る大金星を挙げ、1ヵ月におよぶ大会は波乱のスタートとなった。

韓国郵政は、開会式の行われた5月31日、ワールドカップ開催の記念切手（右ページ）を発行した。切手はサッカーボールをかたどった円形の中に各種のプレイをデザインするというユニークなもの。円形の切手は、韓国ではこれが初めてということで話題となった。

なお、大会では、韓国代表がベスト4に勝ち進む好成績を修めたほか、日本代表も初の決勝トーナメント進出を果たしている。

▲ワールドカップのために建設された蔚山と水原のスタジアムを取り上げた切手。その建設は日本の資金援助によって実現した

サッカーのワールドカップが成功裏に終了してまもなくの2002年8月1日、韓国郵政は「わが故郷」と題する全32種類の大型セットを発行した。

ワールドカップの影に隠れて日本ではあまり報じられなかったが、大統領選挙を年末に控えた2002年の韓国社会は、極めて不安定な状況にあった。

不安定要因の第1は、2月から表面化した公共部門3社（ガス・鉄道・発電）の労働組合の民営化阻止スト問題である。このうち、ガス・鉄道労組は早期にストを中止したものの、民主労総（全国民主労働組合総連盟）傘下の韓国発電産業労組は「散開・電撃スト」を続行し、

見過ごされた竹島切手

▲竹島を取り上げた「わが故郷」切手の１枚（左）

政府と激しく対立していた。特に、民主労総を中心に、あわやゼネストが実行されるかという状況にまで労使の対立が激化したことで、韓国経済は大きなダメージを受けた。

ついで、ワールドカップ期間中の6月13日には、京畿道楊州《ヤンジュ》郡広積《クァンジョク》面孝村《ヒョンチョン》里で、女子中学生ふたりが、在韓米軍の装甲車にひき殺されるという事件が発生した。

前年11月にも、京畿道抱川《ポチョン》郡蒼水《チャンス》面の国道87号線で、牽引中の米軍戦車が、対向車線に飛び出し、トラックと乗用車など3台を押しつぶして9名が重軽傷を負うという事件があり、米軍による交通事故（年間400件を超えて発生しているが、韓国

側の裁判権行使は5%台を下回り、多くは泣き寝入りとなっている）に対する国民の不満が爆発。政府は国民世論に押されるかたちで、ワールドカップ終了後の7月11日、アメリカに対して裁判権の返還を申し入れたが、相手にされなかった。

　さらに、こうした韓国側の混乱を見透かすかのように、6月29日、黄海上の北方限界線（NLL）を越えて南進してきた北朝鮮警備艇が、韓国軍警備艇に無警告で発砲し、韓国軍に死者5人、負傷者19人という犠牲が生じる事件も発生している。

　このように、ワールドカップの華やかな成功とは裏腹に、政権最後の年を迎えた金大中政権は、さまざまな困難に直面し、その処理が上手く進まず、国民の不満も高まっていた。

「わが故郷」の切手は、こうした状況の下で、ワールドカップの余韻が冷めやらぬうちに、あらためて、地域対立の恩讐を超えた国民の宥和と団結を訴えるために発行されたものと見ることができよう。

　ところで、「わが故郷」の切手には慶尚北道の風景として、１９５４年以来、およそ半世紀ぶりに竹島（独島）が取り上げられている（右ページ）。

　もっとも、金大中政権の側も、日本との関係を決定的に悪化させることは望んでいなかったため、この竹島切手に関してはシリーズの1枚としてさりげなくアピールするという体裁がとられていた。また、日本からの抗議があれば、竹島の領有権については譲歩しないものの、切手発行についての配慮が足りなかったことを謝罪する用意もあったらしい。

　ところが、２００２年9月の小泉首相の北朝鮮訪問に向けて、準備に奔走されていた日本側は、このときの竹島切手発行について、なんら抗議をしなかったという。

　このことが、韓国側に日本が竹島の領有権を実質的に放棄しているのではないかという誤ったシグナルを送る結果となり、２００４年の竹島切手騒動へと繋がっていくのである。

小泉訪朝

2002年9月17日、日本の小泉純一郎首相が、現役の首相として初めて北朝鮮を訪問し、金正日国防委員長と会談した。

会談の結果、北朝鮮側は日本人拉致事件の犯行を認めて謝罪し、日朝平壌宣言が調印された。

共同宣言は、日本が過去の植民地支配を謝罪する一方、日朝双方が財産・請求権を放棄することを確認したうえで、日本は国交正常化後に円借款や無償資金援助などによる経済協力を約束している。しかし、共同宣言では、日本人拉致事件についての直接的な表現はなく、「日本国民の生命と安全にかかわる懸案問題」との表現で、北朝鮮側が再発防止へ「適切な措置をとる」とされただけであった。

北朝鮮が発行した日朝会談記念切手▶
(両首脳の握手)

また、国際的な懸案事項となっていた核問題についても、①解決のためすべての国際的合意を順守する、②核・ミサイルを含む安全保障上の問題解決を図る、③北朝鮮はミサイル発射凍結を2003年以降も延長する、ことが明記されているが、これらについては、北朝鮮がその後も核開発を進めたことによって、実際には空文化されている。

さて、北朝鮮では、2002年10月、日朝会談を記念した切手を発行している。

2000年の金大中との南北頂上会談以来、ロシア大統領プーチンや中国国家主席・江沢民など、国家元首が金正日と会談した場合には、彼らと握手する金正日の写真を図案とする切手を発行している。したがって、日本の首相は国家元首とほぼ同等であるということからすれば、小泉・金正日切手もそうした先例に従ったものであり、この切手発行も、必ずしも、特殊な出来事とはいえない。

ちなみに、小泉・金正日切手は、２００２年10月にクアラルンプールで両国外務省による国交正常化のための事務レベル協議が行われる直前に発行されており、北朝鮮側は、切手という国家のメディアを通じて、日本との国交正常化に真剣に取り組む（このことは、日本に対しては、北朝鮮への経済支援をうたった平壌宣言の履行を迫ることと表裏一体である）意図があることを示したものと理解できよう。

韓国政府は小泉訪朝と日朝平壌宣言が日朝間の緊張緩和に繋がるものとしてこれを歓迎する声明を出したが、その反面、拉致問題に関しては冷淡な反応を取っていた。

すなわち、日本人の拉致被害者が17名であるのに対して、韓国人の拉致被害者は政府が公式に認定しただけでも、日本の数十倍にあたる４８６人にも上っている。しかし、金大中政権以降の太陽政策によって、韓国政府は北朝鮮を刺激しないことを対北政策の基本としているため、現実にはこの問題には及び腰で、「日本人拉致被害者の問題は日本だけの問題である」との公式見解を繰り返してきた。

こうしたことから、金大中・盧武鉉《ノムヒョン》の両政権下では、韓国政府が日本政府と協力して自国民の拉致問題解決に乗り出すこともなく、韓国人被害者の家族たちはなんら救済されないまま放置されていたのが実情であった。

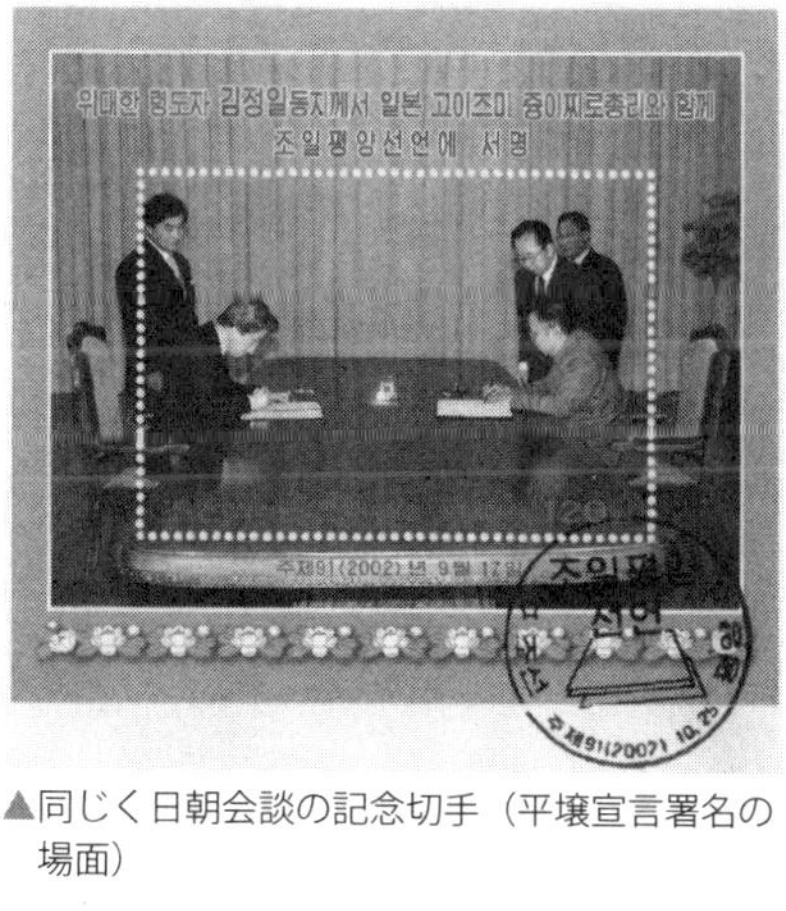

▲同じく日朝会談の記念切手（平壌宣言署名の場面）

大統領選挙を半年後に控えた2002年6月13日、京畿道楊州郡広積面孝村里で、女子中学生ふたりが、在韓米軍の装甲車にひき殺される交通事故が発生した。

韓国では、米軍による交通事故が年間400件を超えて発生しているが、韓国側の裁判権行使は5％以下で多くは泣き寝入りとなっている。このため、いたいけな女子中学生が犠牲になった事件は、在韓米軍に対する国民の不満に火をつける結果となった。

当初、政府は対米関係に配慮して、事件を穏便に処理しようとしていたが、国民世論に押されるかたちで、ワールドカップ終了後の7月11日、アメリカに対して裁判権の返還を申し入れた。しかし、韓国政府の提案はアメリカから相手にされなかったため、8月1日、市民団体が「ブッシュ大統領の公式謝罪を要求する署名」を開始。さらに、8月3日には、13人の学生からなる決死隊が、議政府市の米第2師団前で、一般道路を通行中の戦車部隊前に身を投げ出して戦車の通行を妨害する事件も発生した。

このように、韓国内の反米世論が急速に高まる中で、11月20日、米軍による軍事裁判の評決が下り、管制兵フェルナンド・ニノ兵長と運転兵マーク・ウォーカー兵長はともに無罪となった。その際、「女子中学生が道路の広い左端を歩かないで右側

反米感情の高揚

◀アメリカ移民100年の記念切手

を歩いていた」として、女子中学生に過失があるとの弁護側の主張が認められたことが明らかになると韓国世論は激昂。時あたかも、年末の大統領選挙を控えて、主要候補はいっせいに米軍の対応を批判する。

韓国側の猛反発に驚いたアメリカは、11月27日、ブッシュ大統領がハバード大使を通して「事件に対する悲しみと遺憾の意を表し、再発防止のための協力を惜しまない」として「間接謝罪」を行ったが、12月に入ると、事件に抗議する〝黒いリボン運動〟が広がり、ソウルの米大使館前では、2万人の市民が「裁判権の委譲」などを求めてローソクデモを行うなど、韓国内の反米世論はなかなか沈静化しなかった。

これに対して、行きすぎた反米は北朝鮮を利するだけとの危機感を持つ人々も少なからずあり、12月16日には全国経済人連合会や大韓商工会議所など経済5団体が、国民に反米デモの自制を要請。「朝鮮戦争の際、自由と民主主義、そして自由市場経済を守護するため、多くのアメリカの若者が血を流した。彼らの死が無駄にされてはならない。韓米両国の友好関係は持続・発展されなければならない」とした上で『反米デモは対米国貿易に打撃を与え、外国人投資が萎縮し、職が少なくなる」と呼びかけた。

ところが、労組や左翼勢力は「経済成長のためにアメリカの横暴を我慢せよという論理は、民衆にとっては耐え難い恥辱」としてこの呼びかけに反発。韓国社会の亀裂は深刻なものとなった。

こうした状況の下で、金大中政権最末期の2003年1月13日、アメリカ移民100年の記念切手（右ページ）が発行された。切手には、女子中学生事件以来、韓米関係が緊張する中で、国民にあらためてアメリカとの絆が重要であることをアピールする意図も込められていたと思われるが、韓国内の反米世論はなかなか沈静化しないまま、翌2月にはより左派色の強い盧武鉉政権が発足することになる。

韓国切手のレファレンス②

Column

韓国以外の国でも、外国切手としての韓国切手をまとめたカタログはいくつか刊行されている。

日本人にとって一番使い勝手がよいのは、（財）日本郵趣協会が刊行している『JPS外国切手カタログ　韓国切手　2005〜06』だろう。記述は日本語で、背景となる郵便史的な事項についての注記も豊富なので、入門書として最適だ。ただし、残念ながら、2005年刊行の2005〜06年版以降、新版が刊行されてないので、最近の切手については、郵文館のカタログや韓国郵政のウェブサイト等で情報を補う必要がある。

イギリスのスタンレー・ギボンズ社（Stanley Gibbons）刊行のStanley Gibbons Stamp Catalogue part 18, Japan and Korea（5th ed.）は、同社の世界切手に関する専門カタログ（全22巻）の1冊で、日本・韓国・北朝鮮の3国についてまとめられている。すべての切手に関して図版が掲載されているわけではない（たとえば、セットものなどは、代表的な1点のみの図版が掲載され、残りのものについては文字情報のみが記載されていることが多い）が、日本統治時代に使われていた日本切手のことや、北朝鮮の切手についても1冊で対応できる利便性は魅力的だ。おおむね10年に1度の改訂で、さきごろ2008年版が刊行された。

全世界の切手を網羅し、毎年、新版を刊行しているアメリカのスコット・カタログ（James E. Kloetzel ed., Scott Standard Postage Stamp Catalogue）のKの項目には、当然、韓国切手も採録されている。記述は簡単で物足りないが、全世界の切手の取引は同カタログの番号を基準に行われることが多いので無視できない存在だ。なお、同カタログは書籍のほか、CD-ROM版も刊行され、こちらはコンピューターならではの検索機能を活用できる利点がある。

◀「JPS外国切手カタログ　韓国切手　2005〜06」

第9章

盧武鉉時代

2002～2007

2002 年
盧武鉉、大統領に当選
2004 年
大統領弾劾訴追、高建大統領代行就任
2005 年
APEC 釜山首脳会議
2007 年
李明博大統領選出

▲ 2006 年 9 月に発行の「世界（朝鮮）人参博覧会」の記念切手

与党・新千年民主党（以下、民主党）にとって2002年末の大統領選挙の最大の課題は、ウィークポイントの嶺南（慶尚道）をいかに取り込むかということにあった。

　2000年8月、金大中大統領が釜山を地盤とする盧武鉉《ノムヒョン》を海洋水産部の長官に抜擢したのも、嶺南《ヨンナム》（慶尚道）出身者を優遇することで、来るべき選挙戦に備えようとしたためといわれている。ただし、この時点では、民主化運動の闘士として一定の国民的な人気はあったものの、政治家としては未熟な盧武鉉（たとえば、盧武鉉は選挙に弱く、国会議員の選挙にはたびたび落選している）が与党の大統領候補になるとは一般には考え

盧武鉉の登場

◀釜山で開催されたアジア大会とフェスピック大会の記念切手

られていなかった。

　また、大統領選挙半年前に行われたワールドカップの施設を用いて、同年9月には釜山でアジア大会が開催され、さらに10月にはつづけて釜山でフェスピック大会（旧・極東南太平洋身体障害者スポーツ大会）が開催された（上図）のも、政権として嶺南への梃子《てこ》入れをはかろうとしたという側面があったことは否定できない。

　さて、今回の大統領選挙の民主党候補を決める予備選挙（国民競選）の立候補登録を行ったのは、金重権《キムジュングォン》、盧武鉉、鄭東泳《チョンドンヨン》、金槿泰《キムグンテ》、李仁済、韓和甲《ハンファガプ》の各常任顧問と柳鍾根《ユジョングン》全羅北道知事の7名。事前の世論調査では、忠清南道論山出身の李仁済が優勢

とされていた。これは、李仁済なら、ハンナラ党の大統領候補で前回選挙でも金大中と大接戦を演じた李会昌の地盤である忠清圏にも食い込めるだろうという選挙のプロたちの読みによるもので、当初は「李仁済大勢論」（李仁済以外にいない）が支配的であった。

しかし、李仁済は前回（1997年）の大統領選挙に際して、ハンナラ党の大統領候補予備選挙に敗れ、離党して国民新党を結成し出馬したものの落選し、その後、民主党に加わったという経歴があり、清新さに欠けるほか、李会昌との政策的な差異を打ち出すことが難しかった。

こうしたことから、しだいに消去法の選択で「盧武鉉代案論」が浮上することになる。

実際、勢いに乗る盧武鉉は、蔚山《ウルサン》と光州で行われた予備選挙で勝利を収め、民主党候補が地域対立を超えて大統領に当選する期待を抱かせた。

これに対して、李仁済は盧武鉉の左翼的な思想や財産問題、義父が朝鮮戦争中に北朝鮮側に立って一般市民の虐殺に関与していたことなどを取り上げて攻撃したが、大勢を覆すことはできず、4月27日、盧武鉉が民主党の大統領候補に選出された。

大統領候補となった盧武鉉は、さっそく、4月30日に前大統領で慶尚南道出身の重鎮の金泳三を訪問する。

もともと、盧武鉉は1988年に統一民主党（当時）の金泳三に抜擢され、国会議員として政界入りしたものの、1990年に民主党の金泳三派が盧泰愚の民正党、金鍾泌の共和党と合党し（3党合同）、大与党・民主自由党を結成したことを野合として非難し、野党に残って金大中の親民党との野党統合運動を推進、統合民主党を発足させたという経緯がある。以来、〝金大中の養子〟となった盧武鉉と金泳三は義絶の関係にあったのだが、大統領選挙を前に、盧武鉉側が前大統領との和解を演出し、嶺北での支持拡大をめざそうとしたのである。

与党・新千年民主党（民主党）の大統領候補となった盧武鉉だったが、選挙戦序盤の2002年5月には金大中大統領の二男、金弘傑《キムホンゴル》が「TPI」スポーツくじ会社から株式13億4400万ウォン相当を不正に授受した疑いで逮捕され、与党候補者としての選挙戦は逆境からのスタートとなった。

実際、6月の統一地方選や8月の補選では与党候補が惨敗。このため、左派系の候補として大統領選挙への出馬を表明していた鄭夢準《チョンモンジュン》（現代財閥の創業者・鄭周永の六男で、FIFA副会長としてワールドカップ開催を成功させた）との候補者一本化がはかられた。

結局、ふたりはテレビ討論会を行い世論の支持を集めた側を統一候補として擁立することとし、11月22日に行われた討論会後の世論調査で盧武鉉は46・8%、鄭夢準は42・2%の支持率となった。

盧が勝利を収めた背景には、討論会直前の11月20日、在韓米軍の軍事法廷が、6月の女子中学生轢死事件の被告となっていた米兵に無罪の判決を下したことで、盧の支持基盤であった左派系の市民運動が勢いづいたという事情もあった。アメリカ政府は事態の沈静化のため、ブッシュ大統領が謝罪声明を出すなどしたが、デモの主催者たちはこれを欺瞞《ぎまん》とし、デモを続行。こうしたことが選挙戦に少なからぬ影響を与えたことは否定で

盧武鉉政権の発足

▲盧武鉉の大統領就任記念の切手

きない。

さて、大統領選挙の候補者登録は、11月27・28日の両日に行われ、4名が登録を行なったが、選挙戦は、盧武鉉と李会昌の事実上の一騎打ちであった。

選挙戦では、盧が金大中による北朝鮮への太陽政策（包容政策）の継承、行政首都の忠清圏への移転、7％の経済成長などを公約に掲げ、李会昌は太陽政策の全面的見直しを訴えた。

選挙前日の12月18日には、鄭夢準が、盧のあまりの親北・反米姿勢に反発し、盧への支持を撤回したが、しかし土壇場での〝裏切り〟はかえって盧武鉉への同情を呼び起こすことになり、最終的には盧が約57万票差で李を下して当選した。

盧は1946年9月、慶尚南道金海《キメ》市進永《ジニョン》邑本山《ポンサン》里烽《ポン》下《ハ》の貧しい農家の出身。釜山商高卒業後に「三海工業」という小さな魚網会社に就職するが、司法試験への挑戦を決意して1ヵ月半で退職。兵役を挟んで独学で受験勉強を進め、1975年に司法試験に合格し、判事を経て弁護士として開業した。

そこで、別の弁護士の代理として民主化闘争で逮捕された被告の弁護を引き受けた事が転機となり、人権派弁護士として活動を開始。1987年には大統領の直接選挙制を求める6月抗争の中心人物として逮捕された経験もある。

盧泰愚政権下の1988年、金泳三に抜擢されて政界入りし、全斗煥時代の不正追及で全国的に有名になったが、1990年金泳三・盧泰愚・金鍾泌の3党合同に抗議して野党に残り、以後、金大中との連携を強め、2000年8月には金大中政権の海洋水産部の長官に任命された。

こうして、2002年の選挙で当選した盧武鉉は2003年1月20日に大韓民国第16代大統領に就任する（右ページ）。

発足当初の盧武鉉政権は、国民の支持率は高かったものの、国会では与党新千年民主党は少数派で、野党ハンナラ党は選挙訴訟、人格攻撃、大統領としての適性などを取り上げ、あるいは言葉尻をとらえて新政権に容赦のない攻撃を加えた。与党内でも、主流派（親盧派）と非主流派の対立が勃発し、主流派は新たに〝ヨルリン・ウリ党〟（以下、ウリ党）を結成して分裂し、盧と対立する新千年民主党は下野。与党の議席は大幅に減少し、発足早々、大統領は厳しい政権運営を迫られることになった。

　こうした中で、大統領選挙における不正資金疑惑が発覚する。

　その発端は、盧と親交のあった文炳旭《ムンビョンウク》が経営するサン・アンド・ムーン社（ショッピングモール分譲を手掛けた新興企業）の脱税事件であった。捜査の過程で、大統領選挙中の２００２年、国税庁の特別監査により71億ウォンの追徴課税を要求された同社は、与党の大統領候補だった盧に依頼して国税庁長官の孫永来《ソンヨンネ》に圧力をかけ、支払額を25億円に減額させ、その見返りとして盧陣営に献金を行ったことが発覚。文や孫の他、盧側近の安熙正らが逮捕され、政治の〝素人〟であるがゆえにクリーンであるとの盧のイメージは大きく損なわれることになった。

　追い討ちをかけるように、アメリカが２００３年３月に発動したイラク戦争では、当初、盧

大統領弾劾訴追と竹島切手

◀2004年に発行された〝独島の自然〟と題する切手のシート

武鉉政権は派兵に消極的だったが、対米協調路線を掲げるハンナラ党に突き上げられる形で派兵を決定。このことが、大統領選挙で盧を支持していた若年層の反発を招き、政権支持率は一挙に低下していった。

窮地に追い込まれた盧は国民投票による再信任を提案したものの、各方面から批判を浴びこれを撤回。ハンナラ党の李会昌陣営にも選挙資金の不正があったことをとらえて、「われわれが昨年の大統領選挙で使った不法資金の規模がハンナラ党の10分の1を超えれば、大統領職を退き、政界を引退する」と述べたものの、調査の結果、不正資金の規模が8分の1に近いことが明らかになると、前言を翻し、〝偏向報道〟に異議を唱えて辞任の意思がないことを明らかにする。

四面楚歌に追い込まれた盧武鉉政権は、国民の批判をかわす窮余の策として、日本との間で領有権問題が争われている竹島（韓国名：独島）問題を取り上げ、年明けの2004年1月16日、〝独島の自然〟と題する4種の切手（右ページ）を発行した。

当然のことながら、竹島の領有権を主張している日本側は韓国側に抗議したが、韓国内ではかえって日本の抗議に対する反発が強まり、日本に対して〝毅然とした態度〟に出た盧武鉉政権に対する国民の支持率は一時的に回復した。

しかし、政権に危機をもたらした不正資金疑惑や政局の混乱に伴う経済政策の停滞、さらには4月の総選挙を前に与党を支持する発言を行った選挙法違反問題などを理由に、3月12日、野党が多数を占める国会は大統領の弾劾訴追を可決し、5月14日に憲法裁判所で訴追が棄却されるまでの63日間、盧は大統領の職務を停止されるという前代未聞の事態に陥った。

▲〝独島の自然〟の切手を貼った日本宛郵便物

高建
大統領代行

韓国国会は、2004年3月12日、盧武鉉大統領への弾劾訴追を可決した。これを受けて、盧は大統領職務を停止され、国務総理の高建《コゴン》が大統領代行になった。

高は1938年、ソウルの出身。ソウル大学を卒業後、朴正煕時代の1975年、全羅南道の知事に就任し、1980年に始まる全斗煥時代には交通部長官、農水産部長官を歴任し、盧泰愚政権下でソウル・オリンピックが開催された時にはソウル市長を務めた。金泳三時代の1997~98年には国務総理となったが、その後は再びソウル市長を務め、盧武鉉政権下で再度、国務総理に任じられる。

▲KTX開業の記念切手

盧武鉉政権の中枢は、市民運動の活動家など行政経験の乏しい者が多かったが、高はその中で例外的な実務型の大物政治家として政権を発足時から支えてきた。

しかし、不正資金問題をめぐる対応を始め、大統領と側近たちのあまりの〝素人〟ぶりに嫌気がさしたためか、次第に、2004年4月15日の総選挙後は結果のいかんを問わず首相の職を辞する意思を表明するようになっていた。

それにもかかわらず、弾劾訴追の可決に伴い、大統領代行に就任せざるを得なくなったというわけである。

さて、大統領代行としての高健はその職務を手堅くこなしていたが、その在任中の華やかな出来事といえば、やはり、4月1日の韓国高速鉄道（ＫＴＸ）の開業であろう。

ＫＴＸはフランスのＴＧＶを技術を用いて開発された高速鉄道で、ソウルと釜山を結ぶ京釜線、ソウルと木浦を結ぶ湖南線、ソウルと幸信を結ぶ京義線がある。１９９2年6月から工事が始まり、12年の歳月と22兆ウォン（国家予算の2割に相当）の経費をかけて、２００４年4月1日に営業を開始。当日は記念切手（右ページ）が発行されたほか、ソウル駅で行われた開業式典には盧に代わり高が主賓として参加している。

さて、大統領代行の高がその職務を着実にこなしたことで政権が安定し始めたことに加え、党利党略で泥試合を続ける国会に対する嫌気がさしたためか、この時期、世論調査では実に70％の国民が弾劾に反対していた。

この結果、4月15日に投票が行われた総選挙では、与党ウリ党はこれを追い風に単独過半数を超える１５２議席を獲得する圧勝を収める。

選挙結果を受けて、5月14日、憲法裁判所は弾劾訴追を棄却する決定を下した。ちなみに、憲法裁判所の判断は、①盧大統領の一部の発言と行動が憲法順守義務に背き、選挙法に違反しているものの、それがただちに罷免の理由となる重大な違反とはならない、②側近の不正については、大統領が指示、幇助、関与した事実が認められない、③経済政策の失敗は法的判断の対象ではない、というものであった。

かくして、盧武鉉は63日ぶりに大統領の職務に復帰し、高はようやくかねてからの希望通り、引退できることになった。

しかし、有能な実務官僚であった高の離脱は政権にとって大きな痛手となり、大統領職に復帰した盧の下で政治は再び混乱と低迷の時期に突入していくことになる。

高句麗と東北工程の波紋

高句麗は現在の中国遼寧省・吉林地方と朝鮮半島の北部を領域としていた国家で、朝鮮の史書『三国史記』によれば紀元前37年に建国されたとされている。現在の韓国の歴史観では、朝鮮半島北部で部族集団を統合した最初の国家と認識されており、それゆえ、高句麗を中国の一地方政権にすぎないとする中国側の主張は、彼らからすれば到底受け入れられるものではない。

ところで1996年、中国社会科学院は中国東北部（満州）に関する歴史研究を重点研究課題とする方針を決定し、翌1997年から〝東北工程〟と題する大規模な歴史研究プロジェクトを開始した。

▲2005年から発行が開始された「高句麗シリーズ」第1集のシート

その過程で、中国側は高句麗前期の都城と古墳を世界遺産に推薦するとともに、「高句麗は歴代中国王朝と隷属の関係にあり、中原王朝の管轄にあった地方政権」として、高句麗を中国史の一部として扱う傾向が強まっていった。

じつは、2002年以前の中国では、北京大学の歴史科でも、高句麗を朝鮮史として扱っている蔣非非、王小甫らの『中韓関係史』がテキストとして使用されており、当時は中国も高句麗史を朝鮮史として認識していたものと考えられる。ところが、2004年7月1日、蘇州で開催された世界遺産委員会において、高句麗前期の都城と古墳が世界遺産に登録されると、翌日の中国各紙が、高句麗について「漢、唐の時代に中国東部の地方政権だった」「歴代の中国王朝と隷属関係を結んだ地方政権であり、政治や文化など各分野で（中国の）中央王朝の強い影響を受けた」と報じたばかりか、中国外務省のホームページでも韓国の地理、歴史に関する記述から高句麗という言葉も削除されていたことが判明。韓国側の強い反発を招いている。

この時期になって、中国側が突如、高句麗を中国史の一部として扱うようになった理由は明らかにされていないが、韓国内では、北朝鮮国家崩壊の可能性が現実味を帯びてきた中で、中国としては、朝鮮半島南北統一後の国境問題など領土問題を強固なものにするための布石を打ち始めたのではないかとの分析がなされており、そのことが韓国側の反発をより強めることになった。

結局、韓国側の反発の大きさに驚いた中国はこの問題での譲歩を余儀なくされ、２００４年8月、中韓両国政府は「歴史解釈の問題が政治争点化することを阻む」ことで合意したが、韓国世論の反発はなかなかおさまらず、２００６年9月のＡＳＥＭ首脳会議では、盧武鉉大統領が中国の温家宝首相に対して「学術研究機関次元だとしても両国関係に否定的な影響を及ぼすことがあり得る」との抗議している。

このように、高句麗の歴史的な帰属をめぐる中韓の対立が先鋭化する中で、２００５年7月1日から、韓国郵政は「高句麗シリーズ」と題する特殊切手の発行を開始し（右ページ）、高句麗が朝鮮の王朝であったことを改めて強調している。

ちなみに、シリーズ最初の切手に取り上げられた五女山城と白巖城（白崖城とも）は、いずれも、現在の行政区分では中国領内に位置している。

▲1982年に発行された「歴史絵画シリーズ」の1枚には、高句麗の将軍乙支文徳が随の大軍を撃破した〝薩水大捷〟が取り上げられており、中国の侵略と戦ってきた朝鮮民族の伝統が強調されている

大統領に就任した当初の盧武鉉は未来志向を主張し、日本との友好親善を進めるものとみられていた。

実際、盧の最初の訪日は2003年の6月6日に行われたが、この日は韓国内では国に殉じた人々に敬意を払う〝顕忠日〟に重なっており、「こんな日に日本に出かけて天皇との晩餐会とはけしからん」とする批判に対して、盧は「われわれはいつまでも過去の足かせに囚われているわけにはいかない」と応じている。さらに、2004年12月の鹿児島県指宿《いぶすき》での首脳会談の際にも「鹿児島は征韓論の西郷隆盛の故郷だからけしからん」とする若手政治家やマスコミの批判があり、外交当局サイドが

対日強硬策への転換

▲光復60年の記念切手

「西郷を批判し征韓論を抑えたのも鹿児島の大久保利通だから問題ない」としてこれをなだめるという一幕もあった。ちなみに、このときの首脳会談では、盧は靖国問題についても、日本側の自主的な判断を希望すると比較的穏やかな対応をしている。

ところが、2005年2月、韓国のマスコミが日本の島根県での〝竹島の日〟制定の動きを批判する反日キャンペーンを展開すると、それに引きずられるように、盧政権は対日強硬路線へと急展開する。ちなみに、〝竹島の日〟は1905年に竹島が島根県に編入されてから100周年になるのを機会として、島根県が、竹島を取り巻く諸問題（抽象的な領土問題はもとよ

り、韓国側が漁業協定違反を繰り返していることや日本側が韓国側の威圧行為で操業できないことなど、具体的な被害についても含まれる）を広く日本国民に知ってもらおうという趣旨で制定されたものである。

竹島問題に関しては、２００４年1月、弾劾訴追直前の盧政権が政権浮揚のきっかけとして竹島切手を発行し、国民のナショナリズムに訴えていたこともあって、大統領はマスコミのキャンペーンに同調。3月1日、３・１節（独立運動記念日）の演説で、日本に植民地支配への明確な謝罪と反省、賠償を要求した。

これに対して、日本の小泉純一郎首相は盧の発言を国内向けとして取り合わなかったが、このことは、日本政府による〝お詫び〟の声明が出ることを期待していた盧の国内的な体面を大きく傷つけた。このことに激昂した盧は「外交戦争も辞さない」という強い表現で日本を批判し、小泉の靖国神社参拝を理由として首脳会談を中止したが、韓国側が期待していた日本の〝譲歩〟はなく、それどころか、日本国内の世論は小泉の行動を「理不尽な韓国に対する毅然とした対応」として評価。このことがさらに盧の態度を硬化させ、以後、盧は〝反日4点セット〟（靖国神社参拝問題・歴史教科書問題・従軍慰安婦問題・竹島領有権問題）で日本非難を繰り返し、首脳会談拒否など反日外交に終始するようになった。

こうして、〝解放60年〟の節目の年に日韓両国の外交的な亀裂は決定的なものとなったが、8月15日に発行された〝光復60周年〟の記念切手（右ページ）のデザインは組織としての大韓民国臨時政府を中心としたもので、〝抗日義士〟が取り上げられることもなく、比較的穏健な内容となっている。韓国郵政としては、前年（２００４）の竹島切手の例もあるので、日本側を極力刺激しない内容を選んだのだろうが、このことは、大統領とその周辺による反日外交の暴走に関して、韓国内にもこれを憂慮する空気があったことを物語っているとはいえないだろうか。

APEC 釜山首脳会議

2005年11月、アジア太平洋経済協力（APEC：Asia-Pacific Economic Co-operation）が釜山で行われた。

APECは環太平洋地域における多国間経済協力を進めるための非公式なフォーラムで、1989年、オーストラリアのホーク首相の提唱で、日本・アメリカ・カナダ・韓国・オーストラリア・ニュージーランドと東南アジア諸国連合（ASEAN）6ヵ国の計12カ国で発足。首脳会議、及び、外相、経済担当相による閣僚会議を年1回開いている。

非公式フォーラムではあるが、現在の参加国・地域は21ヵ国で、人口で世界の41・4％、GDP（国内総生産）では57・8％、貿易額では47％を占めており、そのプレゼンスは大きい。APECの開催地が、首都のソウルではなく釜山とされたのは、警護や交通などの問題もさることながら、この地が盧武鉉大統領の地盤（盧の最終学歴は釜山商高）であったことも関係していたのであろう。

さて、18・19日の両日行われた首脳会議では、先進国は2010年まで、開発途上国は2020年までに貿易・投資を自由化するとの目標に向け、①共同・個別実行計画の強化、②高レベルの地域貿易協定・自由貿易協定の推進、③2010年までに取引にかかる費用の5％を削減するほか、反腐敗や投資・交易の安定などに取り組むとす

▲ APEC 釜山首脳会議の記念切手

る釜山企業アジェンダ、などを柱とする「釜山ロードマップ」を採択。このほか、各国首脳は、偽造品や違法コピー商品の製造・販売を防止するAPECのガイドラインを承認し、知的財産権の保護を新たに論議することでも合意したほか、鳥インフルエンザ問題についても議論が行われた。

会期中、大統領は各国首脳と個別会談を行ったが、中でも重要視されたのがインドネシアのユドヨノ大統領との会談で、両首脳は両国の経済・通商交流を強化し、韓国とASEANの自由貿易協定（FTA）の妥結に向け引き続き協力することで合意。ユドヨノがインドネシアのインフラ、エネルギー、情報技術分野への韓国企業の積極投資を要請したのに対して、盧は北朝鮮の開城工業団地で生産した製品をFTAの対象品目に含むことへの協力の約束をユドヨノから取りつけるなどの成果を上げている。

一方、日本の小泉純一郎首相との会談では、盧は「日本に対し、これ以上謝罪を求めることはない。また国家対国家の補償を要求することもない。ただ、個人に対する補償は別問題」と述べた上で、「靖国神社の参拝や歴史教育問題、独島（竹島）問題に対する日本の立場は到底受け入れられない」と主張。これに対して、小泉が「靖国参拝は過去の戦争への反省」との従来の立場を繰り返し、会談は平行線のまま30分で終了するなど、両国の亀裂の深さが改めて浮き彫りになった。

韓国郵政は、首脳会議の開催に合わせて、11月18日に記念切手（右ページ）を発行した。切手は、会議場を描いたもののほか、松の木と水、五つの嶺と太陽と月を組み合わせた伝統的な朝鮮絵画を取り上げたものの2種のデザインがある。このうち、後者は伝統的な王権のシンボルを表現したもので、各国首脳が一堂に会することにちなんだものと説明されている。

黄禹錫事件

ソウル大学校碩座教授の黄《ファン》禹錫《ウソク》が体細胞由来のヒトクローン胚から胚性幹細胞（ES細胞）を作ることに世界ではじめて成功したと『サイエンス』誌に発表したのは、2004年2月のことであった。

さらに、翌2005年5月、黄は、やはり『サイエンス』誌上に患者の皮膚組織から得た体細胞をクローニングして、そこから患者ごとにカスタマイズされたES細胞11個を作ったと発表する。

あいついで歴史的な研究成果を発表する黄に韓国社会は熱狂し、韓国が世界の生化学研究・再生医学研究をリードすることやその経済効果、さらには、韓国人初の自然科学部門のノーベル賞受賞などへの期待から、黄フィーバーともいうべき現象が韓国社会を席巻。政府は黄を〝最高科学者〟の第1号に認定し、彼の研究に巨額の資金援助を行うとともに、2005年2月には、ES細胞の活用によって脊椎損傷の患者が社会復帰できることをイメージしたデザインで、黄の業績を讃える記念切手（上図）も発行された。

▲ヒトクローン胚からのＥＳ細胞作製成功の記念切手

黄は、1952年、忠清南道扶余《プヨ》郡の出身。幼少時に父親と死別し、苦学して1977年にソウル大学校獣医科大学を卒業。同大学院で1982年に博士号を取得した。研究者としては、1993年に韓国で初めて牛の人工授精に成功し、1999年にはやはり韓国で初めて牛のクローンを誕生させることに成功して注目を浴び、２００３年には牛海綿状脳症（ＢＳＥ）に耐性を持った牛を開発して世界的にも注目を集めた。こうした実績があったため、２００４年以来のＥＳ細胞についての論文も、当初は信頼性の高いものとして受け入れられたのである。

　ところが、２００５年11月、韓国国内でヒト卵子の売買や不法卵子での人工授精手術、代理母などのブローカーの問題が表面化し、その捜査の過程で２００５年の論文で黄の共著者となっていたミズメディ病院理事長の盧《ノ》聖一《ソンイル》も摘発された。

　さらに、おなじく２００５年の論文の共著者であった米ピッツバーグ大学教授のジェラルド・シャッテンが、黄は卵子を違法に入手していることを公表。翌12月には、盧がＭＢＣテレビのインタビューで黄の論文が捏造《ねつぞう》であることを認めると、黄の研究成果に対して疑惑の目が向けられるようになる。

　問題が発覚した当初、韓国内では捏造疑惑を〝敵対組織の陰謀〟として信じようとはせず、熱狂的なまでに黄を擁護する者も多かったが（インタビューを放送したＭＢＣの番組スポンサーへの不買運動まで行われた）、『サイエンス』誌の調査の結果、黄の論文の内容が虚偽であることが確認され、彼が発表したＥＳ細胞に関する論文はすべて削除されると、黄に対する支持も急速にしぼんでいくことになった。

　ちなみに２００５年２月に発行された記念切手については、２００６年１月11日、韓国政府が黄に贈った〝最高科学者〟の称号を剥奪し、政府関連の公職から解任したことを受けて、郵政事業本部による販売は停止され、売れ残り分も全て回収された。

　黄の事件は、ＥＳ細胞や再生医療分野の研究全体の信頼性を大きく損ない、この分野の研究はその後しばらく停滞を余儀なくされたが、２００７年11月、日本の京都大学教授・山中伸弥が人工多能性幹細胞（ｉＰＳ細胞）の作成に成功。幹細胞研究は再び世界的な脚光を浴びるようになっている。

盧武鉉政権の権力基盤は、民主化運動や学生運動を経験した３８６世代（１９９０年代に30歳代を過ごし１９８０年代に大学に通った１９６０年代生まれの世代）であった。彼らは、その経歴から〝過去清算〟に熱心で、盧武鉉政権はこの問題に従来以上に熱心に取り組むことになった。

　韓国における過去清算というと、日本では、植民地支配による被害を明らかにし、植民地権力に対する協力者を断罪する作業と同義語と考えられがちだが、実際にはその範囲は植民地支配に関する諸問題のみならず、民主化以前の国家権力による暴力・虐殺・人権蹂躙なども対象となっている。ちなみに、過去

▲「済州平和の島宣言」の記念切手

過去清算と“親日派”処罰

清算に関する最初の法律は、盧泰愚政権下の１９９０年に制定された「光州民主化運動関連者補償等に関する法律」だった。

　その後、民主化運動の指導者であった金泳三、金大中の両政権下でも過去清算に関する法律がいくつか制定されたが、いずれも、解放後の政府による弾圧の被害者救済が対象となっており、植民地時代の〝親日派〟を具体的に処罰しようとするものではなかった。

　これに対して、解放後の１９４６年に生まれた盧武鉉の過去清算は〝日帝時代〟も対象とした点で従来の政権とは異なっている。

　すなわち、２００４年12月に成立した「日帝強制占領下反民

族行為の真相糾明に関する特別法」では、１９０４年の日露戦争から１９４５年の解放までの間に、旧日本軍や朝鮮総督府などの行政機関で一定以上の地位に就いていた者や、独立運動家への弾圧や戦時中の戦意高揚のための活動を行った者を調査し、糾弾するというものであった。

さらに、２００５年５月には「真実・和解のための過去事（過去史の字を当てることもある）整理基本法」が成立し、対象者が日本関連だけでなく、韓国軍、北朝鮮人民軍、国連軍、米軍などが起こした人権侵害事件も含まれるようになった。１９４８年の済州島４・３事件（35ページ）に関して、２００６年１月に政府として「済州平和の島宣言」を発し（右ページ）、同年４月の犠牲者慰霊祭に盧武鉉が大統領として初めて出席し、島民に対して正式に謝罪したのもこの流れに沿ったものである。

しかし、盧政権の場合、日本との外交関係の悪化もあって、過去清算の主眼は〝親日派〟への糾弾に置かれていたことは明白で、２００５年12月に成立した「親日反民族行為者財産の国家帰属に関する特別法」では〝反民族行為認定者〟の子孫の土地や財産を国が事実上没収できることになり、２００７年５月には、日韓併合条約を締結した李完用《イワニョン》の子孫に対して約25万４９０６平方メートル、36億ウォン（日本円で約４億８０００万円）相当の土地を没収し、韓国政府に帰属させる旨の決定も下されている。

ただし、過去清算に関しては、過去に問われなかった罪を事後法によって裁いてはならないとする法の不遡及の原則に反しているほか、何ら罪のない子孫の財産を没収する連座制も近代法の原則にそぐわない。なにより、日本の植民地時代においては、当時の朝鮮人の多くが何らかのかたちで支配機構とつながりがあったわけで、それを一律に糾弾・処罰しようとするやり方に対しては、韓国内でも批判が強く、社会的な亀裂を深める結果をもたらしたことは否めない。

韓米FTA

2006年3月、韓国は米国との自由貿易協定（FTA）締結に向けた交渉を開始した。これにあわせて、3月15日、自動車、半導体、石油化学、電器、機械、造船、鉄鋼、繊維の〝8大輸出産業〟を題材とする切手（下図）が発行され、貿易立国としてFTA交渉の早期妥結にかける意気込みが表明されている。

　左派政権としての盧武鉉政権の経済政策は企業により大きな社会的負担を求めるものであったから、国内総生産（GDP）を基準とした経済成長率は前政権までと比べて大きく落ち込んだ。すなわち、金泳三時代の平均成長率は、前期（1993〜95年）7・9％、後期（1996〜97年）5・9％、金大中時代は前期（1999〜2000年）9・0％、後期（2001〜02年）5・4％だったのに対して、盧武鉉時代は初年度の2003年で3・1％。2005年までの政権前半の3年間平均でも3・9％にとどまっており、潜在成長率（4％代後半）さえクリアできなかった。

▲8大輸出商品を宣伝する切手

　このため、政府としては、EU（ヨーロッパ連合）、NAFTA（北米自由貿易協定）に次ぐ、世界3位の経済規模となる韓米FTAを実現し、①関税・非関税障壁の撤廃により貿易を増大させ、企業の収益を増大させる、②外国人投資家の活動を保証し、韓国への投資環境を向上させて外国新投資を増大させ、国内への投資を増大させる、③競争の促進、新技術の導入、システムの近代化などを通して生産性を向上させ、国民所得を増大させる、というシナリオを構想。早くも２００７年４月には協定の調印にこぎつけた。通常のＦＴＡ交渉だと、両国の関係当事者・有識者による共同研究会や個別事案についての政府間交渉などで、少なくとも3年はかかるから、異例のスピードである。

今回の韓米ＦＴＡにより、両国で作られた工業製品の94%は3年以内に関税が撤廃され、約10年後に全品目の関税が完全撤廃されることになった。

しかし、交渉妥結を急ぐあまり、市場開放によって打撃を受ける国内産業へ保護対策や、外資による企業買収の自由化に伴う民族資本の防衛策、さらには実質的にアメリカ型の新システムの導入に伴う経済・社会の二極化への国民の不安への配慮などは不十分なままで、専門家の間からは、拙速なＦＴＡ交渉の妥結は韓国経済にあたえるマイナスの影響も大きく、韓国経済の対米従属を強める懸念が指摘されている。

一方、アメリカからみると、韓国とのＦＴＡは韓国との貿易関係を強化するというよりは、極東における軍事戦略の一環として位置づけられている。すなわち、アメリカは、反米左派を支持基盤とし、中国・北朝鮮に接近する〝自主路線〟を採ってきた盧武鉉政権に対して、ＦＴＡ締結を通して経済的関係を強化し、韓米関係を安保・経済複合同盟に引き上げようとしたのである。

たとえば、ＦＴＡでは、朝鮮半島の非核化の進展を条件として、盧政権の北朝鮮支援策の目玉であった開城工業団地での加工製品を韓国産と認める道も開かれているが、これは韓国を通じて北朝鮮への核解除圧力を強めようというもので、同時に、北朝鮮に対する中国の影響力を低下させることをも意図したものである。

このように、韓米ＦＴＡは純粋な経済問題ではなく、米国の高度な政治的・軍事的戦略があるということも見逃してはならないだろう。

韓米ＦＴＡ交渉が開始された２００６年3月になると、経済政策の失敗や過去清算をめぐる国内の混乱、対日外交の破綻に見られる外交失策などから、盧武鉉政権の支持率は低迷。同年5月31日の統一地方選挙で与党ウリ党は惨敗した。

追い打ちをかけるかのように、金大中政権以来の対北朝鮮宥和の〝太陽政策〟も、巨額の援助の見返りとなるはずだった北朝鮮の非核化は一向に進展しなかったばかりか、２００６年7月５日には北朝鮮が国際社会を挑発するかのようにミサイルを発射実験を断行。これに対して、韓国政府は「果たしてわが国の安保上の危機だったか」「(政府対応が遅れたのは）国民を不安

第2次頂上会談

▲韓国が発行した2007年の首脳会談の記念切手

にしないためにあえてゆっくり対応した」「日本のように夜明けからばか騒ぎを起こさなければならない理由は無い」などとする見解を発表し、国際社会を唖然とさせた。さらに、ミサイル発射後の7月13日の南北閣僚級会談では「南は北の先軍政治の恩恵をこうむっている」という北朝鮮側の暴言を浴び、会談は決裂したが、それでも盧は北朝鮮が過去に行った戦争や拉致を許すと演説し、同時期に発生した北朝鮮の水害に対する援助として、コメ、セメント、重機などの支援を行った。

こうしたことが重なり、２００６年も後半になると政権は完全にレームダック化し、与党ウリ党でも、翌２００７年末の大

統領選挙をにらんで、金槿泰《キムグンテ》を中心に、かつて袂を分かった民主党との再統合を模索する動きが活発化。2007年2月28日、盧はウリ党からの離党を余儀なくされた。四面楚歌となった盧は、残り少なくなった任期中に何とかして業績を残そうと、8月8日、北朝鮮を訪問し、最高権力者の金正日と会談することを発表。会談は当初予定の8月28～30日から延期され、10月2日から行われ、前回の頂上会談同様、会談初日には記念切手（右ページ）も発行された。

　10月2日、軍事境界線を徒歩で越えて北朝鮮に入るパフォーマンスを行った盧は、4・25文化会館での歓迎式典の後、万寿台議事堂で北朝鮮最高人民会議常任委員長の金永南《キムヨンナム》と会談。翌3日は、百花園招待所で金正日と会談した後、5・1競技場で公演「アリラン」を鑑賞。最終日の4日に平壌で「南北関係発展と平和繁栄のための宣言」に署名した後、開城工業団地を視察して帰国するという訪朝日程をこなした。

　共同宣言では、①黄海に平和協力特別地帯を設定する、②11月中に南北の首相、国防相会談を開催する、③朝鮮戦争終結宣言のため、朝鮮半島で関連当事国会議を開催する、④京義線の貨物列車の運行を開始する、などの項目が盛り込まれ、朝鮮半島の経済共同体建設に向け、具体的な協力事業の推進での合意がなされた。

　しかし、肝心の核問題をめぐっては「南北は朝鮮半島核問題解決のために6ヵ国協議の共同声明と合意文書が順調に履行されるよう努力することにした」と記されただけで、北朝鮮側の非核化に向けた意思表示や具体的な行動は盛り込まれず、韓国人や日本人の拉致には触れられていないなど、成果に乏しかった。

　このため、盧の訪朝に対する内外の関心は総じて低く、会談の成功をもって退陣の花道にするとの盧の目論見も失敗に終わってしまった。

２００７年の大統領選挙は、盧武鉉政権の圧倒的な不人気から、野党ハンナラ党の政権奪回が確実視されていた。

当初、本命候補とみられていたのは、朴正熙元大統領の長女で、２００６年5月の統一地方選挙でハンナラ党代表として同党を圧勝に導いた朴槿惠《パククネ》だった。

これに対して、２００２年から２００６年までソウル市長を務め、公共交通システムの再編、ソウルの森の造成、清渓《チョンゲ》高架道路の撤去と清渓川の復元などに辣腕をふるい、欧米でも高い評価を得ていた李明博《イミョンバク》が猛追する構図となり、２００７年8月20日に行われたハンナラ党大会では、僅差で李が大統領候補の指名を獲得した。

李明博政権の発足

▲李明博の大統領就任記念の切手

李は１９４１年、日本の大阪府出身で、解放後、家族で慶尚北道の浦項へ引き揚げた。貧困の中、苦学して定時制の商業高校を卒業。ソウルの梨泰院《イテウォン》で肉体労働をして学費を貯め、１９６５年、高麗大学校商学部を卒業し、当時は零細企業だった現代建設に入社した。現代建設では、強盗から命がけで金庫を守ったことで創業者の鄭周永《チョンジュヨン》に気に入られ、29歳で取締役に抜擢。36歳で社長になり、現代建設を韓国のトップ企業に押し上げた。

１９９２年に現代建設を退社した後、国会議員に当選したが、１９９８年の選挙で陣営による選挙資金の不正で議員を辞職。財界に復帰した後、２００２年にソウル市長となったことで大統領候補への道が開けた。

一方、与党陣営では、前保健福祉部長官の金槿泰《キムグンテ》とウリ党元議長の鄭東泳《チョンドンヨン》が指名を争い、２００７年10月１５日の大統合民主新党（２００７年８月５日、大統領選挙での左派陣営統合を目指して、ウリ党離党派、民主党離党派、ハンナラ党リベラル派、市民運動勢力が合同して結成。同月20日に旧与党ウリ党を吸収）の党大会で、鄭が統一候補に選出された。

選挙戦は、終始、ハンナラ党有利に展開されたが、終盤戦になって財界出身の李明博にまつわる金銭スキャンダルが浮上。このため、１９９７年と２００２年の大統領選挙でいずれも僅差で敗退した李会昌《イフェチャン》が、11月17日に急遽、保守系無所属での出馬を表明するというハプニングもあった。

しかし、結局は、財界出身のキャリアと実績を強調し、経済再建の実利主義を掲げる李明博が他候補を圧倒。12月19日の投票では１１４９万票を獲得し、６１７万票の鄭と３５６万票の李会昌を下して大統領に当選した。

２００８年２月25日、大統領に就任した李明博（右ページ）は、中央省庁を18省から15省体制に統廃合するなど〝小さな政府〟を目指すとしているほか、太陽政策の見直しを掲げ、盧武鉉時代の清算に取り組む姿勢を示している。また、大統領就任直前の外国メディアとの会見では、「私自身は新しい成熟した韓日関係のために、〝謝罪〟や〝反省〟は求めない」「日本は形式的であるにせよ、謝罪や反省はすでに行っている」「こちらが要求しなくても、日本は成熟した外交をするだろう」と述べ、未来志向の関係構築に向け、歴史認識問題で日本に謝罪を求める考えはないことを明らかにするとともに、両国の友好関係を促進させるための日本側の自発的取り組みを促している。

郵便料金の変遷

年月日	書状基本料金	葉書料金
1945.08.15	10 チョン	5 チョン＊1
1946.08.12	50 チョン	25 チョン
1947.04.01	1 ウォン	50 チョン＊2
1947.10.01	2 ウォン	1 ウォン
1948.08.01	4 ウォン	2 ウォン
1949.05.01	15 ウォン	10 ウォン
1950.05.01	30 ウォン	20 ウォン
1950.12.01	100 ウォン	50 ウォン
1951.11.06	300 ウォン	200 ウォン
1952.09.20	1000 ウォン	500 ウォン
1953.02.15	10 ファン	5 ファン＊3
1955.01.01	20 ファン	10 ファン
1955.08.09	40 ファン	20 ファン
1955.09.08	20 ファン	10 ファン＊4
1957.01.01	40 ファン	20 ファン
1962.06.10	4 ウォン	2 ウォン＊5
1966.01.01	7 ウォン	4 ウォン
1969.12.27	10 ウォン	5 ウォン
1975.07.01	20 ウォン	10 ウォン
1980.01.10	30 ウォン	15 ウォン
1981.06.01	40 ウォン	20 ウォン
1982.01.01	60 ウォン	30 ウォン
1983.06.01	70 ウォン	40 ウォン
1984.12.01	70 ウォン	50 ウォン
1986.09.01	80 ウォン	60 ウォン
1990.05.01	100 ウォン	70 ウォン
1993.02.10	110 ウォン	80 ウォン
1994.08.01	130 ウォン	100 ウォン
1994.10.01	130 ウォン	100 ウォン＊6
1995.10.16	150 ウォン	120 ウォン
1997.09.01	170 ウォン	140 ウォン＊7
2002.01.15	190 ウォン	160 ウォン
2004.11.01	220 ウォン	190 ウォン

＊1　解放時の料金
＊2　1 ウォン＝ 100 チョン
＊3　100 ウォン＝ 1 ファンのデノミ実施
＊4　大統領の指示で値下げ
＊5　10 ファン＝ 1 ウォンのデノミ実施（新ウォン導入）
＊6　制度改革により、定型の通常郵便物は、葉書を含む 5 グラムまでと封書 5 ～ 50 グラムに分けられる
＊5 ～ 50 グラムという重量制限が 5 ～ 25 グラムおよび 25 ～ 50 グラムの 2 段階に変更

主要参考文献

（紙幅の関係上、特に重要な引用・参照を行ったもの以外は日本語の単行本のみを挙げた）

饗庭孝典・NHK取材班『朝鮮戦争』日本放送協会　1990

天野安治・内藤陽介（構成）『切手と郵便に見る1945年』日本郵趣協会　2006

李敬南（姜尚求訳）『盧泰愚：壁を越えて和合と前進』冬樹社　1988

李景珉『朝鮮現代史の岐路　八・一五から何処へ』平凡社　1996

李桂洙（徐勝訳）「韓国の軍事法と治安法：軍事と治安の錯綜と民軍関係の顛倒」『立命館法学』2002年第5号

李庭植（小此木政夫・古田博司訳）『戦後日韓関係史』中央公論社　1989

李鐘昇「韓国カトリック教会史と現状」『東京正平委ニュース』1999年11月15日号

李昊宰（長澤裕子訳）『韓国外交政策の理想と現実：李承晩外交と米国の対韓政策に対する反省』法政大学出版局

李泳采・韓興鉄『なるほど！　これが韓国か：名言・流行語・造語で知る現代史』朝日選書　2006

伊藤亜人『韓国（暮らしがわかるアジア読本）』河出書房新社　1996

――――『もっと知りたい韓国〈1〉』弘文堂　1997

――――『もっと知りたい韓国〈2〉』弘文堂　1997

伊藤亜人・大村益夫・梶村秀樹・武田幸男（監修）『朝鮮を知る事典』（増補版）平凡社　2001

伊藤亜人（監訳）・川上新二（編訳）『韓国文化シンボル事典』平凡社　2006

大蔵省印刷局『大蔵省印刷局百年史』大蔵省印刷局　1971～74

小倉紀蔵『韓国は一個の哲学である：「理」と「気」の社会システム』講談社現代新書　1998

――――『韓国人のしくみ：〝理〟と〝気〟で読み解く文化と社会』講談社現代新書　2001

――――『韓国、愛と思想の旅』大修館書店　2004

小此木政夫『朝鮮戦争：米軍の介入過程』中央公論社　1986

――――（編著）『北朝鮮ハンドブック』講談社　1997

小此木政夫・小島朋之（編著）『東アジア危機の構図』東洋経済新報社　1997

小此木政夫・徐大粛（監修）『資料　北朝鮮研究1　政治・思想』慶應義塾大学出版会　1998

厳相益（金重明訳）『被告人閣下』文藝春秋　1997

学研・歴史群像シリーズ『朝鮮戦争（上）ソウル奇襲と仁川上陸』学研　1999

――――『朝鮮戦争（下）中国軍参戦と不毛の対峙戦』学研　1999

神谷不二『朝鮮戦争：米中対決の原形』中公新書　1966

――――（編）『朝鮮問題戦後資料』日本国際問題研究所　1976～80

B・カミングス『朝鮮戦争の起源　解放と南北分断体制の出現　1945～1947年』シアレヒム社　1989～91

H・カン（桑畑優香訳）『黒い傘の下で：日本植民地に生きた韓国人の声』ブルースインターアクションズ　2006

姜在彦『歴史物語朝鮮半島』朝日選書　2006

康明道『北朝鮮の最高機密』文芸春秋　1995

菊地正人『板門店：統一への対話と対決』中公新書　1987

金一勉『韓国の運命と原点：米軍政・李承晩・朝鮮戦争』三一書房　1982

金元龍『韓国美術史』名著出版　1976

金思燁『朝鮮の風土と文化』六興出版　1974

金正濂『韓国経済の発展：「漢江の奇跡」と朴大統領』サイマル出版会　1991

金星煥・植村隆『マンガ韓国現代史：コバウおじさんの50年』角川ソフィア文庫　2003

金聖培『韓国の民俗』成甲書房　1982

金学俊『北朝鮮五十年史　金日成王朝の夢と現実』朝日新聞社　1997

金浩鎮（小針進・羅京洙訳）『韓国歴代大統領とリーダーシップ』柘植書房新社　2008

木村幹『韓国における「権威主義的」体制の成立：李承晩政権の崩壊まで』ミネルヴァ書房　2003

――――『民主化の韓国政治：朴正煕と野党政治家たち　1961～1979』名古屋大学出版会　2008

黒田勝弘『韓国は変わったか？：ソウル便り10年の記録』徳間文庫　2004

――――『韓国は不思議な隣人』産経新聞出版　2005

――――『〝日本離れ〟できない韓国』文春新書　2006

軍事史学会（編）『軍事史学　第36巻第1号（特集・朝鮮戦争）』錦正社　2000

五石敬路「都市、貧困、住民組織：韓国経済発展の裏側」『大原社会問題研究所雑誌』第506号（2001年1月）

高峻石『朝鮮1945－1950：革命史への証言』三一書房　1972

――――『朴憲永と朝鮮革命』社会評論社　1991

高秉雲・鄭晋和（編）『朝鮮史年表』雄山閣　1981

児島襄『朝鮮戦争』文芸春秋社　1984

D・W・コンデ『現代朝鮮史』太平出版社　1971

小林慶二『金泳三：韓国現代史とともに歩む』原書房　1992

桜井浩（編著）『解放と革命：朝鮮民主主義人民共和国の成立過程』アジア経済研究所出版会、1990

重村智計『北朝鮮データブック』講談社現代新書　1997

（財）自治体国際化協会『韓国の女性政策について』（財）自治体国際化協会 CLAIR REPORT NUMBER 188 (October 29, 1999)

篠原宏『大日本帝国郵便始末』日本郵趣出版　1980

朱栄福『朝鮮戦争の真実』悠思社　1992

朱健栄『毛沢東の朝鮮戦争：中国が鴨緑江を渡るまで』岩波書店　1991

申大興（編）『最新　朝鮮民主主義人民共和国地名事典』雄山閣　1994
杉本正年『韓国の服飾』文化出版局　1983
鐸木昌之『北朝鮮：社会主義と伝統の共鳴』東京大学出版会　1992
I・F・ストーン『秘史朝鮮戦争』青木書店　1966
関川夏央『退屈な迷宮：「北朝鮮」とは何だったのか』新潮文庫　1996
関川夏央・恵谷治・NK会（編著）『北朝鮮の延命戦争：金正日・出口なき逃亡路を読む』文芸春秋　1998
徐仲錫（文京洙訳）『韓国現代史60年』明石書店　2008
徐大粛『朝鮮共産主義運動史　1918～1948』コリア評論社　1970
――『金日成：思想と政治体制』お茶の水書房　1991
――『金日成と金正日：革命神話と主体思想』岩波書店　1996
蘇鎮轍『朝鮮戦争の起源　国際共産主義者の陰謀』三一書房　1999
高崎宗司『検証日韓会談』岩波新書　1996
高砂晴久「大蔵省印刷局製造の外国切手」『郵趣』2002年12月号
玉城素『朝鮮民主主義人民共和国の神話と現実』コリア評論社　1978
――『北朝鮮　破局への道：チュチェ型社会主義の病理』読売新聞社　1996
田村哲夫『激動ソウル1500日：全斗煥政権への道』成甲書房　1984
池東旭『韓国の族閥・軍閥・財閥：支配集団の政治力学を解く』中公新書　1997
――『韓国大統領列伝：権力者の栄華と転落』中公新書　2002
池明観『韓国民主化への道』岩波新書　1995
張師勛『韓国の伝統音楽』成甲書房　1984
趙甲済（裵淵弘訳）『朴正煕、最後の一日：韓国の歴史を変えた銃声』草思社　2006
鄭銀淑『韓国の「昭和」を歩く』祥伝社新書　2005
鄭雲鉉（武井一訳）『ソウルに刻まれた日本：69年の事蹟を歩く』桐書房　1999
鄭箕海『帰国船：北朝鮮　凍土への旅立ち』文春文庫　1997
鄭大均・古田博司（編）『韓国・北朝鮮の嘘を見破る：近現代史の争点30』文春新書　2006
通商産業省（編）『通商白書（昭和六十二年版）』
内藤陽介『北朝鮮事典：切手で読み解く朝鮮民主主義人民共和国』竹内書店新社　2001
――『外国切手に描かれた日本』光文社新書　2003
――『反米の世界史：郵便学が切り込む』講談社現代新書　2005
――『これが戦争だ！：切手で読み解く』ちくま新書　2006
日本郵趣協会『JPS外国切手カタログ　韓国切手　2005－06』日本郵趣協会　2005
河信基『韓国を強国に変えた男朴正煕：その知られざる思想と生涯』光人社　1996年
萩原遼『朝鮮戦争：金日成とマッカーサーの陰謀』文春文庫　1997
――『北朝鮮に消えた友と私の物語』文藝春秋　1999
林建彦『北朝鮮と南朝鮮　38度線の100年』（増補版）サイマル出版会　1986年
韓洪九（高崎宗司訳）『韓洪九の韓国現代史：韓国とはどういう国か』平凡社　2003
――『韓洪九の韓国現代史〈2〉負の歴史から何を学ぶのか』平凡社　2005
白善燁『若き将軍の朝鮮戦争：白善燁回顧録』草思社　2000
平松茂雄『中国と朝鮮戦争』勁草書房　1988
古田博司『韓国学のすべて』新書館　2002
――『朝鮮民族を読み解く：北と南に共通するもの』ちくま学芸文庫　2005
真鍋祐子『光州事件で読む現代韓国』平凡社　2000
水原明窗『朝鮮近代郵便史』日本郵趣出版　一九九三年
光盛史郎「アジアで存在感を示し始めた韓国の宇宙開発」『技術と経済』2004年9月号
三野正洋『わかりやすい朝鮮戦争：民族を分断させた悲劇の構図』光人社　1999
閔寛植『韓国政治史：李承晩政権の実態』世界思想社　1967
文京洙『済州島現代史：公共圏の死滅と再生』新幹社　2003
文石柱（編著）『朝鮮社会運動史事典』社会評論社　1981
――『韓国現代史』岩波新書　2005
文明子（阪堂博之訳）『朴正熙と金大中：私の見た激動の舞台裏』共同通信社　2001
郵文館（編）『韓国郵票圖鑑』（第29版：2008版）郵文館　2007
尹景徹『分断後の韓国政治　1945－1986』木鐸社　1986年
陸戦史研究普及会（編）『朝鮮戦争（全10巻）』原書房　1966～73
渡辺利夫（編著）『北朝鮮の現状を読む』日本貿易振興会　1997
和田春樹『金日成と朝鮮戦争』平凡社　1992
――『金日成と満州抗日戦争』平凡社　1992
――『朝鮮戦争』岩波書店　1995
――『北朝鮮　遊撃隊国家の現在』岩波書店　1998

このほか、雑誌『郵趣』の新切手報道記事、日韓主要各紙（朝日新聞・読売新聞・毎日新聞・産経新聞・日本経済新聞・朝鮮日報・中央日報・東亜日報・聯合通信）のウェブサイト、ウィキペディア、各種参考図書類も適宜利用した。

あとがき

本書の大筋は、日韓経済専門紙『東洋経済日報』２００２年2月8日号から２００７年3月30日号まで２０６回にわたって連載した「切手で見る韓国現代史」から、主要記事をピックアップし、書籍向けに編集したものである。

２００１年、拙著『北朝鮮事典：切手で読み解く朝鮮民主主義人民共和国』を刊行した際、『東洋経済日報』の著者インタビューを受けたことがきっかけとなり、筆者は同紙の２００１年3月9日号から12月20日号まで、「切手で見る北朝鮮」と題するコラムを不定期に連載した。もともと年内に十数回の記事を書くという約束で始めた企画だったので、連載は年末で無事終了となった。ところが、連載終了後、編集部から、切手の記事の継続を望む読者の声が多いので、今度は韓国をテーマに連載をしてほしいとの依頼を受けた。本書の元になった「切手で見る韓国現代史」はこうしてスタートした。

当初の企画では、1年程度の期間で、１９４５年の解放から〝現在〟までをカバーする予定だったが、実際に連載を始めてみると、１９５０年の〝朝鮮戦争勃発〟（本書58ページ）にたどりついた時点で既に半年以上が経過してしまった。幸い、編集部からは「気の済むまでいつまでも連載を続けてもらって構わない」とのお許しを得たので、できるだけ多くの切手を取り上げ、その歴史的背景をひとつずつたどっていくことにした。

連載が2年、3年と続くうちに、いくつかの出版社から書籍化のオファーを頂戴したのだが、肝心の連載が延々と続き、なかなか終わらなかったこともあって、具体的な話は立ち消えになってしまった。結局、２００７年に入ってから連載回数が２００回を超え、また年度末の3月には〝盧武鉉政権の発足〟（本書３７２ページ）に到達したので、ようやく連載を完結させることができた。毎週金曜日の発行日に間に合わせて水曜日の午前中までに原稿を送る生活は、ほぼ5年続いたことになる。２００７年は年末に大統領選挙があって、翌２００８年早々には新大統領が就任するというタイミングなので、連載記事に盧武鉉時代の5年間を追加し、李明博新人統領就任の記念切手（本書392ページ）で締めくくることで、ようやく書籍化の話を進めることが可能となり、知人の紹介を通じて、福村出版の宮下基幸さんにお世話になることになった。また、連載終了後、その補遺のようなかたちで雑誌『表現者』（第15～18号：2007年11月～2008年5月号）に「切手の中の日本と韓国」と題する記事を書いたので、書籍化に際して、解放以前および解放直後の部分については、こちらの内容も抜粋して付け加えている。

　こうして『東洋経済日報』の連載開始から6年半かかって、ようやく書籍化にたどりついた本書だが、この間、実に多くの方々にお世話になった。まず、連載時の担当編集者だった阿部信行さん。阿部さんには、連載執筆についてはもちろん、取材などで必要な現地の関係者をご紹介いただくなど、さまざまな面で非常にお世話になった。また、切手の博物館の学芸員、田辺龍太さんには切手図版の件でいろいろとお手を煩わせた。『表現者』での連載に関しては、富岡幸一郎、前田雅之の両先生に加え、編集部の西部智子さんにお世話になった。書籍化に際しては、福村出版の宮下基幸さんにご尽力をいただいたほか、編集実務の面では閏月社の徳宮峻さんにお世話になった。また、内容面や韓国語のカタカナ表記については、黒田貴史さんと朽見太朗さんにいろいろとアドバイスを頂戴した。地図と映画のフィルム状に切手を配した表紙のデザインは、福村出版の曽我亮さんに制作していただいた。

　末筆ながら、これらの方々のお名前を記して謝意を表し、筆を擱くこととしたい。

二〇〇八年六月六日

顕忠日*のソウル・国立墓地に舞う白い蝶**に思いを寄せながら

内藤陽介

＊　国のために命を捧げ殉国した兵士らを追慕するための韓国の公休日

＊＊　韓国では、蝶には死者の霊が乗り移るとされており、顕忠日の記念式典では白い蝶が放たれることがある。

【著者紹介】
内藤陽介（ないとう・ようすけ）
1967年、東京都生まれ。東京大学文学部卒業。郵便学者。日本文藝家協会会員。切手の博物館副館長。
切手などの郵便資料から、国家や地域のあり方を読み解く「郵便学」を提唱し、研究・著作活動を続けている。『北朝鮮事典』（竹内書店新社）、『外国切手に描かれた日本』（光文社新書）、『切手と戦争』（新潮新書）、『反米の世界史』（講談社現代新書）、『皇室切手』（平凡社）、『これが戦争だ！』（ちくま新書）、『満洲切手』（角川選書）、『香港歴史漫郵記』（大修館書店）、『タイ三都周郵記』（彩流社）など著書多数。

韓国現代史
切手でたどる60年

2008年7月1日 初版第1刷発行

著　者　内藤陽介
発行者　石井昭男
発行所　福村出版 株式会社
〒113-0033 東京都文京区本郷4丁目24番8号
電　話　03（3813）3981
ＦＡＸ　03（3818）2786
http://www.fukumura.co.jp
編集／組版　有限会社閏月社
印刷　モリモト印刷株式会社
製本　協栄製本株式会社

ISBN978-4-571-31014-0
Printed in Japan